GUTTENTAGSCHE SAMMLUNG
Nr. 240 DEUTSCHER GESETZE Nr. 240

Neuere haushaltsrechtliche Bestimmungen

Ergänzungsband
zu
Schulze-Wagner, Reichshaushaltsordnung

Textsammlung mit Erläuterungen
und Sachregister

von

Dr. Hans Greuner
Ministerialrat beim Bundesrechnungshof

Berlin 1954

WALTER DE GRUYTER & CO.
vormals G. J. Göschen'sche Verlagsbuchhandlung / J. Guttentag, Verlagsbuchhandlung / Georg Reimer / Karl J. Trübner / Veit & Comp.

Archiv-Nr. 21 1 240

Druck: A. W. Hayn's Erben, Berlin West

Vorwort

Die Herausgabe einer Textsammlung neuerer haushaltsrechtlicher Bestimmungen ist veranlaßt durch die Neudrucke der Schulze-Wagnerschen Kommentare zur Reichshaushaltsordnung (RHO), Reichskassenordnung (RKO) und zur Rechnungslegungsordnung für das Reich (RRO). Das in dem vorliegenden Bändchen zusammengestellte Material enthält in Ergänzung dieser Neudrucke die wichtigsten einschlägigen Gesetze und andere allgemeine Vorschriften, die bei der Bearbeitung haushaltsrechtlicher Fragen häufiger gebraucht werden. Es umfaßt den Zeitraum seit dem Erscheinen der dritten Auflage des Kommentars zur RHO — Frühjahr 1934 — bis zur Gegenwart. Über den Kreis der Benutzer der Neudrucke und der älteren Ausgaben der genannten Kommentare hinaus kann auch ein allgemeineres Interesse an einer Materialsammlung vorausgesetzt werden, die sich die Aufgabe stellt, einen Überblick über den Stand der haushaltsrechtlichen Gesetzgebung und der einschlägigen allgemeinen Verwaltungsbestimmungen zu vermitteln. Einer Anzahl wichtigerer Texte sind Erläuterungen beigegeben.

Nicht aufgenommen sind Vorschriften, die zwar nach dem Erscheinen der dritten Auflage des Kommentars zur RHO erlassen, inzwischen aber durch die Entwicklung überholt sind (z. B. Kriegsvereinfachungserlasse), sowie länderrechtliche Sonderregelungen. Die Gesetze über die finanziellen Beziehungen zwischen Bund und Ländern und über die Finanzorganisation (Überleitungsgesetze, Finanzausgleichsgesetze, Vorschaltgesetz, Finanzverwaltungsgesetze) greifen über das engere haushaltsrechtliche Gebiet hinaus und sind deshalb nicht abgedruckt. Der Kommentar zur RHO enthält im Anhang auch das Preuß. Gemeindefinanzgesetz von 1933; das Haushalts- und Wirtschaftsrecht der Gemeinden und Gemeindeverbände ist durch die Deutsche Gemeindeordnung von 1935 (Teil VI) und die Ausführungsgesetzgebung der folgenden Jahre vereinheitlicht und ausgebaut worden. Die Einbeziehung dieses Teils des Rechts der öffentlichen Haushalte wäre über den Rahmen der vorliegenden Sammlung hinausgegangen. Da im Verlag Walter de Gruyter & Co. in Kürze eine erläuterte Ausgabe der Buchführungs- und Rechnungslegungsordnung für das Vermögen des Bundes (VBRO) erscheinen wird, ist von der Wiedergabe dieser umfangreichen Vorschrift abgesehen worden.

Nach dem Grundgesetz haben der Bund und die Länder das Recht der Gesetzgebung auf dem Gebiete des Haushaltswesens je für ihren Bereich (Art. 70). Tatsächlich ist das Haushaltsrecht im wesentlichen einheitlich, und nach der bisherigen Entwicklung ist die Hoffnung begründet, daß die Rechtsgleichheit in den Grundzügen gewahrt bleibt. Dadurch rechtfertigt sich die Beschränkung auf die Wiedergabe der bundesrechtlichen Bestimmungen, zumal sie auch von den Ländern bei der Ausführung des Bundeshaushalts und bei der Verwaltung von Bundesmitteln weitgehend zu beachten sind.

Im Hinblick auf eine Reihe von Bundesregelungen der letzten Zeit kann man fast von einer auf dem Verwaltungswege eingeführten „kleinen Haushaltsreform" sprechen, wenn man darunter etwa die förmliche Neugliederung des Haushaltsplans, den neuen Eingliederungsplan, die Einführung der Vermögensbuchführung und der Vorprüfungsordnung, die Bundesrichtlinien zu § 64 a RHO, sämtlich seit dem 1. April 1953 in Kraft, zusammenfaßt. Damit ist der nach wie vor gestellten, vom Gesetzgeber zu lösenden Aufgabe einer Neugestaltung des Haushaltswesens in keiner Weise vorgegriffen, aber es zeigt sich, daß die Dinge auf diesem Gebiet langsam in Fluß geraten, nachdem in den ersten Jahren des Aufbaus der Bundesverwaltung die Bearbeitung des formellen Haushaltsrechts verständlicherweise zurückgestellt war. In der nächsten Zeit wird es sich zeigen, ob und in welchem Umfange die Länder, die vor den gleichen Fragen stehen, die aufgeführten neuen Regelungen zur Aufrechterhaltung der Einheitlichkeit des Haushaltswesens auch für ihre Verwaltungen einführen werden.

Frankfurt a. M., im September 1953

Greuner

Inhaltsübersicht

[1]) Die bis zu diesem Zeitpunkt veröffentlichten Texte sind abgedruckt:
Reichshaushaltsordnung (RHO): Schulze-Wagner, RHO, 3. Aufl., S. 30;
Reichswirtschaftsbestimmungen (RWB): Schulze-Wagner, RHO, 3. Aufl., S. 93;
Reichskassenordnung (RKO): Schulze-Wagner, RKO, S. 13 (dazu Änderung vom 8. Januar 1931 (Reichsministerialbl. S. 7);
Rechnungslegungsordnung (RRO): Schulze-Wagner, RRO, 2. Aufl., S. 1.

II. Verwaltungsvorschriften

1. Grundgesetz für die Bundesrepublik Deutschland vom 23. Mai 1949

(RGBl. S. 1)

(Auszug)

Vorbemerkung:

Innerhalb des Abschnitts X — Finanzwesen — befassen sich Artikel 109 bis 115 mit dem Haushalt und der Haushaltswirtschaft. Während die Weimarer Reichsverfassung (WRV) sich in den Artikeln 85 bis 87 auf wenige Grundsätze über Aufstellung des Haushalts, über Rechnungslegung und Kreditaufnahmen beschränkt hatte, ordnet das Grundgesetz die Materie eingehender und teilweise neu, so daß den genannten Artikeln des Grundgesetzes auch für die haushaltsrechtliche Praxis weit größere Bedeutung zukommt.

Artikel 109

Bund und Länder sind in ihrer Haushaltswirtschaft selbständig und voneinander unabhängig.

Art. 109 statuiert die der föderalistischen Grundauffassung entsprechende Budget-Hoheit für den Bund und für die einzelnen Bundesländer. Eine materielle Selbständigkeit und Unabhängigkeit der einzelnen Haushaltswirtschaften ist auch nach der in Art. 107 vorgesehenen „endgültigen" Aufteilung der Steuern nicht recht vorstellbar. Die Gesetzgebungs-Kompetenz ist zwischen Bund und Ländern anders verteilt als die Verwaltungszuständigkeit, die wiederum vielfach mit der Verantwortung für die Aufbringung der Mittel nicht zusammenfällt. Diese Situation, aber auch die verschiedene Steuerkraft und Belastung der einzelnen Länder können immer wieder Ausgleichs- und andere Maßnahmen nötig machen, die auf die angestrebte Selbständigkeit und Unabhängigkeit der einzelnen Haushaltswirtschaften zurückwirken. Die Bedeutung der Bestimmung wird daher mehr in der Verankerung des formalrechtlichen Prinzips der Haushaltstrennung und materiell im Ausschluß von Matrikularbeiträgen und Dotationen zu sehen sein.

Artikel 110

(1) Alle Einnahmen und Ausgaben des Bundes müssen für jedes Rechnungsjahr veranschlagt und in den Haushaltsplan eingesetzt werden.

(2) Der Haushaltsplan wird vor Beginn des Rechnungsjahres durch Gesetz festgestellt. Er ist in Einnahme und Ausgabe auszugleichen. Die Ausgaben werden in der Regel für ein Jahr bewilligt; sie können in besonderen Fällen auch für einen längeren Zeitraum bewilligt werden. Im übrigen dürfen in das Bundeshaushaltsgesetz keine Vorschriften aufgenommen werden, die über das Rechnungsjahr hinausgehen oder sich nicht auf die Einnahmen und Ausgaben des Bundes oder seiner Verwaltung beziehen.

(3) Das Vermögen und die Schulden sind in einer Anlage des Haushaltsplanes nachzuweisen.

(4) Bei kaufmännisch eingerichteten Betrieben des Bundes brauchen nicht die einzelnen Einnahmen und Ausgaben, sondern nur das Endergebnis in den Haushaltsplan eingestellt zu werden.

Art. 110 entspricht Art. 85 WRV. Daß der Haushalt in Einnahme und Ausgabe ausgeglichen ist, galt unausgesprochen auch in der Praxis der WRV, aber nach dem Grundgesetz wäre die Verabschiedung eines mit einem Fehlbetrag abschließenden Haushaltsplans verfassungswidrig.

Durch die dem Haushaltsplan beizufügende jährliche Nachweisung über das Vermögen und die Schulden wird ein besserer Gesamtüberblick über die Finanzlage des Bundes ermöglicht. Die modernen Vorstellungen der Staatsfinanzwirtschaft entsprechende Neuerung steht im Zusammenhang mit der in Art. 114 vorgeschriebenen Einführung einer Vermögensrechnung. Die Bundesverwaltung hat eine Bestandsaufnahme über Vermögen und Schulden zum 31. März 1953 durchgeführt, so daß dem Haushaltsplan für das Rechnungsjahr 1954 erstmalig die Nachweisung nach Art. 110 Abs. 3 beiliegen wird.

Abs. 4 erhebt die Ausnahmebestimmung des § 15 RHO (Zulässigkeit der Nettoveranschlagung bei kaufmännischen Betrieben des Bundes) zum Verfassungsgrundsatz.

Artikel 111

(1) Ist bis zum Schluß eines Rechnungsjahres der Haushaltsplan für das folgende Jahr nicht durch Gesetz festgestellt, so ist bis zu seinem Inkrafttreten die Bundesregierung ermächtigt, alle Ausgaben zu leisten, die nötig sind[1]),

a) um gesetzlich bestehende Einrichtungen zu erhalten und gesetzlich beschlossene Maßnahmen durchzuführen,

b) um die rechtlich begründeten Verpflichtungen des Bundes zu erfüllen,

c) um Bauten, Beschaffungen und sonstige Leistungen fortzusetzen oder Beihilfen für diese Zwecke weiter zu gewähren, sofern durch den Haushaltsplan eines Vorjahres bereits Beträge bewilligt worden sind.

(2) Soweit nicht auf besonderem Gesetz beruhende Einnahmen aus Steuern, Abgaben und sonstigen Quellen oder die Betriebsmittelrücklage[2]) die Ausgaben unter Absatz 1 decken, darf die Bundesregierung die zur Aufrechterhaltung der Wirtschaftsführung erforderlichen Mittel bis zur Höhe eines Viertels der Endsumme des abgelaufenen Haushaltsplanes im Wege des Kredits flüssig machen.

[1]) Für die Regelung des Nothaushaltsrechts hat Art. 64 der Preuß. Verfassung als Vorbild gedient. Die Bedeutung der Bestimmung ist daran zu ermessen, daß die Festellung der Haushaltspläne des Bundes bisher noch in keinem Jahre rechtzeitig (Art. 110 Abs. 2) erfolgen konnte. Das Haushaltsgesetz 1953 vom 24. Juli 1953 ist im BGBl. II S. 159 veröffentlicht worden.

[2]) Die in Abs. 2 als bestehend vorgestellte Betriebsmittelrücklage (vgl. § 26 Abs. 4 RHO) hat in der angespannten Haushaltswirtschaft des Bundes bisher keine Rolle gespielt.

Artikel 112

Haushaltsüberschreitungen und außerplanmäßige Ausgaben bedürfen der Zustimmung des Bundesministers der Finanzen. Sie darf nur im Falle eines unvorhergesehenen und unabweisbaren Bedürfnisses erteilt werden.

Schon nach § 33 RHO übt der Bundesfinanzminister (BMF) die Kontrolle darüber aus, daß die Verwaltungen sich bei ihren Ausgaben innerhalb der vom Parlament bewilligten einzelnen Ansätze halten. Abweichungen bedürfen seiner Zustimmung. Dadurch, daß Art. 112 diesen Grundsatz in die Verfassung übernimmt, wird die staatsrechtliche Stellung des BMF im Haushaltsvollzug unterstrichen. Daß seine Zustimmung in den angeführten Ausnahmefällen eine vorherige sein muß, versteht sich aus dem Zweck der Vorschrift und wird durch § 33 RHO bestätigt. Art. 112 faßt die Voraussetzung für die Zustimmung des BMF insofern enger, als das unabweisbare Bedürfnis auch unvorhergesehen sein muß; insoweit hat § 33 RHO (und auch § 46 Abs. 2 Satz 2 RWB) als abgeändert zu gelten.

Artikel 113

Beschlüsse des Bundestages und des Bundesrates, welche die von der Bundesregierung vorgeschlagenen Ausgaben des Haushaltsplanes erhöhen oder neue Ausgaben in sich schließen oder für die Zukunft mit sich bringen, bedürfen der Zustimmung der Bundesregierung.

Durch diese wichtige Neuerung erhält die Bundesregierung gegenüber den gesetzgebenden Körperschaften bei ausgabenerhöhenden Beschlüssen ein entscheidendes Mitwirkungsrecht im Interesse der Sicherung des tatsächlichen Haushaltsausgleichs. Nach Art. 85 WRV war der Reichstag in solchen Fällen an die Zustimmung des Reichsrats gebunden. Die Regelung in § 96 Abs. 3 bis 4 der Geschäftsordnung des Bundestags, die die Beratung einer Finanzvorlage von Bundestagsmitgliedern nur zuläßt, wenn mit dem Antrag zugleich ein Ausgleichsantrag zur Deckung der Vorlage verbunden ist, hat das Bundesverfassungsgericht für verfassungswidrig erklärt (Urteil vom 6. März 1952, Entsch. des BVerfG, Bd. 1 S. 144; vgl. Bekanntmachung des Bundesministers des Innern vom 19. Mai 1952, BGBl. II S. 604).

Artikel 114

(1) Der Bundesminister der Finanzen hat dem Bundestage und dem Bundesrate über alle Einnahmen und Ausgaben sowie über das Vermögen und die Schulden jährlich Rechnung zu legen.

(2) Die Rechnung wird durch einen Rechnungshof, dessen Mitglieder richterliche Unabhängigkeit besitzen, geprüft. Die allgemeine Rechnung und eine Übersicht über das Vermögen und die Schulden sind dem Bundestage und dem Bundesrate im Laufe des nächsten Rechnungsjahres mit den Bemerkungen des Rechnungshofes zur Entlastung der Bundesregierung vorzulegen. Die Rechnungsprüfung wird durch Bundesgesetz geregelt.

Der Artikel enthält das Grundsätzliche über Rechnungslegung, Rechnungsprüfung und Entlastung nach Ablauf des Rechnungsjahres und bildet damit das Gegenstück zu Art. 110, der die Feststellung des Haushalts vor Beginn des Rechnungsjahres ordnet. Die Neuerungen gegenüber Art. 86 WRV sind beträchtlich. Art. 114 erstreckt die Pflicht des BMF zur jährlichen Rechnungslegung auf das Vermögen und die Schulden des Bundes und legt die Prüfung durch einen Rechnungshof und die richterliche Unabhängigkeit seiner Mitglieder grundgesetzlich fest. Aus § 108 RHO ist die Bestimmung übernommen, daß der BMF die allgemeine Rechnung (die Haushaltsrechnung mit den Anlagen gemäß §§ 79, 80 RHO) mit den Bemerkungen des Rechnungshofs dem Bundestag und Bundesrat zur Entlastung der Bundesregierung vorzulegen hat. Daß das im Laufe des nächsten Rechnungsjahres zu geschehen hat, ist ein Programmsatz, der sich bisher nicht hat einhalten lassen. Mit der Haushaltsrechnung ist eine Übersicht über das Vermögen und die Schulden, also ein zusammengefaßtes Ergebnis der vom Rechnungshof geprüften Vermögensrechnung — nicht notwendig eine Vermögensbilanz — vorzulegen, die damit in den Entlastungsbeschluß einbezogen ist.

Staatliche Vermögensrechnungen hat es in Deutschland bisher nicht gegeben. Die Vorschrift entspricht neuzeitlichen Forderungen, die aus Kreisen der Wirtschaft, der Wissenschaft, überhaupt von der interessierten Öffentlichkeit erhoben werden. Seit dem 1. April 1953 wird in Ausführung des Art. 114 und auf der Grundlage der zum 31. März 1953 durchgeführten Bestandsaufnahme eine Vermögensrechnung nach dem vom BMF im Einvernehmen mit dem Bundesrechnungshof veröffentlichten Entwurf der Buchführungs- und Rechnungslegungsordnung für das Vermögen des Bundes (VBRO) geführt (s. Fundstellenhinweis Nr. 6 und 7). Das nach einem Vermögensgruppenplan geordnete, auf einheitlichen Bewertungsgrundlagen aufgebaute, in der Spitze zu einer Vermögenshauptrechnung zusammenlaufende Rechnungswerk wird den Stand des Vermögens und der Schulden zu Beginn, die Veränderungen während und den Bestand am Ende des Rechnungsjahres ausweisen und erkennen lassen, in welcher Höhe die Einnahmen und Ausgaben des Haushalts zu einer Vermehrung oder Verminderung des Vermögens und der Schulden geführt haben, mit anderen Worten, inwieweit einem Überschuß oder einem Fehlbetrag der Haushaltsrechnung eine Minderung oder Mehrung des Vermögens und der Schulden gegenübersteht. Damit wird dem Art. 114 insoweit zunächst genügt. Ob die weitere Entwicklung zu einem Ausbau der Bestandsrechnung in der Richtung einer Rechnung über die Vermögenswirtschaft überhaupt führen wird, wird von der endgültigen Gestaltung des Haushaltswesens abhängen.

Für die Rechnungsprüfung ist das Gesetz über Errichtung und Aufgaben des BRH vom 27. November 1950 — BGBl. S. 765 — (Nr. 3 der Sammlung) ergangen.

Artikel 115

Im Wege des Kredites dürfen Geldmittel nur bei außerordentlichem Bedarf und in der Regel nur für Ausgaben zu werbenden Zwecken und nur auf Grund eines Bundesgesetzes beschafft werden. Kreditgewährungen und Sicherheitsleistungen zu Lasten des Bundes, deren Wirkung über ein Rechnungsjahr hinausgeht, dürfen nur auf Grund eines Bundesgesetzes erfolgen. In dem Gesetze muß die Höhe des Kredites oder der Umfang der Verpflichtung, für die der Bund die Haftung übernimmt, bestimmt sein.

Die für Kreditbeschaffungen aufgestellten Grundsätze entsprechen Art. 87 WRV. Das gilt mit einigen Modifikationen auch für die Übernahme von Sicherheitsleistungen. Neu ist dagegen die gleiche Behandlung der Kreditgewährungen. Bedeutung und Zweck dieser Neuerung sind nicht klar erkennbar. Auch die Entstehungsgeschichte macht die Tragweite der von vornherein umstritten gewesenen Bestimmung nicht eindeutig. Sicherheitsleistungen stehen finanzwirtschaftlich Kreditbeschaffungen näher als Kreditgewährungen. Beides, Sicherheitsleistungen und Kreditbeschaffungen, begründen Verpflichtungen für den Bund, die regelmäßig künftigen Haushalten zur Last fallen. Dagegen begründen Kreditgewährungen, sofern darunter die Hingabe von Krediten, z. B. von Darlehen, zu verstehen ist, regelmäßig keine Verpflichtungen, sondern Rechte, insbesondere auf Zinsen und Rückzahlung. Da alle Ausgaben für jedes Rechnungsjahr in den Haushaltsplänen einzusetzen sind, unterliegen auch die für Kreditgewährungen ausgesetzten Mittel dem vorherigen, im Ausnahmefall nachherigen (§ 83 RHO) Bewilligungsrecht des Parlaments. Daher ist die neu eingeführte Beschränkung der Exekutive durch das Erfordernis eines Bundesgesetzes bei Kreditgewährungen — anders als bei Kreditbeschaffungen und Sicherheitsleistungen wegen der hiermit verbundenen Vorbelastung künftiger Haushalte — nicht recht einleuchtend. Andererseits kann bei dem insoweit klaren Wortlaut der Bestimmung nicht angenommen werden, daß schon die Einstellung des Kredits in den Haushalt dem Erfordernis eines Bundesgesetzes genügt. Das Entsprechende müßte dann auch für die Einstellung von Anleihen gelten, wo jedoch mit Recht stets eine besondere gesetzliche Ermächtigung für erforderlich gehalten wird. Bei der großen Zahl der jährlich vom Bund hingegebenen Kredite für die verschiedensten Zwecke muß es für Gesetzgeber und Regierung eine kaum zu bewältigende Aufgabe bedeuten, in jedem Falle den Weg der Gesetzgebung nach Art. 115 zu beschreiten. Es wird abzuwarten bleiben, wie sich die Praxis mit diesem Teil der Bestimmung auseinandersetzt. Man könnte daran denken, den Ausdruck „Kreditgewährungen" einengend und mehr wirtschaftlichem Sprachgebrauch folgend etwa im Sinne von Kreditzusagen, Krediteinräumungen oder der in § 45 c RHO behandelten „Gewährverträge" auszulegen. Damit würde das Erfordernis eines Gesetzes auch bei Kreditgewährungen zu Lasten des Bundes auf verpflichtende Rechtsgeschäfte beschränkt.

2. Gesetz über die Aufstellung und Ausführung des Bundeshaushaltsplans für das Rechnungsjahr 1949 sowie über die Haushaltsführung und über die vorläufige Rechnungsprüfung im Bereich der Bundesverwaltung (Haushaltsgesetz 1949 und Vorläufige Haushaltsordnung). Vom 7. Juni 1950.

(RGBl. S. 199)

(Auszug)

Vorbemerkung

Das Gesetz behandelt zwei Materien: die vorläufige Haushaltsordnung des Bundes (§§ 1 bis 3, 13, 14) und das Haushaltsgesetz für das Rechnungsjahr 1949 (§§ 4 bis 12). Aus Gründen der Vereinfachung sind Haushaltsgesetz und Haushaltsordnung in einem Gesetz vereinigt worden. Die Bezeichnung „vorläufige" Haushaltsordnung wurde gewählt, weil auf längere Sicht eine Neuordnung des gesamten Haushalts-, Kassen- und Rechnungswesens zu erwägen ist.

§ 1

(1) Für die Aufstellung des Bundeshaushaltsplans und seine Ausführung, für die Bewirtschaftung der Mittel und für die Überwachung der Haushalts- und Wirtschaftsführung gelten die Vorschriften der Reichshaushaltsordnung und die zu ihrer Ergänzung und Durchführung erlassenen Bestimmungen in der am 8. Mai 1945 gültigen Fassung entsprechend, soweit sie nicht dem Grundgesetz widersprechen oder in diesem Gesetz etwas anderes bestimmt ist.

(2) Für die Rechnungsprüfung im Aufgabenbereich der Bundesverwaltung gelten bis auf weiteres die Vorschriften des Gesetzes des Wirtschaftsrats über die Errichtung eines Rechnungshofes für das Vereinigte Wirtschaftsgebiet vom 3. November 1948 (WiGBl. S. 115) mit Ausnahme des § 10; § 3 Abs. 2 dieses Gesetzes ist mit der Maßgabe anzuwenden, daß, wenn Länder auf den hier bezeichneten Gebieten auch eigene Haushaltsmittel aufwenden, die Prüfung durch den Rechnungshof gemeinsam mit den obersten Rechnungsprüfungsbehörden dieser Länder durchzuführen ist, sofern diese obersten Prüfungsbehörden nicht auf ihre Beteiligung verzichten. Der durch dieses Gesetz errichtete Rechnungshof übernimmt

bis auf weiteres die Aufgaben des Bundesrechnungshofes. Er hat auch die Rechnungsprüfung der Verwaltung des Vereinigten Wirtschaftsgebietes zu Ende zu führen.

(3) Bei der Anwendung der in Absatz 1 und 2 genannten Vorschriften treten an die Stelle

a) des Reichs: der Verwaltung des Vereinigten Wirtschaftsgebietes:	die Bundesrepublik Deutschland,
b) des Reichspräsidenten:	der Bundespräsident,
c) des Reichstags: des Wirtschaftsrats:	der Bundestag,
d) des Reichsrats: des Länderrats:	der Bundesrat,
e) des Reichskanzlers: des Vorsitzers des Verwaltungsrats:	der Bundeskanzler,
f) der Reichsregierung: des Verwaltungsrats:	die Bundesregierung,
g) des Reichsministers der Finanzen: des Direktors der Verwaltung für Finanzen:	der Bundesminister der Finanzen,
h) der Reichsminister: der Direktoren der Verwaltungen:	die Bundesminister,
i) der Reichsbehörden oder der Obersten Reichsbehörden: der Verwaltungsstelle oder der Obersten Verwaltungsstellen der Verwaltung des Vereinigten Wirtschaftsgebietes:	die Bundesbehörden oder die Obersten Bundesbehörden,
k) des Rechnungshofs des Deutschen Reichs oder seines Präsidenten: des Rechnungshofes im Vereinigten Wirtschaftsgebiet oder seines Präsidenten:	der Bundesrechnungshof oder sein Präsident.

Die über das Rechnungsjahr 1949 hinausgehende bleibende Bedeutung liegt in Abs. 1, der die Weitergeltung der RHO für den Bundeshaushalt regelt. An und für sich ergab sich die Fortgeltung schon aus den Überleitungsbestimmungen des Grundgesetzes (Art. 123 ff.). Zweifelhaft konnte aber sein, in welcher Fassung und in welchem Umfang die nach 1933 mehrfach geänderte RHO anzuwenden war. Die Begründung zu dem Gesetz (s. MinBlFin. 1950 S. 449) geht davon aus, daß es zur Sicherstellung einer geordneten Haushaltsführung dringlich und notwendig war, auch nach der formalen Seite eine klare Rechtsgrundlage zu schaffen. Nach den Worten der Begründung bleiben mit der RHO und ihren Ergänzungen und Durchführungsvorschriften allgemein bekannte und in jahrzehntelanger Erfahrung bewährte haushaltsrechtliche Grundsätze in Geltung, die auch mit den Grundsätzen des Grundgesetzes übereinstimmen (vgl. auch Vorbemerkung Nr. 5 der Sammlung). — Abs. 2 ist mit Wirkung vom 1. April 1950 außer Kraft getreten (§ 14 BRHG, Nr. 3 der Sammlung).

§ 2 (nicht abgedruckt)

Der § enthält die Bezeichnungen der Einzelpläne des Bundeshaushalts für die Rechnungsjahre ab 1949. Die Regelung ist durch die Neugliederung des Bundeshaushaltsplans ab Rechnungsjahr 1953 überholt (s. Nr. 20 bis 22 der Sammlung).

§ 3

Die Haushalts- und Wirtschaftsführung im Bereich der Bundespost und der Bundesbahn regelt sich bis auf weiteres nach den für diese Verwaltungen geltenden Sondervorschriften, wie sie bis zum 20. September 1949 im Vereinigten Wirtschaftsgebiet sowie in den Ländern Baden, Rheinland-Pfalz, Württemberg-Hohenzollern gegolten haben.

---

§ 3 ist durch das Bundesbahngesetz vom 13. Dezember 1951 (BGBl. I S. 955) und durch das Postverwaltungsgesetz vom 24. Juli 1953 (BGBl. I S. 676) gegenstandslos geworden.

§ 13

Die zur Durchführung dieses Gesetzes erforderlichen Bestimmungen erläßt der Bundesminister der Finanzen.

Ob die Ermächtigung des BMF zum Erlaß von Durchführungsbestimmungen nur für das eigentliche Haushaltsgesetz (§§ 4 bis 12) gilt, wie die Begründung annimmt, kann zweifelhaft sein, da § 13 in § 14 Abs. 2 nicht aufgeführt ist, also unbefristet gilt. Demnach kann der BMF auch etwa erforderliche Durchführungsbestimmungen zu § 1 erlassen (vgl. Art. 86 GG).

§ 14

(1) Dieses Gesetz tritt mit Wirkung vom 21. September 1949 in Kraft.

(2) Die Bestimmungen der §§ 4 bis 12 haben nur Gültigkeit für das Rechnungsjahr 1949.

Am 21. September 1949 ist das Besatzungsstatut in Kraft getreten. Mit diesem Tage gilt die Bundesverwaltung als errichtet (Begr.).

3. Gesetz über Errichtung und Aufgaben des Bundesrechnungshofes vom 27. November 1950.

(RGBl. I S. 765)

Vorbemerkung

Das Gesetz (Amtliche Begründung im Bundesanzeiger Nr. 232 vom 1. Dezember 1950), das in Ausführung des Art. 114 (2) GG ergangen ist, bestimmt nicht nur die staatsrechtliche Stellung, den Aufbau und die Aufgaben des Bundesrechnungshofes (BRH) in den Grundzügen, sondern regelt auch die Durchführung der Prüfungen, indem es (bis zu einer anderweitigen Regelung) die Anwendung der Vorschriften der RHO, insbesondere der Abschnitte über die Rechnungsprüfung und über den Rechnungshof vorschreibt. Damit ist die als Ausführungsgesetz zu Art. 86 WRV ergangene RHO praktisch auch Ausführungsgesetz zu Art. 114 geworden. Während der RH des Deutschen Reichs seit dem Gesetz über die Haushaltsführung usw. der Länder vom 17. Juni 1936 auch die Rechnungsprüfung in den Ländern auszuüben hatte, beschränkt sich die Zuständigkeit des BRH entsprechend dem föderalistischen Aufbau der Bundesrepublik auf die Bundesorgane und Bundesverwaltungen. Nach dem Grundgesetz hat der Bund weder eine ausschließliche noch eine konkurrierende noch eine Rahmen-Gesetzgebung auf dem Gebiete des Haushaltsrechts. Die Bundesländer haben durchweg nach 1945 eigene oberste Rechnungsprüfungsbehörden (Landesrechnungshöfe) errichtet, für die nach den betreffenden Gesetzen in der Regel die Vorschriften der RHO über die Rechnungsprüfung gleichfalls maßgebend sind. Insofern ist die 1936 geschaffene Rechtseinheit auf dem Prüfungsgebiet materiell in der Hauptsache erhalten geblieben.

§ 1

(1) Als oberste Rechnungsprüfungsbehörde für die Bundesorgane und Bundesverwaltungen wird der Bundesrechnungshof errichtet.

(2) Der Bundesrechnungshof ist eine der Bundesregierung gegenüber selbständige, nur dem Gesetz unterworfene Oberste Bundesbehörde.

(3) Den Sitz des Bundesrechnungshofes bestimmt die Bundesregierung.

Die staatsrechtliche Stellung des BRH — übrigens auch der Landesrechnungshöfe — ist die gleiche wie die des RH des Deutschen Reichs in der Zeit der WRV (§ 118 RHO).

§ 2

Für den Aufbau des Bundesrechnungshofes, für die Ernennung seiner Mitglieder und Beamten und für die ihm obliegende Rechnungsprüfung sind bis zu einer anderweitigen Regelung die Vorschriften der Reichshaushaltsordnung sowie die zu ihrer Änderung, Ergänzung und Durchführung erlassenen Bestimmungen in der am 8. Mai 1945 geltenden Fassung anzuwenden, soweit sie nicht dem Grundgesetz widersprechen oder soweit nicht in diesem Gesetz etwas anderes bestimmt ist.

---

§ 2 enthält die grundlegende Bindung an die RHO in der am 8. Mai 1945 gültigen Fassung und die zu ihrer Ergänzung und Durchführung erlassenen Bestimmungen, insbesondere RWB, RKO, RRO.

Nach dem gegenwärtigen Aufbau besteht der BRH, der seinen Sitz in Frankfurt (Main) hat, aus einer Präsidialabteilung und vier Abteilungen für die Rechnungsprüfung, von denen jede durchschnittlich etwa sechs Prüfungsgebiete umfaßt, die nach Sachaufgaben gegliedert sind. An der Spitze der Abteilungen stehen Direktoren, die Prüfungsgebiete werden von Ministerialräten geleitet und sind mit der erforderlichen Zahl von Prüfungsbeamten ausgestattet. Die Entscheidungen des BRH ergehen nach dem Kollegialprinzip (§ 126 a RHO). In der Präsidialabteilung (§ 125 RHO) werden neben den Verwaltungsangelegenheiten insbesondere Gutachten bearbeitet, die der Präsident als solcher (§ 8) oder in seiner Eigenschaft als Bundesbeauftragter für Wirtschaftlichkeit in der Verwaltung (BWV) — s. Nr. 4 der Sammlung — erstattet.

§ 3

Bei der Anwendung der in § 2 bezeichneten Vorschriften treten an die Stelle

a) des Reiches: die Bundesrepublik Deutschland;
b) der Organe und Einrichtungen des Reiches die entsprechenden Organe und Einrichtungen des Bundes; insbesondere treten an die Stelle
   1. des Reichspräsidenten: der Bundespräsident,
   2. des Reichstages: der Bundestag,
   3. des Reichsrates: der Bundesrat,
   4. des Reichskanzlers: der Bundeskanzler,
   5. der Reichsregierung: die Bundesregierung,

6. der Reichsminister: die Bundesminister,
7. des Reichsministers der Finanzen: der Bundesminister der Finanzen,
8. des Rechnungshofes des Deutschen Reiches oder seines Präsidenten: der Bundesrechnungshof oder sein Präsident.

§ 4

(1) Der Bundesrechnungshof überwacht die gesamte Haushalts- und Wirtschaftsführung der Bundesorgane und Bundesverwaltungen[1]).

(2) Der Bundesrechnungshof ist auch zuständig[2]), sofern Stellen außerhalb der Bundesverwaltung

1. Teile des Bundeshaushaltsplanes ausführen oder
2. zur Erfüllung bestimmter Zwecke Bundesmittel erhalten haben oder
3. Bundesvermögen oder Bundesmittel verwalten.

(3) Der Bundesrechnungshof hat auch die Haushalts- und Wirtschaftsführung des Sondervermögens Bundesbahn zu prüfen. Die Prüfung erfolgt nach Maßgabe näherer Bestimmungen, die der Bundesminister der Finanzen, der Bundesminister für Verkehr und der Präsident des Rechnungshofes gemeinsam erlassen[3]).

(4) Der Bundesrechnungshof hat ferner die Haushalts- und Wirtschaftsführung der Träger der Sozialversicherung, wenn sie Zuschüsse aus öffentlichen Mitteln erhalten, sowie der Arbeitslosenversicherung und der Arbeitslosenfürsorge zu prüfen[4]).

(5) Soweit im Zusammenhang mit Fällen der Absätze 2 und 4 Ländern eigene Haushaltseinnahmen anfallen oder eigene Haushaltsausgaben erwachsen oder Länder Bundesvermögen und Landesvermögen gemeinsam verwalten sowie in allen Fällen, in denen Bundesmittel durch Behörden der Länder oder Gemeinden verwaltet werden, hat der Bundesrechnungshof die Prüfung gemeinsam mit den obersten Rechnungsprüfungsbehörden dieser Länder durchzuführen. Der

Bundesrechnungshof oder die obersten Rechnungsprüfungsbehörden der Länder können auf ihre Beteiligung verzichten[5]).

[1]) Abs. 1 gibt eine Neufassung des in § 87 RHO enthaltenen Generalauftrags, der sich jetzt ausdrücklich auf die Überwachung der Wirtschaftsführung erstreckt.

[2]) Abs. 2 hat in erster Linie klarstellende Bedeutung: Die Zuständigkeit des BRH ist auch dann begründet, wenn Bundesmittel nicht von Bundesstellen unmittelbar ihrer Zweckbestimmung zugeführt werden, sondern wenn sie, wie es nach der Aufgabenverteilung des Grundgesetzes auf großen Gebieten der Fall ist, von außerhalb der Bundesverwaltung stehenden Stellen, besonders von Ländern und Gemeinden verausgabt — oder auch vereinnahmt — werden, sei es, daß diese den Bundeshaushaltsplan ausführen (§ 1 Abs. 2 RWB), sei es, daß sie sonst Bundesmittel verwalten (§ 64 a Abs. 2 RHO, § 2 RRO) oder zur Erfüllung bestimmter Zwecke Bundesmittel erhalten haben (§ 64 a Abs. 1 RHO).

[3]) Vgl. § 34 des Bundesbahngesetzes vom 13. Dezember 1951, BGBl. I S. 955.

[4]) Ein umfassendes, also nicht auf die Verwendung erhaltener Zuschüsse beschränktes Prüfungsrecht bei den Trägern der Sozialversicherung hat früher für den RH nicht bestanden. Seine Einführung rechtfertigt sich durch die Belastungen, die dem Bund auf diesem Gebiet durch Art. 120 GG entstehen; es besteht deshalb nicht, wenn die Versicherungsträger keine Zuschüsse aus öffentlichen Mitteln erhalten. Die Träger der Arbeitslosenversicherung und der Arbeitslosenfürsorge (Bundesanstalt für Arbeitsvermittlung und Arbeitslosenversicherung) unterliegen der Prüfung ohne diese Einschränkung.

[5]) Das Institut der gemeinsamen Prüfungen hat in der RHO kein Vorbild (vgl. § 1 Abs. 2 der Vorläufigen Haushaltsordnung vom 7. Juni 1950, s. Nr. 2 der Sammlung). Sie greifen Platz, wenn den Ländern im Zusammenhang mit den Fällen der Abs. 2 und 4 eigene Haushaltseinnahmen oder Haushaltsausgaben entstehen oder wenn sie Bundesvermögen und Landesvermögen gemeinsam verwalten. In diesen Fällen würde auch eine Prüfung durch die Landesrechnungshöfe in Betracht kommen, und die gemeinsam mit ihnen durchgeführte Prüfung führt zur Vermeidung von Doppelprüfungen. Darüber hinaus sind gemeinsame Prüfungen allgemein vorgesehen, wenn Bundesmittel durch Länder und Gemeinden verwaltet werden, also ohne Rücksicht darauf, ob Haushaltsmittel der Länder beteiligt sind. Man wird diese Regelung als Auswirkung der durch das Grundgesetz gegebenen Situation ansehen können, daß Bund und Länder in ihrer Haushaltswirtschaft zwar selbständig und unabhängig sind (Art. 109 GG), daß aber die Länder die Bundesgesetze ausführen (Art. 83 ff), und daß der Bund dabei auf wichtigen

Aufgabengebieten die finanziellen Lasten trägt (Art. 120, 131 GG). Da Art. 114, der die Prüfung durch einen Rechnungshof vorschreibt, die Regelung der Rechnungsprüfung dem Gesetzgeber überlassen hat, hält sich die Ausgestaltung der gemeinsamen Prüfungen im BRHG noch im Rahmen der grundgesetzlichen Ermächtigung. In der Praxis hat die Neuerung zu keinen Schwierigkeiten geführt. Die Art und Weise der Durchführung gemeinsamer Prüfungen regeln die beteiligten Rechnungshöfe durch Vereinbarungen für bestimmte Gebiete allgemein, sonst von Fall zu Fall, soweit nicht der eine Teil auf seine Mitwirkung verzichtet. Als positives Ergebnis der Durchführung gemeinsamer Prüfungen ist übrigens auch der dadurch angeregte Erfahrungsaustausch und eine einheitliche Ausrichtung der Prüfungspraxis zu verzeichnen.

§ 5

Der Bundesrechnungshof und sein Präsident haben innerhalb der Zuständigkeit der Bundesverwaltung außerdem diejenigen Aufgaben durchzuführen, die dem früheren Rechnungshof des Deutschen Reiches, dem Rechnungshof im Vereinigten Wirtschaftsgebiet und dem Rechnungshof für die britische Zone oder deren Präsidenten in anderen fortgeltenden Vorschriften, Satzungen oder Vereinbarungen übertragen sind.

§ 6

Der Bundesrechnungshof und die obersten Rechnungsprüfungsbehörden der Länder können einander durch Vereinbarungen Prüfungsaufgaben übertragen.

Die RHO kennt eine Überlassung von Prüfungsaufgaben auf die Landesrechnungshöfe nicht. Die Neuerung, die in gewissem Sinne im Zusammenhang mit § 4 Abs. 5 und § 10 zu sehen ist, entspricht der Grundtendenz des BRHG, das — anders als die RHO — unmittelbare Beziehungen zwischen dem BRH und den Landesrechnungshöfen herstellt.

Eine Kostenerstattung bei Übernahme von Prüfungsaufgaben ist nicht vorgeschrieben (anders als in § 9).

§ 7

Der Bundesrechnungshof kann mit Zustimmung der nach Landesrecht zuständigen Stellen Prüfungsaufgaben auch für Länder und juristische Personen des öffentlichen Rechts auf deren Antrag übernehmen.

Auch diese Bestimmung ist gegenüber der RHO neu. Sie ermöglicht es dem BRH, seine Einrichtungen und Erfahrungen öffentlichen Stellen außerhalb der Bundesverwaltung zur Verfügung zu stellen, wenn bei diesen Stellen ein Bedürfnis dafür auftritt, z. B. wenn ihnen geeignete Prüfungseinrichtungen fehlen. Bei den juristischen Personen handelt es sich um solche nach Landesrecht, da die unter Bundesaufsicht stehenden juristischen Personen des öffentlichen Rechts ohnehin der Prüfung durch den BRH unterliegen (vgl. Nr. 9 der Sammlung).

§ 8

(1) Der Präsident des Bundesrechnungshofes hat sich auf Ersuchen des Bundestages, des Bundesrates, der Bundesregierung oder des Bundesministers der Finanzen über Fragen gutachtlich zu äußern, die für die Bewirtschaftung öffentlicher Mittel in der Bundesverwaltung von Bedeutung sind[1]).

(2) Der Präsident des Bundesrechnungshofes kann mit Zustimmung der nach Landesrecht zuständigen Stellen auch Ländern und juristischen Personen des öffentlichen Rechts auf deren Antrag Gutachten erstatten[2]).

[1]) Abs. 1 entspricht inhaltlich dem § 101 RHO, nach dem der Präsident des Rechnungshofes sich auf Ersuchen der Reichsminister oder des Reichstags gutachtlich zu äußern hat. Neuerdings haben die gutachtlichen Aufgaben des Präsidenten des BRH durch seine Berufung zum BWV (Nr. 4 der Sammlung) eine Erweiterung erfahren.

[2]) Abs. 2 ist dem § 7 nachgebildet.

§ 9

Dem Bundesrechnungshof sind die durch die Übernahme von Prüfungsaufgaben (§ 7) und durch die Erstattung von Gutachten in den Fällen des § 8 Absatz 2 entstehenden Kosten zu ersetzen. Der Bundesrechnungshof kann in besonderen Fällen mit Zustimmung des Bundesministers der Finanzen ausnahmsweise von einer Kostenerstattung absehen.

§ 10

(1) Aus Mitgliedern des Bundesrechnungshofes und der Obersten Rechnungsprüfungsbehörden der Länder wird ein Vereinigter Senat gebildet[1]).

(2) Aufgaben des Vereinigten Senates sind[1]):

1. die Entscheidung von grundsätzlichen Fragen, die bei Prüfungen in Verfahren nach § 4 Absatz 5 und § 6 auftreten;
2. die gutachtliche Stellungnahme zu Prüfungsfragen von grundsätzlicher Bedeutung.

(3) Dem Vereinigten Senat gehören als Mitglieder an[2]):

1. der Präsident als Vorsitzender, der Vizepräsident, die Direktoren sowie das für haushaltsrechtliche Grundsatzfragen zuständige Mitglied des Bundesrechnungshofes,
2. die Präsidenten oder Leiter der obersten Rechnungsprüfungsbehörden der Länder,
3. das sachbearbeitende Mitglied als Berichterstatter,
4. ein vom Vorsitzenden bestimmter Mitberichterstatter,
5. in den Fällen des Absatzes 2 Ziffer 1 so viel weitere vom Präsidenten des Bundesrechnungshofes zu bestellende Mitglieder des Bundesrechnungshofes, als erforderlich sind, um Zahlengleichheit zwischen den Mitgliedern des Bundesrechnungshofes und der obersten Rechnungsbehörden der Länder zu erreichen.

Die in Ziffer 1 bezeichneten Senatsmitglieder können sich durch andere Mitglieder des Bundesrechnungshofes, die in Ziffer 2 bezeichneten Senatsmitglieder durch ein anderes Mitglied ihrer obersten Rechnungsprüfungsbehörden vertreten lassen.

(4) Der Vereinigte Senat ist beschlußfähig, wenn mehr als die Hälfte der Mitglieder anwesend ist. Bei Stimmengleichheit gibt die Stimme des Vorsitzenden den Ausschlag. Im übrigen wird das Verfahren durch eine vom Vereinigten Senat zu erlassende Geschäftsordnung geregelt.

---

[1]) Der Vereinigte Senat (VS) hat im Gesetz über den Rechnungshof im Vereinigten Wirtschaftsgebiet ein Vorbild. Die Durchführung gemeinsamer Prüfungen und die Übertragung von Prüfungsaufgaben, überhaupt die allen Rechnungshöfen gemeinsame Aufgabenstellung können es mit sich bringen, daß Zweifelsfragen oder Meinungsverschiedenheiten einer maßgeblichen Klärung bedürfen. Für diese Aufgabe ist beim BRH der VS errichtet. Er ist zuständig

a) für die Entscheidung von grundsätzlichen Fragen bei Prüfungen nach § 4 Abs. 5 und § 6, ferner nach § 20 des Ersten Überleitungsgesetzes in der Fassung vom 21. August 1951

(BGBl. I S. 779) — Überprüfung der finanziellen Ergebnisse der Überleitung —,

b) allgemein für die gutachtliche Stellungnahme zu Prüfungsfragen grundsätzlicher Bedeutung.

Die gutachtlichen Stellungnahmen sind im Gegensatz zu den Entscheidungen für die einzelnen Rechnungshöfe nicht bindend.

[2]) Die Zusammensetzung des VS ist so geregelt, daß bei Entscheidungen zahlenmäßige Parität zwischen BRH und den Landesrechnungshöfen besteht, während bei gutachtlichen Stellungnahmen die Mitglieder aus den Reihen der Landesrechnungshöfe eine knappe Mehrheit stellen. Die Mitglieder des VS sind nicht an Weisungen gebunden, wie aus § 11 Abs. 1 zu entnehmen ist.

In der verhältnismäßig kurzen Zeit seines Bestehens hat der VS noch keine umfangreiche Tätigkeit zu entfalten gehabt. Aber schon das Vorhandensein einer solchen übergeordneten Institution ist geeignet, sich günstig im Sinne einer gleichmäßigen Auslegung und Anwendung der Vorschriften auszuwirken.

§ 11

(1) Die Mitglieder des Bundesrechnungshofes besitzen richterliche Unabhängigkeit[1]). Das gleiche gilt für die dem Vereinigten Senat angehörenden Mitglieder der obersten Rechnungsprüfungsbehörden der Länder.

(2) Mitglieder des Bundesrechnungshofes im Sinne des Absatz 1 sind der Präsident, der Vizepräsident, die Direktoren sowie die zu Mitgliedern ernannten Ministerialräte. Nur diese sind zuständig für gemeinsame Entscheidungen nach den §§ 126 a bis c der Reichshaushaltsordnung.

(3) Auf die Rechtsstellung der Mitglieder des Bundesrechnungshofes, insbesondere auf ihre Versetzung in ein anderes Amt, ihre Versetzung in den Ruhestand, ihre Entfernung vom Amt und ihre dienstliche Bestrafung sind die für Richter des Obersten Bundesgerichtes geltenden besonderen Vorschriften entsprechend anzuwenden[2]). § 2 bleibt unberührt.

---

[1]) Nach § 121 RHO sind die Mitglieder des RH unabhängig und nur dem Gesetz unterworfen. § 11 übernimmt ohne sachliche Abweichung die Fassung des Art. 114 GG, wonach die Mitglieder des BRH richterliche Unabhängigkeit (Art. 97 GG) besitzen.

[2]) Solange das Oberste Bundesgericht nicht errichtet ist, werden auf die Rechtsstellung der Mitglieder des BRH stattdessen die für die Richter an den oberen Bundesgerichten geltenden Bestimmungen

entsprechend anzuwenden sein (vgl. z. B. Gesetz über die Dienstaltersgrenzen von Richtern usw. vom 20. Dezember 1952, BGBl. I S. 805). Aus dieser Gleichstellung ergibt sich u. a., daß die Mitglieder des BRH auch der Richteranklage gemäß Art. 98 Abs. 2 GG unterliegen.

§ 12

Die Beamten des Bundesrechnungshofes dürfen nicht dem Bundestage, dem Bundesrate, der Bundesregierung oder entsprechenden Organen eines Landes angehören.

§ 13

Die Geschäftsordnung für den Bundesrechnungshof erläßt der Große Senat (§ 126 c der Reichshaushaltsordnung). Sie ist dem Bundestage, dem Bundesrate und der Bundesregierung mitzuteilen.

Die Geschäftsordnung für den BRH hat der Große Senat durch Beschluß vom 16. September 1951 erlassen.

§ 14

Dieses Gesetz tritt mit Wirkung vom 1. April 1950 in Kraft. Gleichzeitig treten die auf die Rechnungsprüfung bezüglichen Bestimmungen des § 1 des Gesetzes über die Aufstellung und Ausführung des Bundeshaushaltsplanes für das Rechnungsjahr 1949 sowie über die Haushaltsführung und über die vorläufige Rechnungsprüfung im Bereich der Bundesverwaltung vom 7. Juni 1950 (RGBl. S. 199) außer Kraft. Der Bundesrechnungshof hat die Rechnungsprüfung der Verwaltung des Vereinigten Wirtschaftsgebietes zu Ende zu führen.

4. Bekanntmachung über den Bundesbeauftragten für Wirtschaftlichkeit in der Verwaltung vom 30. Juni 1952.

(Bundesanzeiger Nr. 128 vom 5. Juli 1952, S. 1)

Vorbemerkung

Der BWV hat einen Vorläufer in der Einrichtung des früheren Reichssparkommissars, der, wenn auch zunächst nicht unter dieser Bezeichnung, im Herbst 1922 von der Reichsregierung in der Person des damaligen Präsidenten des Rechnungshofs, Staatsminister

a. D. Dr. Saemisch, bestellt wurde und in Tätigkeit blieb, bis im Jahre 1933 sein Büro aufgelöst und seine Aufgaben auf die Präsidialabteilung des Rechnungshofs übergeleitet wurden. Den Anlaß zur Berufung eines Sparkommissars hat s. Zt. das Anschwellen der öffentlichen Ausgaben als Folgeerscheinung des verlorenen Weltkrieges gegeben. Auch der Aufbau der Bundesverwaltungen vollzog sich unter dem Gewicht der finanziellen Lasten eines militärischen und politischen Zusammenbruchs. Der Beschluß der Bundesregierung über die Bestellung des BWV war durch eine Entschließung des Bundestags vom 20. Februar 1952 veranlaßt (Verhandlungen des Deutschen Bundestags, Bericht über die 194. Sitzung, S. 8362). Die Befugnisse, die es dem BWV ermöglichen sollen, wirksame Vorschläge für Sparsamkeit und Wirtschaftlichkeit zu machen, sind in den Richtlinien des BMF formuliert, die eine Anlage des Kabinettsbeschlusses bilden. Hervorzuheben ist insbesondere das Initiativrecht des BWV (Ziff. 2 der Richtl.), seine Beteiligung bei der Aufstellung der Haushaltsvoranschläge (Ziff. 4) und sein Recht zur Teilnahme und Antragstellung in Kabinettsitzungen (Ziff. 6). Der BWV wird im übrigen nicht nur auf Ersuchen der Bundesregierung und der Bundesminister tätig, sondern auch Bundestag und Bundesrat können ihn um Gutachten ersuchen (Ziff. 2). Diese bemerkenswerte Abweichung gegenüber den Richtlinien des früheren Sparkommissars steht im Einklang damit, daß nach § 8 BRHG der Präsident des BRH sich auch auf Ersuchen des Bundestags und des Bundesrats gutachtlich zu äußern hat, während nach der alten, bis 1933 geltenden Fassung des § 101 RHO nicht der Präsident, sondern der RH als Kollegium für solche Gutachten zuständig war. — Der BWV hat auf einen besonderen Verwaltungsapparat verzichtet und bedient sich bei der Durchführung seiner Aufgaben der Präsidialabteilung des BRH (Ziff. 8).

Wortlaut der Bekanntmachung

Der Herr Bundeskanzler hat mit Schreiben vom 17. Juni 1952 den Präsidenten des Bundesrechnungshofes, Herrn Josef Mayer, mit der Wahrnehmung der Aufgaben des Bundesbeauftragten für Wirtschaftlichkeit in der Verwaltung beauftragt.

Die Aufgaben und die Geschäftsführung des Bundesbeauftragten für Wirtschaftlichkeit in der Verwaltung richten sich nach dem Beschluß des Bundeskabinetts vom 8. Januar 1952 und den durch diesen Kabinettsbeschluß gebilligten „Richtlinien über die Aufgaben und die Tätigkeit des Bundesbeauftragten für Wirtschaftlichkeit in der Verwaltung“. Kabinettsbeschluß und Richtlinien werden im folgenden bekanntgemacht:

A. Kabinettsbeschluß

vom 8. Januar 1952 betreffend Einsetzung eines Bundesbeauftragten für Wirtschaftlichkeit in der Verwaltung.

1. Die Finanzlage des Bundes macht die größte Sparsamkeit und Wirtschaftlichkeit in der gesamten Verwaltung, d. h. die Erreichung des höchsten Wirkungsgrades, erforderlich. Um dieses Ziel zu erreichen, genügt nicht die Einschränkung und sorgfältige Bemessung der Ausgabemittel. Die Bundesverwaltung muß vielmehr auch durch organisatorische Maßnahmen rationell gestaltet werden. Nach § 8 des Gesetzes über Errichtung und Aufgaben des Bundesrechnungshofes vom 27. November 1950 (RGBl. S. 765) hat der Präsident des Bundesrechnungshofes auf Ersuchen des Bundestags, des Bundesrats, der Bundesregierung oder des Bundesministers der Finanzen sich über Fragen gutachtlich zu äußern, die für die Bewirtschaftung öffentlicher Mittel in der Bundesverwaltung von Bedeutung sind. Vorschläge für eine sparsamere und rationellere Gestaltung der Bundesverwaltung kann der Bundesrechnungshof, abgesehen von einer besonderen Beauftragung im einzelnen Falle, jedoch von sich aus nur in Verbindung mit der Rechnungsprüfung, d. h. oft erst lange Zeit, nachdem die Ausgaben geleistet sind, machen (§ 96 Abs. 1 Ziff. 4 RHO). Es ist aber notwendig, daß eine Stelle geschaffen wird, die ohne Verknüpfung mit der Rechnungslegung und schon vor der Leistung der Ausgaben von sich aus allgemeine Vorschläge für Sparsamkeit und Wirtschaftlichkeit machen kann.

2. Zu diesem Zwecke übernimmt der Präsident des Bundesrechnungshofs, Herr Mayer, im Einvernehmen mit der Bundesregierung die Aufgaben eines „Bundesbeauftragten für Wirtschaftlichkeit in der Verwaltung“. Bei der Durchführung seiner Aufgaben bedient er sich der Präsidialabteilung des Bundesrechnungshofs.

3. Die Aufgaben des „Bundesbeauftragten für Wirtschaftlichkeit in der Verwaltung“ und seine Tätigkeit richten sich nach den anliegenden „Richtlinien über die Aufgaben und die Tätigkeit des Bundesbeauftragten für Wirtschaftlichkeit in der Verwaltung“.

B. Richtlinien

1. Der Bundesbeauftragte für Wirtschaftlichkeit in der Verwaltung hat die Bundesregierung in allen Fragen der Vereinfachung und Verbilligung der Verwaltung zu beraten mit dem Ziel, den Aufwand zu verringern und den Wirkungsgrad der Verwaltung zu steigern. Sein Aufgabengebiet erstreckt sich auf die gesamte Bundesverwaltung einschließlich der Sondervermögen und aller Behörden, Anstalten und Körperschaften und Stiftungen des öffentlichen Rechts, die Mittel verwalten, deren Prüfung auf Grund der RHO und des Gesetzes über Errichtung und Aufgaben des Bundesrechnungshofs vom 27. November 1950 oder anderer Bestimmungen dem Bundesrechnungshof obliegt. Er hat dabei auf wirtschaftlichen Einsatz der Haushaltsmittel hinzuwirken, Vorschläge für eine sparsame, nach zeitgemäßen Grundsätzen aufgebaute Oranisation zu machen und zu prüfen, ob die Zielsetzungen der Bundesmaßnahmen auf wirtschaftlichem Wege erreicht werden können. Dabei wird er auch sein Augenmerk auf die Abgrenzung der Zuständigkeit zwischen den verschiedenen Bundesverwaltungen und die Scheidung der Aufgabenkreise zwischen Bund, Ländern und Gemeinden (Gemeindeverbände) richten.
2. Der Bundesbeauftragte wird auf Ersuchen des Bundestags, des Bundesrats, der Bundesregierung und des Bundesministers der Finanzen gutachtlich tätig werden. Ebenso sind die übrigen Bundesminister berechtigt, ein derartiges Ersuchen an ihn zu richten. Die Gutachten sind der ersuchenden Stelle unmittelbar zuzuleiten. Der Bundes-

beauftragte soll jedoch auch von sich aus in sein Aufgabengebiet fallende Fragen aufgreifen und den zuständigen Bundesministern gutachtliche Äußerungen und Vorschläge machen. Bei der Erstattung seiner Gutachten ist er von Weisungen irgendwelcher Art unabhängig.

3. Der Bundesbeauftragte ist im Rahmen seines Aufgabengebietes berechtigt, Prüfungen und örtliche Besichtigungen vorzunehmen oder durch seine bevollmächtigten Mitarbeiter vornehmen zu lassen. Die zuständigen Bundesminister sind hiervon vorher zu unterrichten.

Der Leiter jeder in Anspruch genommenen Stelle ist verpflichtet, den Bundesbeauftragten und seine bevollmächtigten Mitarbeiter in jeder Hinsicht durch Auskunft, Vorlage von Akten usw. zu unterstützen. Zu diesem Zweck kann auf Verlangen des Bundesbeauftragten ein besonderer Mitarbeiter bereitgestellt werden, der den Bundesbeauftragten und seine bevollmächtigten Mitarbeiter bei den örtlichen Feststellungen unterstützt und die erforderlichen Auskünfte und Einsichtnahmen vermittelt.

4. Die Bundesministerien beteiligen den Bundesbeauftragten bei organisatorischen oder finanziellen Maßnahmen von größerer geldlicher Tragweite. Er wird bei der Aufstellung der Haushaltsvoranschläge beteiligt.

5. Der Bundesbeauftragte wird ermächtigt, an die Landesregierungen heranzutreten, um sich über Einrichtungen und Tätigkeit von Landes- und Gemeindebehörden mit deren Einverständnis zu unterrichten. Er kann in gleicher Weise wie für die Bundesverwaltung auf Antrag von Ländern auch für diese gegen Erstattung der Kosten tätig werden. In besonderen Fällen kann er mit Zustimmung des Bundesfinanzministers von der Kostenerstattung absehen.

6. Auf Antrag eines Bundesministers kann der Bundesbeauftragte mit beratender Stimme an den Sitzungen des Bundeskabinetts teilnehmen, soweit Angelegenheiten seines

Aufgabengebietes behandelt werden. Insoweit ist er auch berechtigt, im Bundeskabinett Anträge zu stellen.

7. Der Bundesbeauftragte ist befugt, an den Sitzungen des Bundestages, des Bundesrats und ihrer Ausschüsse im Rahmen der Geschäftsordnung dieser Körperschaften selbst oder durch Beauftragte teilzunehmen. Er unterrichtet den Bundesminister der Finanzen von allen Aufträgen, die er von anderen Stellen erhält, und übermittelt ihm sämtliche von ihm erstatteten Gutachten und gemachten Vorschläge.

8. Eine besondere Behörde wird für den Bundesbeauftragten nicht eingerichtet. Er bedient sich für seine Aufgaben der Präsidialabteilung des Bundesrechnungshofs.

5. Gesetz über die Haushaltsführung, Rechnungslegung und Rechnungsprüfung der Länder und über die vierte Änderung der Reichshaushaltsordnung vom 17. Juni 1936

(RGBl. II S. 209)

(Auszug)

Vorbemerkung

Die Bedeutung dieses Gesetzes liegt in Art. I (§ 1 Abs. 1). Art. II (Außenabteilungen des Rechnungshofes) und Art. IV (Schlußbestimmungen) sind gegenstandslos geworden, die 4. Änderung der RHO (Art. III) enthält keine wesentlichen Neuerungen.

Durch § 1 Abs. 1 wurde im Grundgesetz die einheitliche Geltung der RHO in Reich und Ländern unter Beseitigung des bis dahin geltenden Länderhaushaltsrechts herausgestellt. Die damit gewonnene Rechtsgleichheit ist über den Zusammenbruch hinaus erhalten geblieben, da das Reichshaushaltsrecht nach Art. 123 GG fortgilt und die Bundesländer von ihrem Gesetzgebungsrecht auf diesem Gebiet erfreulicherweise nur sehr zurückhaltenden Gebrauch machen. Für die Frage, in welcher Form die RHO in den Ländern gilt, sind, soweit die Landesverfassungen und Landesgesetze seit 1945 nichts anderes bestimmen, immer noch die 2. und 3. DVHL (s. Fundstellenhinweis Nr. 1) maßgebend; hiernach sind neben der RHO auch die RWB, RKO und RRO (mit gewissen Abweichungen) entsprechend anzuwenden. Die 1. DVHL ist infolge der staatsrechtlichen Neuordnung hinfällig geworden, eine Reihe von Vorschriften der 2. DVHL, die der Durchsetzung bestimmter politischer und zentralistischer Forderungen dienten und vor allem die Stellung des Reichsfinanzministers und des Reichsrechnungshofes gegenüber den Ländern betrafen, sind mit dem Grundgesetz unvereinbar. Der fortdauernden Anwendung zahlreicher anderer Einzelbestimmungen der 2. und 3. DVHL sowie der 1. VAHL (s. Fundstellenhinweis Nr. 1) steht dagegen nichts im Wege, da sie geeignet sind, das materielle Reichshaushaltsrecht mit den besonderen Verhältnissen der Länder abzustimmen und zunächst auf dieser Ebene neuere fortschrittliche Entwicklungen anzubahnen.

Das Gesetz vom 17. Juni 1936 galt nach § 11 in allen Ländern außer Preußen, das die RHO (1933), aber nicht die übrigen Bestimmungen übernommen hatte. Das Gesetz mit seinen Durchführungsbestimmungen ist aber auch in den ehemals preuß. Gebietsteilen der britischen Zone mit der Mil.-Reg.-Verordnung Nr. 59, Amtsbl. d. Brit. Mil.-Reg. Nr. 15 S. 348, (Art. VII Ziff. 15) in Anwendung gekommen.

Artikel I

Haushaltsführung, Rechnungslegung und Rechnungsprüfung der Länder

§ 1

(1) Für die Aufstellung des Haushaltsplans und seine Durchführung, die Bewirtschaftung der Mittel und die Überwachung der Haushalts- und Wirtschaftsführung der Länder gelten die Vorschriften der Reichshaushaltsordnung entsprechend, soweit dieses Gesetz und seine Durchführungsverordnungen nicht etwas anderes bestimmen.

(2) ...

Artikel III

Vierte Änderung der Reichshaushaltsordnung

§ 6

Die Reichshaushaltsordnung vom 31. Dezember 1922 (RGBl. 1923 II S. 17) in der Fassung der Bekanntmachung vom 14. April 1930 (RGBl. II S. 693), des Gesetzes über die zweite Änderung der Reichshaushaltsordnung und die zehnte Änderung des Besoldungsgesetzes vom 13. Dezember 1933 (RGBl. II S. 1007) und des § 3 Artikel 7 des Gesetzes zur Änderung und Ergänzung von Vorschriften auf dem Gebiete des Finanzwesens vom 23. März 1931 (RGBl. I S. 232) wird wie folgt geändert:

1. § 53 ist zu streichen.

2. § 54 erhält folgende Fassung:

   (Nicht abgedruckt, s. jetzt Neufassung durch § 1 Ziff. 1 des Gesetzes über die fünfte Änderung der Reichshaushaltsordnung vom 30. April 1938, Nr. 6 der Sammlung.)

3. Im § 63 ist zu setzen

   a) im Abs. 1 statt „Hinterlegungen" jedesmal: „Verwahrungen";

   b) im Abs. 2 statt „hinterlegten": „verwahrten".

4. Im § 69 Abs. 2 ist hinter „Besitzwechselsteuern," einzufügen:

   „Umsatzsteuern, Börsenumsatzsteuern,".

5. § 79 Abs. 1 Ziffer 1 erhält folgende Fassung:

   „1. eine Nachweisung über den Gesamtbetrag der bei den einzelnen Verwaltungszweigen infolge gesetzlicher Bestimmung oder mit gesetzlicher Ermächtigung niedergeschlagenen Beträge (§ 54);".

6. § 90 Abs. 1 Satz 1 erhält folgende Fassung:

   „Der Rechnungshof nimmt die Prüfung an seinem Sitz oder am Sitze seiner Außenabteilungen vor."

7. § 91 Satz 1 erhält folgende Fassung:

   „Die Rechnungen mit Belegen sind dem Rechnungshof zur Prüfung zu übersenden, soweit nicht die Prüfung nach § 90 Abs. 1 Satz 3, Abs. 2 und Abs. 4 erfolgt oder sich aus §§ 93, 94 etwas anderes ergibt."

8. Der dritte Satz des § 93 Abs. 1 wird Satz 2 des Absatzes 2.

9. § 121 Abs. 1 erhält folgenden Zusatz[1]):

   „Versetzungen vom Sitze des Rechnungshofs an eine Außenabteilung und umgekehrt sowie von Außenabteilung zu Außenabteilung sind keine Versetzungen im Sinne des Satzes 2."

10. Im § 126 b Abs. 3 ist zu streichen

    a) im Satz 2: „aus drei, im Bedarfsfalle",

    b) im Satz 4: „gegebenenfalls".

11. § 126 b Abs. 3 erhält folgenden Zusatz[1]):

„Wird über eine Angelegenheit entschieden, die eine Außenabteilung des Rechnungshofs bearbeitet hat, so treten an die Stelle der beiden vom Präsidenten für die Dauer eines Kalenderjahres bestimmten Ministerialräte der zuständige Direktor und der sachbearbeitende Ministerialrat dieser Außenabteilung."

12. Im § 126 c Abs. 2 ist statt „den genannten Beamten" zu setzen:

„dem Präsidenten."

13. § 126 c Abs. 2 erhält folgenden Zusatz:

„Der Vizepräsident wird bei Behinderung nicht vertreten."

14. Im § 127 a ist zwischen „48," und „113" einzufügen „54,".

---

[1]) Die Bestimmung ist nach Wegfall des Rechnungshofs des Deutschen Reichs gegenstandslos geworden.

6. Gesetz über die fünfte Änderung der Reichshaushaltsordnung vom 30. April 1938

(RGBl. II S. 145)

(Auszug)

§ 1

Die Reichshaushaltsordnung vom 31. Dezember 1922 (RGBl. 1923 II S. 17) in ihrer jetzt geltenden Fassung (vgl. Artikel III des Gesetzes über die Haushaltsführung, Rechnungslegung und Rechnungsprüfung der Länder und über die vierte Änderung der Reichshaushaltsordnung vom 17. Juni 1936, RGBl. II S. 209) wird wie folgt geändert:

1. § 54 erhält folgende Fassung:

„§ 54

Sonstige Ansprüche des Reichs dürfen, soweit nicht durch Gesetz etwas anderes vorgeschrieben ist, nur mit Zustimmung des Reichsministers der Finanzen niedergeschlagen werden. Bis zu welcher Höchstgrenze die Reichsminister Ansprüche selbständig niederschlagen und inwieweit sie diese Befugnis auf nachgeordnete Stellen übertragen dürfen, bestimmt der Reichsminister der Finanzen."

2. Im § 88 Abs. 1 ist die folgende Ziffer 5 hinzuzufügen:

„§ 88

(1) Der Prüfung durch den Rechnungshof unterliegen

.....

5. die Festsetzung der Steuermeßbeträge bei den Realsteuern und ihre Grundlagen."

Abs. 3 erhält folgende Fassung:

„(3) Über die Prüfung von Unternehmen des Reichs in der Form von juristischen Personen des öffentlichen Rechts bestimmen die Gesetze und die Satzungen der Unternehmen. Eine Prüfung durch den Rechnungshof muß darin vorgesehen sein."

3. Im § 96 Abs. 1 ist die folgende Ziffer 5 hinzuzufügen:

„§ 96

(1) Die Prüfung der Rechnungen durch den Rechnungshof hat sich darauf zu erstrecken, ...

5. ob die Festsetzung der Steuermeßbeträge bei den Realsteuern und die Ermittlung ihrer Grundlagen nach den bestehenden Gesetzen und Vorschriften unter Beachtung der maßgebenden Verwaltungsgrundsätze vorgenommen sind."

4. § 126 e Abs. 1 Satz 1 erhält folgende Fassung:

„§ 126 e

(1) Der Präsident kann den Beschluß eines Senats oder des Großen Senats binnen vier Wochen nach der Beschlußfassung beanstanden."

5. § 127 wird wie folgt gefaßt:

„§ 127

Die in diesem Gesetz für Beamte gegebenen Vorschriften sind sinngemäß auf die Soldaten der Wehrmacht und die Angehörigen des Reichsarbeitsdienstes anzuwenden."

7. Verordnung des Rechnungshofs des Deutschen Reichs zur Änderung der Rechnungslegungsordnung für das Reich vom 31. August 1942

(RMBl. S. 211)

Auf Grund des § 66 Abs. 3 Satz 3 der Reichshaushaltsordnung vom 31. Dezember 1922 (RGBl. 1923 II S. 17) wird im Einvernehmen mit der Reichsregierung bestimmt:

§ 74 Satz 3 der Rechnungslegungsordnung für das Reich vom 3. Juli 1929 (Reichsministerialbl. S. 439) erhält folgende Fassung:

„Hat der Bezugsberechtigte seinen Wohnsitz im Ausland an einem Ort, an dem sich keine deutsche Vertretung befindet, so kann die Lebensbescheinigung durch geeignete ausländische Ortsbehörden ausgestellt oder durch die Auskunft des Vorstands eines angesehenen deutschen Vereins ersetzt werden.“[1])

---

[1]) Nach der ursprünglichen Fassung konnte die Bescheinigung auch durch die Auskunft eines ortsangesessenen deutschen Geistlichen ersetzt werden; die Verordnung vom 31. August 1942 ist bisher nicht aufgehoben worden.

8. Gesetz zur Erhaltung und Hebung der Kaufkraft vom 24. März 1934

(RGBl. I S. 235)

(Auszug)

Vorbemerkung

Die Körperschaften, Stiftungen und Anstalten des öffentlichen Rechts erfüllen — nach Maßgabe der ihrer Errichtung im Einzelfall zugrunde liegenden Gesetze oder sonstigen Errichtungsakte — öffentlichen Aufgaben. Sie sind als Einrichtungen der mittelbaren Staatsverwaltung ein ausgegliederter Teil der öffentlichen Verwaltung. Die Handhabung der Staatsaufsicht wird durch das „Beitrágegesetz“ — dieser abkürzende Name trifft nicht das Wesentliche der in dem Gesetz geregelten Materie — in den Grundzügen vereinheitlicht und erleichtert. Das Gesetz stellt eine Reihe von Forderungen auf, die im wesentlichen darauf abzielen, die bewährten Grundsätze der öffentlichen Verwaltung, soweit das bei der Eigenart der juristischen Personen des öffentlichen Rechts gerechtfertigt ist, auch für ihre Haushaltsführung wirksam werden zu lassen. An die Spitze gestellt (§ 1) ist das Gebot sparsamer und wirtschaftlicher Finanzgebarung, das dem § 26 Abs. 1 RHO entspricht. § 2 macht die Aufstellung eines in sich ausgeglichenen jährlichen Haushaltsplans zur Pflicht, der ebenso wie die Festsetzung von Umlagen und Beiträgen von der Aufsichtsbehörde zu genehmigen ist (§ 4).

Von wesentlicher Bedeutung ist die Bestimmung (§ 6), daß für die Aufstellung und Ausführung des Haushaltsplans, für die Buchführung, Rechnungslegung, Rechnungsprüfung und Entlastung die RHO sinngemäß anzuwenden ist. Damit hat die RHO über den engeren staatlichen Bereich hinaus auch für das Gebiet der juristischen Personen des öffentlichen Rechts unmittelbar Bedeutung erhalten. § 6 verlangt jedoch nur, daß der den Vorschriften zugrunde liegende Sinn beachtet wird; Abweichungen in der Form werden daher bei den häufig anders liegenden Verhältnissen der juristischen Personen des öffentlichen Rechts zulässig sein. Der Grundsatz des § 6 ist den praktischen Bedürfnissen entsprechend durch Befreiungsmöglichkeiten weiter gelockert: abgesehen von den im Gesetz ausdrücklich geregelten Ausnahmen des § 7 Abs. 1 sind allgemein weitere Ausnahmen durch die Organe der Staatsaufsicht für kaufmännisch eingerichtete juristische Personen des öffentlichen Rechts und solche von geringerer Bedeutung zugelassen. Die Bestimmung des § 5 Abs. 3 über die Rechnungsprüfung ist sachlich durch das Kriegskontrollgesetz (s. Nr. 9 der Sammlung) geändert.

Das Beiträgegesetz ist als fortgeltendes Bundesrecht in Kraft geblieben (vgl. auch die Begründung zum BRHG — zu § 2 —). Das Gesetz steht mit dem Grundgesetz und mit dem Prinzip der Selbstverwaltung nicht in Widerspruch. Seine Fortgeltung ist gelegentlich auch vom Bundesjustizminister vertreten worden (vgl. z. B. Begründung zum Entwurf einer Bundesrechtsanwaltsordnung, zu § 73 — Bundestags-Drucksache Nr. 3650 vom 11. September 1952). Das Gesetz gilt grundsätzlich auch in den Ländern für die der Landesaufsicht unterstehenden juristischen Personen des öffentlichen Rechts, solange die Landesgesetzgeber nicht allgemein oder im Einzelfalle entgegenstehende Bestimmungen treffen.

Abschnitt I

Finanzgebarung der juristischen Personen des öffentlichen Rechts und ähnlicher Verbände und Organisationen

(Beiträge-Gesetz)

§ 1

Die juristischen Personen (Körperschaften, Stiftungen und Anstalten) des öffentlichen Rechts sind zu sparsamer und wirtschaftlicher Finanzgebarung verpflichtet. Sie haben die Leistungsfähigkeit ihrer Mitglieder pfleglich zu behandeln.

§ 2

(1) Die Vorstände oder die sonst zur Geschäftsführung berufenen Organe der juristischen Personen haben rechtzeitig vor Beginn eines jeden Rechnungsjahres einen Haushaltsplan festzustellen. Dieser muß alle Einnahmen und Ausgaben — nach Zweckbestimmung und Ansatz getrennt —, die für das Rechnungsjahr zu erwarten sind, ausweisen und zum Ausgleich bringen. Es dürfen nur solche Ausgaben eingestellt wer-

den, die nach gewissenhafter Prüfung zur Erfüllung der Aufgaben erforderlich sind, die der juristischen Person nach Gesetz oder Satzung obliegen.

(2) Der zuständige Reichsminister kann anordnen, daß der Haushaltsplan vor der Feststellung durch ein Organ der juristischen Person beraten wird.

§ 3

Wenn die juristische Person berechtigt ist, von ihren Mitgliedern Umlagen oder Beiträge zu erheben, ist die Höhe der Umlagen oder Beiträge für das neue Rechnungsjahr gleichzeitig mit der Feststellung des Haushaltsplanes festzusetzen.

§ 4

(1) Die Haushaltspläne und die Festsetzung der Umlagen und Beiträge bedürfen der Genehmigung des zuständigen Reichsministers. Die Festsetzung der Umlagen und Beiträge bedarf außerdem der Zustimmung des Reichsministers der Finanzen. Die Haushaltspläne und die Festsetzung der Umlagen und Beiträge sind zu dem Zeitpunkt, den der zuständige Reichsminister bestimmt, spätestens jedoch einen Monat vor Beginn des neuen Rechnungsjahrs, dem zuständigen Reichsminister und dem Reichsminister der Finanzen mitzuteilen. Die Haushaltspläne und die Umlagen und Beiträge können nur gleichzeitig in Kraft gesetzt werden.

(2) §§ 9 b und 9 c der Reichshaushaltsordnung werden nicht berührt.

§ 5

(1) Nach Abschluß des Rechnungsjahrs haben die Vorstände oder die sonst zur Geschäftsführung berufenen Organe der juristischen Personen über alle Einnahmen und Ausgaben des abgeschlossenen Rechnungsjahres Rechnung zu legen (Haushaltsrechnung).

(2) Der zuständige Reichsminister kann die Vorprüfung der Haushaltsrechnung durch ein Organ der juristischen Person anordnen.

(3) Der zuständige Reichsminister bestimmt im Einvernehmen mit dem Reichsminister der Finanzen die Stelle, von

der die Haushaltsrechnung geprüft wird. Der Rechnungshof des Deutschen Reichs oder dessen Präsident kann nur im Benehmen mit dem Präsidenten des Rechnungshofs als Prüfungsstelle bestimmt werden.

(4) Bei der Prüfung von Unternehmen des Reichs in der Form von Körperschaften des öffentlichen Rechts bewendet es bei der Vorschrift des § 88 Abs. 3 der Reichshaushaltsordnung.

(5) Die Entlastung erteilen der zuständige Reichsminister und der Reichsminister der Finanzen.

§ 6

Auf die Aufstellung und Ausführung des Haushaltsplanes, die Kassenführung und Buchführung, die Rechnungslegung, die Rechnungsprüfung und die Erteilung der Entlastung finden die Vorschriften der Reichshaushaltsordnung sinngemäß Anwendung.

§ 7

(1) Die Vorschriften der §§ 2 bis 6 gelten nicht:

1. für Gebietskörperschaften (Länder, Gemeinden und Gemeindeverbände),
2. für die Träger der sozialen Versicherung, ihrer Verbände und Vereinigungen,
3. für die Reichsbank und die Deutsche Reichsbahn-Gesellschaft,
4. .....
5. für die Religionsgesellschaften des öffentlichen Rechts nach Artikel 137 Abs. 5 der Reichsverfassung.

(2) Der zuständige Reichsminister kann im Einvernehmen mit dem Reichsminister der Finanzen Ausnahmen von den Vorschriften der §§ 2 bis 6 zulassen:

1. für juristische Personen, deren Geschäftsführung mit Rücksicht auf die ihnen nach Gesetz oder Satzung obliegenden Aufgaben kaufmännisch eingerichtet ist,
2. für juristische Personen von minderer Bedeutung.

§ 8

(1) Der zuständige Reichsminister kann im Einvernehmen mit dem Reichsminister der Finanzen die in diesem Gesetz bezeichneten Aufsichtsrechte auf andere Behörden übertragen.

(2) Beruht die Eigenschaft einer juristischen Person des öffentlichen Rechts auf Landesrecht, so treten an die Stelle des zuständigen Reichsministers und des Reichsministers der Finanzen die zuständigen Minister und die Finanzminister der Länder.

§ 9

Die Reichsregierung kann anordnen, daß die §§ 1 bis 6 auch für bestimmte Verbände und Organisationen gelten, die nicht juristische Personen des öffentlichen Rechts sind, wenn an ihrer Finanzgebarung und an der Erhebung von Umlagen und Beiträgen durch sie ein öffentliches Interesse besteht. Sie kann ihre Aufsichtsrechte auf andere Behörden übertragen.

§ 10

Der Reichsminister der Finanzen erläßt im Einvernehmen mit den übrigen beteiligten Reichsministern die zur Durchführung und Ergänzung dieses Abschnitts erforderlichen Rechtsverordnungen und Verwaltungsvorschriften. Soweit er von dieser Befugnis keinen Gebrauch macht, können die obersten Landesbehörden für die im § 8 Abs. 2 bezeichneten juristischen Personen solche Verordnungen und Vorschriften erlassen.

. . .

9. Verordnung über die Rechnungslegung und Rechnungsprüfung während des Krieges — Kriegskontrollgesetz — vom 5. Juli 1940

(RGBl. II S. 139)

(Auszug)

Vorbemerkung

Die über den Krieg hinausreichende Bedeutung dieser mit Gesetzeskraft ergangenen Verordnung, die ihren Namen vermutlich nach dem Kriegskontrollgesetz des ersten Weltkriegs vom 5. Juli 1916 (RGBl. S. 691) erhalten hat, liegt in § 4. Nach der RHO ist ein Prüfungsrecht gegenüber juristischen Personen des öffentlichen Rechts nur bei Unternehmen des Reichs nach Maßgabe des § 88 Abs. 3 RHO begründet. Durch das Beiträgegesetz (Nr. 8 der Sammlung) wurde allen juristischen Personen des öffentlichen Rechts eine Rechnungsprüfung zur Pflicht gemacht, wobei die prüfende Stelle vom zuständigen Minister zu bestimmen war; der Rechnungshof konnte nur im Benehmen mit seinem Präsidenten als Prüfungsstelle bestimmt werden. Nach § 4 des vorliegenden Gesetzes unterliegt die Haushalts- und Wirtschaftsführung der juristischen Personen des öffentlichen Rechts allgemein der Prüfung durch den Rechnungshof, soweit nicht der zuständige Minister im Benehmen mit dem Rechnungshof Ausnahmen oder Abweichungen zuläßt. Die Fortgeltung dieser Bestimmung ist nicht unbestritten. In der Begründung zum BRHG (Einleitung) — Bundesanzeiger Nr. 232 vom 1. Dezember 1950 — wird dazu ausgeführt:

„Die Aufnahme dieses Rechtsgrundsatzes in ein im Kriege ergangenes Gesetz ist nicht als vorübergehende Kriegsmaßnahme zu werten, sondern stellt die gesetzgeberische Festlegung einer Entwicklung dar, die sich aus praktischen Gründen als notwendig erwiesen hatte. Diese Vorschrift des Kriegskontrollgesetzes hat deshalb auch in jüngster Zeit in einer Reihe von Ländern als Dauervorschrift Aufnahme in die Gesetze gefunden, die die Rechnungsprüfung regeln."

Da das Reichshaushaltsrecht, zu dem das — formell nicht aufgehobene — Kriegskontrollgesetz gehört, grundsätzlich fortgilt, können Gründe formeller Art gegen die Weitergeltung des § 4 nicht erhoben werden, zumal nach einem allgemein angewendeten Grundsatz Kriegsvorschriften im Interesse der Rechtssicherheit nicht automatisch mit Beendigung des Krieges außer Kraft treten (vgl. z. B. § 4 des Gesetzes über die Aufhebung von Kriegsvorschriften vom 14. Juni 1951, BGBl. I S. 391). Anders wäre die Frage zu beurteilen, wenn materielle Gründe gegen den Inhalt des § 4 sprächen, was für verschiedene Bestimmungen des Gesetzes sicherlich zutrifft; so sind §§ 1, 3 (nicht abgedruckt) mit Art. 114 GG nicht vereinbar. Gegen die Unterstellung der juristischen Personen des öffentlichen Rechts unter die Prüfungszuständigkeit des Rechnungshofes sind derartige Bedenken nicht zu erheben. In den Ländern ist die Rechtslage ebenso zu beurteilen (Art. 123 ff. in Verbindung mit Art. 109 GG). Änderungen können durch den Landesgesetzgeber herbeigeführt werden (vgl. z. B. § 2 Abs. 2 des Bayer. Gesetzes über die staatliche Rechnungsprüfung usw. vom 6. Oktober 1951, s. Fundstellenhinweis Nr. 18).

§ 2

(1) Die Prüfung des Rechnungshofs soll möglichst gegenwartsnahe sein.

(2) Bei der Prüfung hat der Rechnungshof insbesondere festzustellen, ob die Ausgaben verringert oder die Einnahmen erhöht werden können.

(3) Feststellungen dieser Art hat der Rechnungshof dem zuständigen Reichsminister, dem Reichsminister der Finanzen ... zur Kenntnis zu bringen und zugleich Vorschläge zu einer anderen Handhabung zu machen. Die Mitteilung kann unterbleiben, wenn im Prüfungsverfahren auf Erinnerung des Rechnungshofs hin unverzüglich Abhilfe geschaffen wird und es sich um keine Angelegenheit von allgemeiner oder grundsätzlicher Bedeutung handelt.

§ 4

(1) Die Haushalts- und Wirtschaftsführung der juristischen Personen des öffentlichen Rechts unterliegt der Prüfung durch den Rechnungshof des Deutschen Reichs. Der zuständige Reichsminister kann im Benehmen mit dem Rechnungshof juristische Personen des öffentlichen Rechts von der Prüfung ausnehmen und die Durchführung der Prüfung besonders regeln. Der Reichsminister der Finanzen kann im Einzelfall beim Vorliegen eines erheblichen finanziellen Interesses des Reichs im Einvernehmen mit dem zuständigen Reichsminister eine Prüfung durch den Rechnungshof verlangen.

(2) Über das Ergebnis der Prüfung hat der Rechnungshof dem zuständigen Reichsminister oder der zuständigen obersten Landesbehörde Mitteilung zu machen.

(3) Die Vorschrift des Absatzes 1 gilt nicht für ..., für die Gebietskörperschaften, für die Träger der Sozialversicherung, ihrer Verbände und Vereinigungen, für die Reichsbank, für die Reichskreditkassen und für die Religionsgesellschaften. Soweit juristische Personen des öffentlichen Rechts bereits auf Grund anderer gesetzlicher Vorschriften der Prüfung durch den Rechnungshof oder die Preußische Oberrechnungskammer unterliegen, behält es hierbei sein Bewenden.

§ 5

Der Reichsminister der Finanzen bestimmt im Einvernehmen mit dem Präsidenten des Rechnungshofs des Deutschen Reichs den Zeitpunkt, in dem diese Verordnung außer Kraft tritt.

10. Gesetz über Zahlungen aus öffentlichen Kassen vom 21. Dezember 1938[1])

(RGBl. I S. 1899,
Reichshaushalts- und Besoldungsblatt 1939, S. 9)

§ 1

(1) Hat eine öffentliche Kasse eine Zahlung zu leisten, so hat sie das Geld auf ihre Kosten und Gefahr dem Empfangsberechtigten an seinen Wohnsitz oder den Ort seiner gewerblichen Niederlassung zu übermitteln, sofern sich nicht aus einer Vereinbarung oder aus dem Wesen des Rechtsverhältnisses etwas anderes ergibt.

(2) Hat der Empfangsberechtigte ein Konto bei einem Postscheckamt, bei der Reichsbank oder bei einer anderen Geldanstalt, so kann die öffentliche Kasse das Geld auf dieses Konto überweisen. Beantragt der Empfangsberechtigte statt der unbaren Zahlung die Auszahlung an der Kasse oder die Übermittlung des Geldes an seinen Wohnsitz oder den Ort seiner gewerblichen Niederlassung, so hat die öffentliche Kasse dem Verlangen nachzukommen.

(3) Verlegt der Empfangsberechtigte nach der Entstehung des Zahlungsanspruchs seinen Wohnsitz oder den Sitz seiner gewerblichen Niederlassung in das Ausland, so hat er die Kosten und die Gefahr der Übermittlung des Geldes zu tragen.

(4) Die Vorschriften über den Leistungsort bleiben unberührt.

§ 2

(1) Löhne, Gehälter und andere Dienstbezüge sind an der Arbeits- oder Dienststelle in Empfang zu nehmen, sofern der Empfangsberechtigte nicht Überweisung auf ein Konto beantragt hat. Der zuständige Minister oder die von ihm bestimmte Stelle kann etwas Abweichendes anordnen.

(2) Für Versorgungsbezüge sowie Leistungen der Reichsversicherung, der Arbeitslosenversicherung, der öffentlichen

Fürsorge und für Familienunterstützungen regelt der zuständige Minister oder die von ihm bestimmte Stelle die Art der Auszahlung.

§ 3

Die reichs- und landesrechtlichen Vorschriften, die diesem Gesetz entgegenstehen, der Artikel 92 des Einführungsgesetzes zum Bürgerlichen Gesetzbuch und die auf Grund dieses Artikels aufrechterhaltenen und erlassenen landesrechtlichen Vorschriften treten außer Kraft.

§ 4

Der Reichsminister der Justiz erläßt im Einvernehmen mit dem Reichsminister der Finanzen die zur Durchführung und Ergänzung dieses Gesetzes erforderlichen Rechtsvorschriften.

§ 5

Dieses Gesetz tritt am 1. Januar 1939 in Kraft.

---

[1]) Dazu: Durchführungsanordnung des Reichsministers der Finanzen zu § 2 Absatz 1 des Gesetzes vom 9. Januar 1939 (Reichshaushalts- u. Besoldungsbl. S. 9) — hier nicht abgedruckt —.

11. Erlaß des Reichsministers der Finanzen betr. Haushaltsüberschreitungen bei zweckgebundenen Unterteilen eines Titels vom 1. Juni 1943

— A 1000 — 473 I —

(Reichshaushalts- u. Besoldungsbl. S. 125)

Es sind Zweifel entstanden, wie bei Haushaltsüberschreitungen bei einem zweckgebundenen Unterteil eines Titels zu verfahren ist, insbesondere ob und wann diese Überschreitungen in der Reichshaushaltsrechnung nachzuweisen sind:

Ich bitte, künftig wie folgt zu verfahren:

Sind die Zahlenangaben bei einem Unterteil eines Titels mit „es entfallen auf" (§ 6 Absatz 13 RWB) bezeichnet[1]) und demgemäß nach § 34 Absatz 1 RHO für die Verwaltung bindend, dann bedarf die Überschreitung der Haushaltsmittel des Unterteils — beim Vorliegen eines unabweisbaren Bedürfnisses dafür — in entsprechender Anwendung des § 33 Absatz 1 RHO meiner vorherigen Zustimmung. Dabei ist es unerheblich, ob die Überschreitung bei dem Unterteil aus Ersparnissen bei einem oder mehreren anderen Unterteilen des gleichen Titels gedeckt werden kann oder nicht. Ebenso ist es unerheblich, ob die Einsparungen bei einem oder mehreren anderen Unterteilen des gleichen Titels aus Ersparnissen durch die Unterlassung oder planmäßige Einschränkung irgendwelcher Maßnahmen oder aus Ersparnissen durch die geschickte Ausnutzung der Preisverhältnisse herrühren und ob die Ersparnisse aus einem gleichfalls zweckgebundenen Unterteil oder aus einem nichtzweckgebundenen Unterteil des gleichen Titels beansprucht werden.

Kann die Überschreitung eines zweckgebundenen Unterteils aus Ersparnissen anderer Unterteile des gleichen Titels gedeckt werden, tritt also eine Überschreitung des Gesamtbetrages des Titels nicht ein, dann ist ein Formantrag nach Muster 14 RWB nicht erforderlich. Es genügt ein formloser Antrag auf meine Zustimmung zu der Überschreitung bei dem zweckgebundenen Unterteil. In diesem Fall braucht die Überschreitung bei dem Unterteil in der Reichshaushaltsrechnung auch nicht besonders als solche in der Spalte 12 der Reichshaushaltsrechnung (mit besonderer Begründung in der Anlage dazu) nachgewiesen zu werden. Die in Ziffer 2 Absatz 3 meines Rundschreibens vom 11. März 1943 A 2000 — 460 Genb. (RBB S. 54 Nr. 4190)[2]) vorgeschriebene Aufnahme von zweckgebundenen Unterteilen in der Jahresnachweisung bleibt unberührt.

Kann die Überschreitung bei einem zweckgebundenen Unterteil eines Titels aus Ersparnissen anderer Unterteile des gleichen Titels nicht gedeckt werden, tritt also eine Überschreitung des Gesamtbetrages des Titels ein, muß meine Zustimmung zu der Haushaltsüberschreitung in der üblichen

Weise nach Muster 14 RWB beantragt werden[3]) In diesem Fall ist die Überschreitung in der Reichshaushaltsrechnung (Spalte 12 mit besonderer Begründung in der Anlage dazu) nachzuweisen.

---

[1]) Vgl. Ziffer A 5 der Bemerkungen für die Aufstellung der Voranschläge 1954 (Nr. 22 der Sammlung).

[2]) Ziffer 2 Absatz 3 des Rundschreibens des Reichsministers der Finanzen vom 11. März 1943 hat folgenden Wortlaut:

„Unterteile von Titeln sind nur bei bindenden Zahlenangaben „es entfallen auf" (§ 6 Abs. 13 RWB) oder bei Zergliederung des Titels in der Zweckbestimmungsspalte vor der Linie aufzunehmen. Ich halte eine darüber hinausgehende Unterteilung nur dann für vertretbar, wenn aus besonderen Gründen in einzelnen Fällen bisher eine weitere Unterteilung von Titeln angeordnet ist und diese Unterteilung auch bei Anlegung eines strengen Maßstabes aus zwingenden Gründen beibehalten werden muß."

[3]) Vgl. Ziff. 16 des Erlasses des Bundesministers der Finanzen vom 8. April 1953 — II A/1 — A 0100 — 5/53 — (Nr. 25 der Sammlung).

12. Erlaß des Bundesministers der Finanzen betr. Einziehung und Auszahlung kleiner Beträge im Verkehr mit den Behörden der Länder und Gemeinden (Gemeindeverbände) vom 29. Juni 1950.

— II A H 2000 — 42/50 — (MinBlFin. S. 460)

Im Einvernehmen mit den Ländern des Bundes bitte ich in Abänderung des Abs. 1 der Anlage 4 zum § 68 Abs. 2 RWB in Zukunft in der Weise zu verfahren, daß im Verkehr zwischen den Bundesbehörden einerseits und den Behörden der Länder und Gemeinden (Gemeindeverbänden) andererseits auf die Einziehung und Auszahlung von Beträgen bis zu 3 DM zu verzichten ist.

Es wird gebeten, die Gemeinden und Gemeindeverbände zu einem gleichen Vorgehen untereinander zu veranlassen.

Der Absatz 2 der Anlage 4 zum § 68 Abs. 2 RWB wird hierdurch nicht berührt.

13. Gemeinsamer Erlaß des Bundesministers der Finanzen und des Bundesrechnungshofs betr. Richtlinien für die Niedrighaltung der Kassenbestände bei den Kassen (Amtskassen und Oberkassen) des Bundes vom 14. Dezember 1950

— II A/6 — H 1160 b — 22/50 u. a. —
(MinBlFin. 1951 S. 25)

Im § 47 RKO werden Höchstbeträge für den Kassenbestand bestimmt. Die angespannte Kassenlage des Bundes zwingt dazu, diese Bestimmungen genau durchzuführen.

Die Höchstbeträge nach § 47 RKO dürfen nur im Ausnahmefall erreicht werden. (Zum Kassenbestand gehören alle Zahlungsmittel, Postscheck- und Bankguthaben, ohne Rücksicht darauf, ob die Einzahlungen als Haushaltseinnahmen oder Verwahrungen gebucht sind.)

Außerhalb der Kasse dürfen, von der Porto- oder Bürokasse abgesehen, amtliche Zahlungsmittel oder Bank- oder Postscheckguthaben nicht verwaltet oder verwahrt werden.

Im einzelnen gilt das Folgende:

A.

Kassen am Sitze der Bank deutscher Länder, einer Landeszentralbank oder geldversorgender Kassen (§§ 49/51 RKO): Barbestand:

Bei Tagesabschluß soll als Barbestand grundsätzlich nur Wechselgeld (kleine Münzen) und Geld für die ersten Zahlungen, die vor Beschaffung des Bargeldes am folgenden Tage unbedingt geleistet werden müssen, zurückbehalten und unter Beachtung der erforderlichen Sicherungsmaßnahmen über Nacht verwahrt werden. Nicht benötigte Barbestände sind bei Tagesabschluß aus Gründen der Kassensicherheit auf das Bankkonto zurückzuzahlen.

Bank- und Postscheckbestand:

Auf dem Bankkonto sollen bei Tagesabschluß als Bestand möglichst nur Spitzenbeträge unter 1000 D-Mark erscheinen.

Folgende Fälle der Kassenbestandsverstärkung sind zu unterscheiden:

1. Kassenbestandsverstärkungen zur Deckung der unbaren Zahlungen, die von der Landeszentralbank (BdL) selbst ausgeführt werden,
2. Kassenbestandsverstärkungen, die der Auffüllung des Postscheckkontos der Kasse dienen,
3. Kassenbestandsverstärkungen zur Beschaffung von Bargeld.

Zu 1. Der farbige Scheck (Anlage 8 RKO — das gleiche gilt für die Geldversorgung nach Anlage 7 RKO —) ist auf den Tag auszustellen, an dem der Betrag dem Bankkonto der Kasse gutgeschrieben werden soll und darf erst mit den Bankschecken und Überweisungsaufträgen (d. h. am Tage des Bedarfs) an die Landeszentralbank (BdL) gegeben werden. Dabei müssen die eigenen auf dem Bankkonto der Kasse am gleichen Tage eingegangenen Einnahmen bei Bemessung der Kassenbestandsverstärkung abgesetzt werden. Diese Einnahmen können durch telefonische Rückfrage bei der Landeszentralbank (BdL) festgestellt werden. Anzustreben ist, daß die zur Deckung der unbaren Ausgaben vorgenommenen Kassenbestandsverstärkungen bei Kassenabschluß vollständig in Anspruch genommen sind, d. h. daß der Kontoauszug einen nennenswerten Bestand nicht mehr aufweist. Sind größere eigene Einnahmen bei der Kassenbestandsverstärkung berücksichtigt worden, wird das Tagesabschlußbuch der Kasse vielfach eine rote Zahl als Kontobestand aufweisen, weil die telefonisch festgestellten Einnahmen noch nicht verbucht sind.

Übersteigen die Einnahmen der Kasse die Ausgaben, so ist der Kontobestand bei Tagesabschluß, auf volle 1000 DM abgerundet, an die Bundeshauptkasse abzuliefern.

Für Kassen, bei denen die Einnahmen öfters größer sind als die Ausgaben, ist mit der Landeszentralbank (BdL) zu vereinbaren, daß der Kontobestand bei Tagesabschluß, auf volle 1000 DM abgerundet, ohne besonderen Überweisungsauftrag an die Bundeshauptkasse überwiesen wird. Einzelheiten sind im Benehmen mit dem zuständigen Fachminister zu regeln.

Zu 2: Ist eine Verstärkung des Postscheckkontos erforderlich, so sind die am gleichen Tage zu erwartenden Einnahmen des Postscheckkontos zu schätzen und bei der Bemessung der Verstärkung zu berücksichtigen.

Für Kassen am Platze des Postscheckamts genügt im allgemeinen die Kassenbestandsverstärkung durch Hingabe eines farbigen (Verstärkungs-) Schecks an die Landeszentralbank (BdL) am Tage des Geldbedarfs auf dem Postscheckkonto. Der farbige (Verstärkungs-) Scheck muß zusammen mit einem Bankscheck zugunsten des Postscheckkontos rechtzeitig an die Landeszentralbank (BdL) gegeben werden, so daß die Landeszentralbank (BdL) die Überweisung auf das Postscheckkonto der Kasse noch am gleichen Tage ausführen kann. Die Kasse kann dementsprechend über ihr beim Postscheckamt entstehendes Guthaben verfügen.

Für Kassen — nicht am Platze des Postscheckamtes — sind die Laufzeiten der Bankaufträge, die der Verstärkung des Postscheckkontos dienen, und der Postscheckaufträge miteinander abzustimmen. Die Verstärkung des Postscheckkontos ist dementsprechend vorzunehmen.

Nicht benötigte Bestände des Postscheckkontos sind stets unverzüglich an die Bundeshauptkasse abzuliefern.

Zu 3: Das Bargeld darf erst am Tage der Auszahlung unter gleichzeitiger Verstärkung des Bankkontos abgehoben werden. Die Bereitsstellung von Bargeld am Tage vor der Auszahlung kommt nur bei besonders frühem Beginn der Auszahlung und für hohe Summen in Frage.

B.

Kassen, die nicht am Sitze einer Landeszentralbank, der Bank deutscher Länder oder geldversorgender Kassen liegen:

Die unter A angeführten Grundsätze sind sinngemäß anzuwenden, Kassenbestandsverstärkungen und Bestandsablieferungen sind so vorzunehmen, daß die am Tagesabschluß verbleibenden Kassenbestände niedrig gehalten werden.

C.
Zahlstellen

Für Zahlstellen gelten die Richtlinien entsprechend.

14. Erlaß des Bundesministers der Finanzen betr. Niederschlagung von Forderungen des Bundes vom 6. Juni 1951[1])

— II A — A 1163 — 11/51 — (MinBlFin. S. 182)

Zur Vereinfachung der Verwaltung erteile ich auf Grund des § 54 RHO den obersten Bundesbehörden die Befugnis, Ansprüche des Bundes bis zur Höchstgrenze von 500 DM selbständig niederzuschlagen. Ich verweise hierzu auf die Bestimmung in § 66 (1) RWB, nach der ein Verzicht auf eine einziehbare Forderung (Niederschlagung) nur dann zulässig ist, wenn die Einziehung nach Lage des Falles für den Schuldner eine besondere Härte bedeuten würde. Bei den zu treffenden Entscheidungen bitte ich daher, genau darauf zu achten, daß die Bedingung erfüllt ist. Entsprechend der bisherigen Verwaltungsübung ist auch daran festzuhalten, daß der Schuldner regelmäßig einen Teil der Forderung bezahlt, bevor die Niederschlagung des Restes ausgesprochen wird.

Ausgenommen von der vorstehenden Ermächtigung sind die Fälle, in denen der Anspruch des Bundes durch eine vorsätzliche strafbare Handlung des Schuldners entstanden ist. In diesen Fällen bedarf es weiter meiner Zustimmung gemäß § 54 RHO und § 66 (2) RWB.

Ich bitte, diese Zustimmung außerdem immer dann einzuholen, wenn es sich in einem Falle um eine Angelegenheit von grundsätzlicher Bedeutung handelt oder wenn Zweifel bestehen, ob die Voraussetzungen des § 66 (1) RWB für eine Niederschlagung vorliegen.

Von einer Übertragung der Befugnis zur Niederschlagung von Forderungen an die nachgeordneten Dienststellen bitte ich abzusehen.

Vom Bundesrechnungshof festgestellte Fehlbeträge dürfen nach § 104 RHO nur nach dessen Anhörung niedergeschlagen werden, soweit er nicht auf die Anhörung verzichtet. Als vom Bundesrechnungshof festgestellt gilt ein Fehlbetrag, wenn der Betrag

a) vom Bundesrechnungshof bei der Rechnungsprüfung ermittelt worden ist,

b) bei der Vorprüfung oder bei einer den Verwaltungsbehörden nach § 93 RHO überlassenen Prüfung ermittelt worden ist und der Bundesrechnungshof zu ihm Stellung genommen oder durch eine Anfrage oder dergleichen zu erkennen gegeben hat, daß er eine Stellungnahme beabsichtigt.

---

[1]) Vgl. dazu Ziff. 8 und 25 des Erlasses des Bundesministers der Finanzen vom 8. April 1953 (Nr. 25 der Sammlung).

15. Erlaß des Bundesministers der Finanzen betr. Begründung von Verpflichtungen zu Lasten des Bundes vom 19. Juli 1951

— II A — H 1010 — 278/50 — (MinBlFin. S. 287)

Verschiedentlich hat sich bei der Prüfung von Schadensersatzansprüchen gegen den Bund ergeben, daß in Verhandlungen mit Dritten Angehörige von Bundesministerien Erklärungen abgegeben haben, die die Abwicklung solcher Ansprüche erschwerten oder zur Entstehung finanzieller Pflichten des Bundes führten.

Insbesondere sind, ohne daß meine nach § 33 RHO erforderliche Zustimmung eingeholt worden war, Leistungen oder sonstige Hilfen in Aussicht gestellt worden, für die die Mittel haushaltsmäßig nicht zur Verfügung standen oder durch die der Bund über das Rechnungsjahr hinaus (§ 45 b RHO) finanziell verpflichtet wurde.

Ich weise aus diesem Anlaß besonders auf die nachstehenden Bestimmungen der RHO hin und bitte, für genaue Beachtung der Bestimmungen innerhalb Ihres Geschäftsbereichs Sorge zu tragen.

1. Gewährverträge

Jedes Versprechen eines geldlichen oder wirtschaftlichen Erfolges, jedes Einstehen für einen solchen, bedarf nach § 45 c RHO meiner vorherigen Zustimmung. Die in § 45 c Abs. 1 Halbsatz 2 vorgesehene Ausnahme ist praktisch von untergeordneter Bedeutung. Die laufende Verwaltung hat regelmäßig wiederkehrende Bürgschafts- oder Gewährverträge nur in den seltensten Fällen abzuschließen.

2. Außer- und überplanmäßige Ausgaben[1])

Nach § 33 RHO bedürfen Haushaltsüberschreitungen und außerplanmäßige Ausgaben sowie Maßnahmen, durch welche für den Bund Verbindlichkeiten entstehen können, für die Mittel im Haushaltsplan nicht vorgesehen sind, meiner vorherigen Zustimmung.

3. Verpflichtungen über 1 Jahr hinaus

Nach § 45 b RHO dürfen Verträge, durch die der Bund verpflichtet wird, über 1 Jahr hinaus Auszahlungen zu leisten, erst abgeschlossen werden, nachdem Deckungsmittel bewilligt worden sind. Ausnahmen können von mir nur in dringenden Fällen zugelassen werden.

4. Haftung

Nach §§ 32, 33 RHO machen sich die Angehörigen von Bundesministerien schadensersatzpflichtig, wenn sie in Verhandlungen mit Dritten Erklärungen abgeben, die zur Entstehung finanzieller Pflichten des Bundes führen, sofern die haushaltsmäßige Deckung nicht vorhanden ist.

5. Schriftliche Erklärungen

Bei allen Verhandlungen dürfen die Vertreter des Bundes keinen Zweifel darüber aufkommen lassen, daß eine zivilrechtliche Verpflichtung des Bundes grundsätzlich schriftlich erfolgen muß. § 45 a RHO ist insoweit nur der Ausdruck eines allgemein gültigen Prinzips, das nur in besonderen Fällen, aber auf keinen Fall bei Verpflichtungen, die 1 Million DM übersteigen, durchbrochen werden darf.

[1]) Vgl. Ziff. 3 und 16 des Erlasses des Bundesministers der Finanzen vom 8. April 1953 (Nr. 25 der Sammlung) sowie den Erlaß des Bundesministers der Finanzen vom 28. Juli 1953 — II A/1 — A. 0213 — 7/53 — nebst Nachgang vom 17. September 1953 (MinBlFin. S. 641, 789), hier nicht abgedruckt.

16. Erlaß des Bundesministers der Finanzen betr. Einzahlungstag bei Überweisung von Geldbeträgen durch die Landeszentralbanken vom 26. April 1952

$\frac{\text{— III H 2000 — 28/52 —}}{\text{— III S 1296 — 2/52 —}}$ (MinBlFin. S. 189)

Gemäß § 4 Ziffer 3 StSäumG., § 35 Buchst. c RKO und § 36 Buchst. c AKO galt bei Überweisung oder Einzahlung von Geldbeträgen auf das Reichsbankgirokonto einer Reichskasse der Tag als Einzahlungstag, der sich aus dem Tagesstempelabdruck der Reichsbank auf der Durchschrift des Überweisungsscheines oder Reichsbankzahlscheines ergab.

Die Reichsbank wurde nach Kriegsende auf Anordnung der Besatzungsmächte aufgelöst. An ihre Stelle traten die Bank deutscher Länder und in den einzelnen Ländern die Landeszentralbanken. Diese Banken sind im Zentralbanksystem zusammengeschlossen, das wirtschaftlich als Einheit anzusehen und dessen Gironetz dem der früheren Reichsbank gleichzuachten ist.

Es bestehen deshalb keine Bedenken, wenn die eingangs angeführten Bestimmungen jetzt auch im Verkehr mit den im Zentralbanksystem zusammengeschlossenen Banken angewendet werden.

Die Zahlungsfrist bei einer z. B. am 25. eines Monats an die Bundeshauptkasse zu entrichtenden Zahlung ist also gewahrt, wenn der Überweisungsauftrag am 25. bei einer Zweiganstalt einer Landeszentralbank abgegeben und von dieser mit dem Tagesstempelabdruck desselben Tages versehen wird.

Als Zahlungsmittel dürfen Überweisungsaufträge für Landeszentralbanken von den Amtskassen nicht angenommen werden. Hinweis auf meinen Erlaß vom 1. März 1952 — II A/6 F 3316 b — 3/52 — (nicht abgedruckt).

17. Erlaß der Bundesregierung über die Behandlung nachgemachten, verfälschten, verdächtigen, beschädigten oder abgenutzten Bargeldes vom 28. Mai 1952

(MinBlFin. S. 249)

Auf Grund des § 55 der Reichshaushaltsordnung vom 31. Dezember 1922 (RGBl. 1923 II S. 17) erläßt die Bundesregierung die folgenden Verwaltungsvorschriften, die an die Stelle der in der Anlage 5 zur Reichskassenordnung vom 6. August 1927 (Reichsministerialbl. S. 357) in der Fassung der Verordnung zur Änderung der Reichskassenordnung vom 8. Januar 1931 (Reichsministerialbl. S. 7) enthaltenen Vorschriften treten:

Behandlung nachgemachten, verfälschten, verdächtigen, beschädigten oder abgenutzten Bargeldes.

§ 1

Falschgeld

(1) Die Kasse hat die bei ihr eingezahlten, ohne weiteres als nachgemacht oder verfälscht erkannten deutschen Bundesmünzen und Banknoten anzuhalten. Wenn es nicht geboten erscheint, den Einzahlenden festzuhalten und die Polizeibehörde unmittelbar zu verständigen, hat die Kasse sich bei Einzahlungen, die durch Übergabe von Bargeld entrichtet werden, über die Person des Einzahlenden zu vergewissern und mit ihm eine kurze Verhandlung aufzunehmen. Die Verhandlung ist mit den Falschstücken und etwaigen sonstigen Beweismitteln sofort dem Vorsteher der Verwaltungsbehörde, der die Kasse angehört, vorzulegen, der sie der Polizeibehörde oder der Staatsanwaltschaft übersendet. Die Kasse hat dem Einzahlenden eine Bescheinigung folgenden Inhalts zu erteilen:

„Die unterzeichnete Kasse hat die nachstehend bezeichnete.. Bundesmünze.., Banknote.. über .... DM mit folgender Kennzeichnung (Buchstabe, Nummer, Ausgabe vom) .... als Falschstück.. angehalten.

Ort, Tag, Bezeichnung der Kasse,
Unterschrift, Dienststempel."

(2) Sind nachgemachte oder verfälschte Bundesmünzen oder Banknoten der Kasse durch Übersendung zugegangen, so hat sie nach § 30 Abs. 3 Satz 2 RKO zu verfahren. Der Einzahlende ist zu benachrichtigen.

(3) Erhält die Kasse nachgemachte oder verfälschte Bundesmünzen oder Banknoten von einer anderen Kasse des Bundes, eines Landes, einer Gemeinde, einer Landeszentralbank oder von der Bank deutscher Länder, so hat sie die Falschstücke zur Ersatzleistung zurückzugeben.

§ 2

Verdächtiges Geld

Die Kasse hat Bundesmünzen und Banknoten, deren Echtheit zweifelhaft ist, anzuhalten und dem Einzahlenden eine Bescheinigung nach § 1 Abs. 1 Satz 4 zu erteilen, in der die Worte „als Falschstück" durch die Worte „wegen Zweifels an der Echtheit" zu ersetzen sind. Münzen und Banknoten sind zur Prüfung an die Hauptkasse der Bank deutscher Länder in Frankfurt/M., Taunusanlage 4/5, einzusenden. Der zuständige Bundesminister kann bestimmen, daß Amtskassen verdächtige Stücke zunächst der ihnen übergeordneten Oberkasse zur Prüfung und gegebenenfalls Weitergabe an die vorgenannte Stelle übersenden. Die Kasse erhält von dieser Stelle im Falle der Echtheit der verdächtigen Stücke den Gegenwert, sie hat den Einzahlenden entsprechend zu verständigen. Im Falle der Unechtheit wird ihr das Falschstück zurückgegeben; die Kasse hat im Sinne des § 1 das Erforderliche zu veranlassen.

§ 3

Fehlerhaftes Geld

Echte Bundesmünzen mit Prägefehlern und echte Banknoten, die Mängel im Papier oder Druck aufweisen, sind zum vollen Wert anzunehmen und der zuständigen Landeszentralbank zu übersenden, die der Kasse den Gegenwert erstattet.

§ 4

Beschädigte Bundesmünzen

(1) Beschädigte echte Bundesmünzen sind anzuhalten. Liegt gegen eine bestimmte Person der Verdacht einer strafbaren Handlung vor, so ist nach § 1 zu verfahren. Besteht ein solcher Verdacht nicht, so ist die Münze durch Zerschlagen oder Einschneiden für den Umlauf unbrauchbar zu machen und dem Einzahlenden zurückzugeben; die Kasse hat dem Einzahlenden auf Verlangen eine Bescheinigung hierüber zu erteilen.

(2) Beschädigte Bundesmünzen sind im Umlauf zu lassen, wenn die Beschädigung so geringfügig ist, daß die Umlauffähigkeit dadurch nicht beeinträchtigt wird.

§ 5

Abgenützte Bundesmünzen

Bundesmünzen, die durch Abnutzung an Gewicht oder Erkennbarkeit erheblich eingebüßt haben, sind zum vollen Wert anzunehmen und der zuständigen Landeszentralbank zu übersenden, die der Kasse den Gegenwert erstattet.

§ 6

Beschädigte und abgenutzte Banknoten

(1) Beschädigte und abgenutzte Banknoten, von denen mehr als die Hälfte vorgelegt wird, sind anzunehmen und der zuständigen Landeszentralbank zu übersenden, die der Kasse den Gegenwert erstattet.

(2) Die Kasse hat die Annahme von Banknoten, von denen nicht mehr als die Hälfte vorgelegt wird oder die aus mehreren Teilen zusammengesetzt sind, zu verweigern und den Einzahlenden wegen seines Ersatzanspruches an die Hauptkasse der Bank deutscher Länder in Frankfurt (Main) zu verweisen.

(3) Liegt der Verdacht einer strafbaren Handlung vor, so ist nach § 1 zu verfahren.

18. Erlaß des Bundesministers der Finanzen betr. Sparsame Bewirtschaftung der Haushaltsmittel vom 14. Juni 1952

— II A/1 — A 1114 — 6/52 —
(MinBlFin. S. 249, GMBl. S. 209)

Eine Prüfungserinnerung des Bundesrechnungshofs veranlaßt mich, hinsichtlich einer sparsamen Bewirtschaftung der Haushaltsmittel auf folgendes hinzuweisen:

Der Bundesrechnungshof hat festgestellt, daß Sparmöglichkeiten, die dadurch gegeben waren, daß Lieferfirmen bei rechtzeitiger Bezahlung der Rechnung einen Skontoabzug eingeräumt hatten, in zahlreichen Fällen nicht ausgenutzt worden sind. Dadurch sind der Bundeskasse bei der Höhe der Rechnungsbeträge erhebliche Verluste entstanden.

Ich darf alle Dienststellen unter Hinweis auf § 26 (1) RHO erneut ersuchen, jede Möglichkeit zur Ausgabenverminderung — auch durch Skontoabzüge — auszunutzen. Schuldhafte Verstöße gegen den Grundsatz einer sparsamen Mittelverwendung können zu Schadensersatzforderungen gegen die verantwortlichen Beamten oder Angestellten führen.

19. Erlaß des Bundesministers der Finanzen betr. Verfahren bei Durchführung der ordentlichen und außerordentlichen Kassenprüfungen und der Rechnungsvorprüfung vom 3. August 1952

— II A/6 — A 2024 — 1/52 — (MinBlFin. S. 329)

Die Prüfungsbeamten verfahren bei der Durchführung von ordentlichen und außerordentlichen Kassenprüfungen und bei der Rechnungsvorprüfung hinsichtlich der Anbringung der Prüfungsvermerke in den Büchern und der Kennzeichnung der geprüften Belege sowie der Verwendung der Farbstifte bei Anbringung der Prüfungsstriche nicht einheitlich. Nach Anhören und mit Zustimmung des Bundesrechnungshofs bestimme ich:

1. Ordentliche und außerordentliche Kassenprüfungen:

Der Prüfungsbeamte — § 84 RKO — oder die ihm nach § 87 Abs. 3 a. a. O. beigegebenen Beamten haben nach § 92 a. a. O. in den von ihnen geprüften Büchern zu vermerken, daß und an welchem Tage die Bücher geprüft worden sind.

Der Prüfungsvermerk ist in den Zeitbüchern und Hilfsbüchern neben die letzte Eintragung, in den Sachbüchern auf die erste Seite (Titelblatt) zu setzen.

Die geprüften Belege sind mit Namenszeichen zu versehen. Es sind zu verwenden:

Von den Prüfungsbeamten — § 84 RKO —:
grüne Tinte oder grüner Stift,
von den beigegebenen Beamten — § 87 Abs. 3 RKO —:
violette Tinte oder violetter Tintenstift.

Sofern einzelne Verwaltungen für die Kennzeichnung anderer Prüfungen grüne, violette oder blaue Farbe verwendet haben und sich durch die vorstehende Regelung Überschneidungen ergeben, bitte ich, eine entsprechende Änderung der bisherigen Regelung zu veranlassen (die Verwendung des **Braun**stifts bleibt dabei dem Bundesrechnungshof vorbehalten; der **Blau**stift ist für die Kennzeichnung der Vorprüfung vorgesehen). Wenn bei Kassenprüfungen eine über das Handzeichen des Prüfers (§ 92 Abs. 1 RKO) hinausgehende Kennzeichnung der Belege durch Anstreichen oder Anhaken von Beträgen und Ansätzen in den Belegen erforderlich oder durch Vollzugsbestimmungen zur RKO vorgesehen ist, bitte ich so zu verfahren, daß die grünen Prüfungszeichen als Haken, die violetten in Form von Strichen abgegeben werden. Hierdurch wird eine Verwechslung mit den bei der fachtechnischen Feststellung angebrachten grünen Strichen (§ 83 RRO) und mit den bei der rechnerischen Feststellung angebrachten Haken in schwarzer oder violetter Farbe (§ 87 RRO) vermieden.

2. Rechnungsvorprüfung:

Durch die in Bearbeitung befindliche Vorprüfungsordnung für die Bundesverwaltung[1]) wird wegen der Kennzeichnung und Bescheinigung der Vorprüfung in den Büchern angeordnet werden:

„Die Vorprüfungsstelle verwendet für ihre Prüfungsvermerke usw. blaue Tinte oder blauen Tintenstift.

Die Zahlenangaben sind anzuhaken.

Auf dem Titelblatt der Rechnungslegungsbücher haben die Prüfungsbeamten mit ihrer Unterschrift und Angabe ihrer Dienstbezeichnung, des Ortes und des Tages zu bescheinigen, daß die Bücher samt zugehörigen Belegen und anderen Unterlagen vorgeprüft sind. Wenn stichprobenweise geprüft ist, sind Art und Umfang der Stichproben anzugeben. Vollständig geprüfte Teile oder Abschnitte sind hierbei zu bezeichnen."

Hiernach ist schon jetzt zu verfahren.

---

[1]) Siehe Nr. 23 der Sammlung (§ 23).

20. Richtlinien des Bundesministers der Finanzen für die Einteilung und Form des Bundeshaushaltsplans vom 18. August 1951

— II A/1 — H 1010 — 3/51 —

(abgekürzt „Richtlinien")

(Auszug)

1. Anwendung von Kennzahlen im Haushaltsplan

Für die Aufteilung des Haushaltsplans in Einzelpläne und Kapitel sind vierstellige Kennzahlen zu verwenden. Die ersten beiden Ziffern der Kennzahlen bezeichnen den Einzelplan, die letzten beiden Ziffern das Kapitel; es können demnach in jedem Einzelplan bis zu 99 Kapitel gebildet werden. Sind die Zahlen des Einzelplans und des Kapitels einstellig, ist zur Ergänzung eine 0 voranzustellen. Durch die Anwendung der Kennzahlen wird die Bezeichnung der Haushaltsstellen wesentlich vereinfacht (bisher: E. Pl. VIII Kap. 2, jetzt: Kap. 08 02). Der Zusatz „Kapitel" oder abgekürzt „Kap." kann weggelassen werden. Die Zahl ist zu lesen „08 02" (Nullachtnullzwo) oder in anderem Falle bei „12 02" (Zwölfnullzwo).

Die Titelnummern sind den Kennzahlen des Einzelplans und des Kapitels hinzuzufügen. Dabei ist „Titel“ abzukürzen in „Tit.“, z. B. 08 02 Tit. 1 für das Rechnungsjahr 1953 oder zu vereinfachen: 08 02-1/1953.

Das Dezimalsystem erfordert zwar die Verwendung der Ziffer „0“; die Einzelpläne und Kapitel fangen aber aus praktischen Gründen mit 01, die Titel mit 1 an.

2. Ordnung der Einzelpläne

Im Haushaltsplan sind die Einzelpläne nach folgenden Gruppen geordnet:

01—20	die gesetzgebenden Körperschaften, die sogenannten klassischen Ministerien und die klassischen Obersten Behörden
24—30	die anderen Ministerien
31—50	die nach dem Realprinzip aufgestellten Einzelpläne
60	der Plan der allgemeinen Finanzverwaltung

Für den Bundeshaushaltsplan gilt bis auf weiteres nachstehende Reihenfolge:

(nicht abgedruckt, s. jetzt Ziff. A 2 der Bemerkungen 1954, Nr. 22 der Sammlung.)

3. Ordnung der Kapitel innerhalb der Einzelpläne[1])

Innerhalb der Einzelpläne gilt für die Kapitel nachstehende Reihenfolge:

01 „Ministerium“,
02 „Allgemeine Bewilligungen“.

Bei diesem Kapitel 02 sind diejenigen Haushaltsausgaben zu veranschlagen, die das Ministerium unmittelbar bewirtschaftet, und die mit ihnen zusammenhängenden Haushaltseinnahmen (z. B. Zuschüsse, Beiträge, Darlehen). Ein besonderes Kapitel für allgemeine Bewilligungen ist nur einzurichten, wenn die Haushaltsausgaben oder -einnahmen der genannten Art umfangreich sind und mehrere Einzelzweige einer Verwaltung umfassen.

Die von den nachgeordneten Dienststellen, Anstalten, Instituten u. dgl. bewirtschafteten Mittel sind als Allgemeine Ausgaben in den Kapiteln dieser Einrichtungen und nicht wie beim Ministerium in einem besonderen Kapitel nachzuweisen. Werden Haushaltseinnahmen und -ausgaben für Kapitel 02 nicht veranschlagt, so wird die Kapitelnummer und Kapitelbezeichnung im Haushaltsplan weggelassen.

---

[1]) Siehe Ziff. A 3 a der Bemerkungen 1954 (Nr. 22 der Sammlung).

Von 03 ab sind, sofern zweckmäßig, Kapitel in nachstehender Reihenfolge vorzusehen:

für Obergerichte,
für Oberbehörden,
für Mittelbehörden,
für Unterbehörden,
für Bundesanstalten.

Für Dienststellen usw., mit deren Wegfall zu rechnen ist (z. B. Abwicklungsstellen), sind Kapitel am Schluß des Einzelplans auszubringen.

4. Ordnung der Titel innerhalb der Kapitel

.....

(Nicht abgedruckt, s. jetzt die Vorbemerkungen zum Vorl. Eingliederungsplan, Nr. 21 der Sammlung.)

5. Ordnung des außerordentlichen Haushaltsplans

.....

(Nicht abgedruckt, s. jetzt die Vorbemerkungen zum Vorl. Eingliederungsplan, Nr. 21 der Sammlung.)

6. Einzelne Vermerke zur Form des Haushaltsplans und des Voranschlags

Im Haushaltsplan sind für jedes Kapitel die Summe der Beträge für das zu veranschlagende und das laufende Rechnungsjahr gruppenweise und insgesamt zu ermitteln. Durch Gegenüberstellung der Haushaltseinnahmen und -ausgaben ist der Überschuß oder der Zuschuß festzustellen. Die Form des Abschlusses der Kapitel ergibt sich aus dem Eingliederungsplan.

Die Einzelpläne sind einheitlich als Einzelpläne für den Geschäftsbereich der einzelnen Minister zu bezeichnen. Das Beispiel für die Titelseite eines Einzelplans enthält das Muster 1, die Einteilung des Vorworts das Muster 2.

.....

Muster 1

Bundeshaushaltsplan
für das Rechnungsjahr 1953

Ordentlicher Haushalt

Einzelplan 06

für den Geschäftsbereich des Bundesministers des Innern

Inhalt

Muster 2

Vorwort zum Einzelplan
(Gliederung)

A. Aufgaben und Aufbau der Verwaltung in den wichtigsten Grundzügen

B. Wesentliche organisatorische Änderungen gegenüber dem Vorjahr

C. Gliederung der Einnahmen und Ausgaben

	1953	1952
Fortdauernde Einnahmen		
Einmalige Einnahmen		
Gesamteinnahmen		
Personalausgaben		
Sachausgaben		
Allgemeine Ausgaben		
Einmalige Ausgaben		
Gesamtausgaben		
Überschuß (+), Zuschuß (—)		

D. Personalsoll

Titel 101	Planmäßige Beamte		
„ 103	Außerplanmäßige und sonstige Beamte		
„ 104	Angestellte		
„ 104	Arbeiter		
„ 105	Beamte im Vorbereitungsdienst und Beamtenanwärter		
	Zusammen:		
Nachrichtlich:			
Titel 300 ff.	Angestellte		
„ 300 ff.	Arbeiter		

E. Gliederung der allgemeinen und einmaligen Ausgaben nach großen Gruppen unter besonderer Angabe von Investitionen

F. Sonstiges

G. Kurzer Hinweis auf den Plan des außerordentlichen Haushalts

7. Eingliederungsplan

(Hier ist nur die Sonderregelung für Steuern und Abgaben abgedruckt, s. im übrigen den Vorl. Eingliederungsplan vom 19. Febr. 1953, Nr. 21 der Sammlung.)

Tit.	Gegenstand
	Sonderregelung für Steuern und Abgaben
	Zur Vereinfachung wird für Steuern und Abgaben keine Titelgruppe gebildet. Alle einschlägigen Einnahmen werden vielmehr im ersten Kapitel des Einzelplans „Allgemeine Finanzverwaltung" mit dem Zusatz „St" veranschlagt. Die Buchungsbezeichnung lautet unter Wegfall sonstiger Kennzahlen abgekürzt: St. . . .
	Es sind folgende Fest-(Unter-)titel den **Bundessteuern** zugewiesen:
	Besitz- und Verkehrsteuern
St 1	Umsatzsteuer
St 3	Personenbeförderungssteuer
St 4	Güterbeförderungssteuer
St 5	Reichsfluchtsteuer
	Anteil des Bundes an der Einkommen- und Körperschaftsteuer
St 9	Anteil des Bundes an der Einkommen- und Körperschaftsteuer
	Zölle und Verbrauchsteuern
St 10	Zölle
St 11	Tabaksteuer
St 12	Kaffeesteuer
St 13	Teesteuer
St 14	Zuckersteuer
St 15	Salzsteuer
St 16	Aus dem Branntweinmonopol
St 17	Schaumweinsteuer
St 18	Essigsäuresteuer
St 19	Zündwarensteuer
St 20	Aus dem Zündwarenmonopol
St 21	Leuchtmittelsteuer

Tit.	Gegenstand
St 22	Spielkartensteuer
St 23	Süßstoffsteuer
St 24	Mineralölsteuer
St 30	Umsatzausgleichsteuer
	Sonstige Abgaben
St 31	Kohlenabgabe
St 35	Abgabe Notopfer Berlin
	Folgende Fest-(Unter-)titel sind den Landessteuern zugewiesen:
	Lastenausgleich
St 40	Vermögensabgabe
St 41	Hypothekengewinnabgabe
St 42	Kreditgewinnabgabe
	Besitz- und Verkehrsteuern
St 50	Einkommensteuer:
	a) Steuerabzug vom Arbeitslohn (Lohnsteuer), b) Steuerabzug vom Kapitalertrag (Kapitalertragsteuer), c) Steuer auf Aufsichtsratsvergütungen, d) andere (veranlagte) Einkommensteuer, e) nicht veranlagte Steuern vom Ertrag
St 51	Körperschaftsteuer
St 52	Vermögensteuer
St 53	Erbschaftsteuer
St 54	Grunderwerbsteuer
St 55	Kapitalverkehrsteuer:
	a) Gesellschaftsteuer, b) Wertpapiersteuer, c) Börsenumsatzsteuer
St 56	Kraftfahrzeugsteuer
St 57	Zuschlag zur Kraftfahrzeugsteuer
St 58	Versicherungsteuer
St 59	Rennwett- und Lotteriesteuer:
	a) Totalisatorsteuer, b) andere Rennwettsteuer, c) Lotteriesteuer, d) Sportwettsteuer
St 60	Wechselsteuer
St 61	Feuerschutzsteuer
St 62	Aufbringungsumlage
St 63	Abgeführte Übergewinne
St 64	Dividendenabgabe
St 65	Einnahmen aus der Gewinnabführung
St 66	Ausgleichsumlage gewerblicher Betriebe

Tit.	Gegenstand
St 80	Steuern und Abgaben, die von den Finanzkassen für das Land erhoben werden und für die eine andere Verbuchungsstelle nicht besteht
	Verbrauchsteuern
St 85	Biersteuer
	Sonstige Landessteuern und -abgaben
St 90	Wohnungsbauabgaben (Mietsteuer, Baunotabgabe)

21. Vorläufiger Eingliederungsplan des Bundesministers der Finanzen vom 19. Februar 1953

— II A/1 — A 1300 — 70/53 —

Im Nachgang zu meinen Richtlinien für die Einteilung und Form des Bundeshaushaltsplans vom 18. August 1951 — II A/1—A 1010 — 3/52[1]) und zu meinem Haushaltsrundschreiben 1953 vom 28. Juni 1952 — II A/1 — A 1300 — 1/53 (Bemerkungen für die Aufstellung der Haushaltsvoranschläge 1953, Abschn. 1 Ziff. 2)[2]) wird nachstehend der vorläufige Eingliederungsplan bekanntgegeben. Die Anlage 2 RWB (§ 54 Abs. 7 RWB) ist nicht mehr anzuwenden.

Der endgültige Eingliederungsplan wird erst bekanntgegeben werden, nachdem die Erfahrungen der Verwaltung und der Rechnungsprüfung mit dem vorliegenden vorläufigen Eingliederungsplan ausgewertet worden sind.

Vorbemerkungen

I. Vom Rechnungsjahr 1953 ab enthält jedes Kapitel des Haushaltsplans in sich abgeschlossen sämtliche Haushaltseinnahmen und Haushaltsausgaben der betreffenden Dienststelle. Für die Gliederung der Kapitel des ordentlichen Haushalts in Titel gilt die nachstehende Grundeinteilung:

---

[1]) Nr. 20 der Sammlung.

[2]) Vom Abdruck der Bemerkungen 1953 ist abgesehen worden; s. „Bemerkungen für die Aufstellung der Voranschläge 1954“ (abgekürzt: Bemerkungen 1954) vom 19. Juni 1953 (Nr. 22 der Sammlung).

<table>
<tr><th>Titel</th><th colspan="3">Gegenstand</th></tr>
<tr><td>1—69</td><td colspan="2">fortdauernde</td><td rowspan="2">Haushalts-einnahmen</td></tr>
<tr><td>70—99</td><td colspan="2">einmalige</td></tr>
<tr><td>100—199</td><td>Personalausgaben</td><td rowspan="3">fort-dauernde</td><td rowspan="4">Haushalts-ausgaben</td></tr>
<tr><td>200—299</td><td>Sachausgaben</td></tr>
<tr><td>300—699</td><td>allgemeine Ausgaben</td></tr>
<tr><td>700—999</td><td colspan="2">einmalige</td></tr>
</table>

Die Bezeichnungen, die sich aus der vorstehenden Übersicht ergeben, dienen im Haushaltsplan als Überschriften für die einzelnen Abschnitte.

Für die Veranschlagung der Haushaltseinnahmen und -ausgaben sind im Rahmen der vorstehenden Grundeinteilung bestimmt:

1. Einzeltitel mit feststehender Titelnummer und Zweckbestimmung

Sie werden als Festtitel bezeichnet. Nummer und Zweckbestimmung sind bindend.

2. Gruppenbezeichnungen für Titel

Beispiel:

Titelgruppe 45—60 Tilgung und Zinsen von Darlehen, Hypotheken und dergleichen.

a) Tilgungsbeträge,

b) Zinsen.

Titelgruppe 700—709 Erwerb von unbebauten und bebauten Grundstücken.

Bei den Titelnummern jeder Gruppe dürfen Einzeltitel nur mit solchen Zweckbestimmungen gebildet werden, die unter die Gruppenbezeichnung fallen. Sieht die Gruppenbezeichnung die Bildung von Unterteilen vor, sind solche Unterteile grundsätzlich in der Zweckbestimmungsspalte für alle in dieser Gruppe gebildeten Einzeltitel erforderlich.

3. Freie Stellen für Titel

Bei ihnen können unter Verwendung der freien Nummern Titel — unter Beachtung der Grundeinteilung — nach

Bedarf gebildet werden, sofern die Haushaltseinnahmen und -ausgaben nicht unter 1 und 2 fallen.

Das Nähere enthält der nachstehende Eingliederungsplan. Die Zweckbestimmung eines Festtitels darf nur dann anders als im Eingliederungsplan bezeichnet werden, wenn es sich um geringfügige Ergänzungen oder Abweichungen handelt, die durch besondere Verhältnisse bedingt sind.

Werden Haushaltseinahmen und -ausgaben für Zweckbestimmungen, für die im Eingliederungsplan ein Festtitel vorgesehen ist, nicht veranschlagt und besteht auch aus anderen Gründen kein Anlaß, diese Titel auszubringen (z. B. als Leertitel), so werden Titelnummer und Zweckbestimmung im Haushaltsplan weggelassen. Das gleiche gilt für Titelnummern, die unter eine Gruppenbezeichnung fallen. Sofern die Gruppenbezeichnung nicht als Text der Zweckbestimmung für einen bestimmten Titel der Gruppe selbst verwendet wird, ist sie in den Haushaltsplan nicht aufzunehmen. Werden Haushaltseinnahmen und -ausgaben für Zwecke, für die ein Festtitel oder eine Gruppenbezeichnung im Eingliederungsplan vorgesehen ist, in besonderen Fällen auch an anderer Stelle des Haushaltsplans veranschlagt, so sind gegenseitige Hinweise im Haushaltsplan erforderlich.

Bei den Titelgruppen 35 bis 39, 40 bis 44, 61 bis 65, 81 bis 84, 525 bis 529, 530 bis 599, 600 bis 679, 830 bis 849 sowie 890 bis 900 hat die Aufführung nach a, b und c nur aufzählenden Charakter. Es sollen bei den einzurichtenden Titeln keine Unterteile a, b und c gebildet werden, sondern es sind innerhalb der Titelgruppe die Titel mit je einer besonderen Titelnummer zu bilden. Dagegen sind bei den Titeln 104, 201, 207, 215 und den Titeln der Titelgruppe 45 bis 60 jeweils Unterteile a) und b) zu bilden.

II. Die Ordnungsbestimmungen für die Titel des ordentlichen Haushalts finden auf den außerordentlichen Haushalt entsprechende Anwendung. Zur Unterscheidung ist den Kennzahlen der Kapitel des außerordentlichen Haushalts der Buchstabe A vorzusetzen.

III. Haushaltseinnahmen und -ausgaben sind entsprechend dem Haushaltsplan (§ 72 RHO) und diesem vorläufigen Eingliederungsplan zu buchen.

Sind bei einem Titel zugleich vermögenswirksame und vermögensunwirksame Haushaltseinahmen oder -ausgaben (§ 3 Abs. 1 Ziff. 5 und 6 der Vermögens-Buchführungs- und Rechnungslegungsordnung) nachzuweisen, so ist für die vermögenswirksamen Posten stets ein besonderer Buchungsabschnitt zu bilden.

Titel	Zweckbestimmung und Erläuterungen	Vermerke
1	2	3
	I. Einnahme **Fortdauernde Einnahmen**	
1	**Einnahmen aus Vermietung, Verpachtung und Nutzung von Grundstükken, Gebäuden, Wohnungen, Anlagen und Geräten.** Erläuterungen Veranschlagt sind: 1. Einnahmen aus Dienst- und Werkdienstwohnungen a) Vergütungen für die Wohnungen .... DM b) Kostenbeiträge für Beleuchtung, Feuerung, Heizung, Wasser und dergleichen .... DM	
	2. Einnahmen aus Vermietung, Verpachtung und Nutzung von Grundstükken, Gebäuden und dergleichen[1]) an	Zu 2. Neben den aus der Zweckbestimmung und den Erläuterungen ersichtlichen Einnahmen auch Erbbauzinsen, Erb-

[1]) Siehe Ziff. A 1 zu Tit. 1 Nr. 2 der Bemerkungen 1954 (Nr. 22 der Sammlung).

Titel	Zweckbestimmung und Erläuterungen	Vermerke
1	2	3
	a) Beamte, Angestellte und Arbeiter .... DM b) Dritte .... DM	pacht sowie Erlöse aus einmaligen oder wiederkehrenden Nutzungen (z. B. Grasnutzung, Entnahme von Wasser, Sand, Kies, aus dem Verkauf von Obst und sonstigen Früchten sowie von Bäumen und dergleichen), soweit die Erlöse keine Betriebseinnahmen darstellen (zu vgl. Titel 15 bis 24).
	3. Einnahmen aus der Benutzung verwaltungseigener Geräte usw. und Kostenbeiträge für private Benutzung amtlicher Fernsprechanschlüsse in den Wohnungen von Beamten usw. .... DM	Zu 3. Vergütungen für die Benutzung von Dienstfahrzeugen für nichtdienstliche Zwecke.
	4. Sonstige Einnahmen .... DM Zusammen .... DM	Zu 4. Hierher gehören auch Anerkennungsgebühren für die Nutzung von Grundstücken und Gebäuden.
2	**Erlöse aus dem Verkauf unbrauchbar oder entbehrlich gewordener Geräte u. Ausstattungsgegenstände[1])**	Auch Beträge, die als Ersatz für beschädigte oder abhanden gekommene Geräte, Ausstattungsgegenstände, Bücher usw. eingezahlt werden. Einmalige Einnahmen aus der Veräußerung beweglichen Vermögens (auch aus der Veräußerung von Dienstfahrzeugen) sind unter Titel 75 bis 79, Erlöse aus dem Verkauf von Aktien bei Titel 81 bis 84 zu veranschlagen.

[1]) Siehe Ziff. A 4 der Bemerkungen 1954 (Nr. 22 der Sammlung).

Titel	Zweckbestimmung und Erläuterungen	Vermerke
1	2	3
3	**Gebühren** Erläuterungen Veranschlagt sind: 1. .... DM 2. .... DM Zusammen . . . DM	Gebühren und andere Verwaltungsabgaben aller Art, z. B. Rechtsmittelkosten, Gerichtskosten, Zustellgebühren, Mahn- und Vollstreckungsgebühren, Prüfungsgebühren, Verkehrsabgaben, Lotsgelder, Bergelöhne, Gebühren auf Grund der Zollgebührenordnung usw. — Gebühren für Prüfungen der Aufsichtsbehörde, betreffend ordnungsgemäße Errichtung von Außenantennen an Dienstwohnungen, Mietwohnungen und Werkdienstwohnungen, Eintrittsgelder für die Besichtigung von Gebäuden usw., die im öffentlichen Eigentum stehen. Gebühren und andere Verwaltungsabgaben verschiedener Art sind nötigenfalls in den Erläuterungen unter 1, 2, 3 usw. je besonders aufzuführen, soweit nicht eine Unterteilung in der Zweckbestimmung geboten erscheint. Anerkennungsgebühren für die Nutzung von Grundstükken, Gebäuden usw. sind bei Titel 1 zu veranschlagen.
5	**Geldstrafen u. Geldbußen**	Strafbeträge aller Art für gerichtlich oder sonst erkannte Strafen, Ordnungstrafen usw. Geldbußen im Disziplinarverfahren, Ersatz von Auslagen und sonstigen Kosten im Strafverfahren.

Titel	Zweckbestimmung und Erläuterungen	Vermerke
1	2	3
7	**Einnahmen aus Veröffentlichungen** Erläuterungen Veranschlagt sind: 1. .... DM 2. .... DM 3. .... DM Zusammen .... DM	Die Einnahmen aus dem Verkauf und Vertrieb amtlicher Drucksachen, aus Verlagsverträgen usw. sind nötigenfalls nach ihrer Art getrennt in den Erläuterungen unter 1, 2, 3 usw. aufzuführen.
8	**Erstattung von Prozeßkosten**	Prozeßkosten, soweit sie nicht nach § 70 Abs. 2 RHO von der Ausgabe wieder abzusetzen sind.
9	**Erstattung von Verwaltungskosten** Erläuterungen Veranschlagt sind: 1. .... DM 2. .... DM 3. .... DM Zusammen .... DM	Verwaltungskosten verschiedener Art, die von anderen Dienststellen, Ländern, Körperschaften, Privaten usw. zu erstatten sind oder Beiträge zu Verwaltungskosten, Bauleitungskosten. Die Verwaltungskosten sind nötigenfalls nach ihrer Art getrennt in den Erläuterungen unter 1, 2, 3 usw. aufzuführen.
14	**Erlöse aus dem Verkauf unbrauchbar oder entbehrlich gewordener Drucksachen, Akten, von Altstoffen und dergleichen**	
15 bis 24	**Betriebseinnahmen**	Einnahmen, die nicht Verwaltungseinnahmen sind, z. B. aus dem Betrieb der Forsten, der Versuchsgüter, der Kliniken usw.

Titel	Zweckbestimmung und Erläuterungen	Vermerke
1	2	3
25 bis 34	**Gewinne aus Unternehmen im Sinne des § 15 der Reichshaushaltsordnung**	Die Unternehmen des Bundes im Sinne des § 15 RHO sind in der Zweckbestimmung unter a, b, c usw. näher zu bezeichnen. Vor der Linie ist für jedes Unternehmen der mutmaßliche Gewinn desjenigen Geschäftsjahres auszubringen, das in dem für die Aufstellung des Haushaltsplans maßgebenden Rechnungsjahr oder mit dessen Ablauf endet (§ 85 Abs. 2 RHO). Als Gewinn zu veranschlagen ist der voraussichtliche Überschuß der Erträge über die Aufwendungen (einschließlich der Abschreibungen auf Anlagen usw.) und über die vorgesehenen Zuweisungen zu Rücklagen (§ 6 Abs. 11 RWB). Unternehmen, die voraussichtlich weder einen Gewinn erzielen noch einen Zuschuß erfordern, sind ohne Ausbringung von Beträgen in der Zweckbestimmung aufzuführen. Zuschüsse zum Ausgleich von Verlusten sind bei Titel 500 bis 509 auszubringen. Die Stellen der in den Unternehmen beschäftigten planmäßigen Beamten sind in dem Haushaltsplan aufzuführen (§ 15 Abs. 2 RHO). Die Voraussetzungen des § 15 RHO sind in den Erläuterungen des Haushaltsplans, in dem ein Unternehmen erstmalig aufgeführt wird, darzutun.

Titel	Zweckbestimmung und Erläuterungen	Vermerke
1	2	3
		In die Erläuterungen ist für jedes Unternehmen ein Erfolgsplan aufzunehmen, aus dem die Ermittlung des veranschlagten Gewinns ersichtlich ist. Der Erfolgplan ist wie die Jahres-Gewinn- und Verlustrechnung zu gliedern. Neben den in ihm angesetzten Beträgen sind zum Vergleich die Zahlen des Erfolgsplans des laufenden Geschäftsjahres und die der Gewinn- und Verlustrechnung des Vorjahres aufzuführen. Die in dem Erfolgsplan eingesetzten Beträge sind ausreichend zu begründen, insbesondere soweit sie von den Vorjahreszahlen erheblich abweichen. Zuweisungen zur Kapitalausstattung der Unternehmen sind bei Titel 901 bis 949, Rückzahlungen bei Titel 80 zu veranschlagen.
35 bis 39	**Gewinne aus sonstigen wirtschaftlichen Unternehmen, und zwar** **a) Bank deutscher Länder** **b) Sonstige Unternehmen in der Form von juristischen Personen des öffentlichen Rechts, an deren Kapital oder Gewinn der Bund beteiligt ist (§§ 88 Abs. 3, 117 der Reichshaushaltsordnung)** **c) Unternehmen des privaten Rechts, an deren Kapi-**	In der Zweckbestimmung sind innerhalb der Gruppen b und c die Unternehmen näher zu bezeichnen. Vor der Linie ist in jeder Gruppe für die einzelnen Unternehmen der Gewinn (-anteil) zu veranschlagen, der voraussichtlich in dem für die Aufstellung des Haushaltsplans maßgebenden Rechnungsjahr an den Bund ausgeschüttet werden wird. In den Erläuterungen sind für jedes Unternehmen Angaben über die

Titel	Zweckbestimmung und Erläuterungen	Vermerke
1	2	3
	tal oder Gewinn der Bund beteiligt ist (§§ 48, 110, 117 d. Reichshaushaltsordnung)	Art und Höhe der Beteiligung des Bundes oder über den dem Bunde zustehenden Anteil am Gewinn im Sinne des § 117 RHO zu machen. Die veranschlagte Gewinnausschüttung ist zu begründen. Dabei sind der für das laufende Rechnungsjahr veranschlagte Betrag und die Gewinnausschüttung des Vorjahres anzuführen. Zu b) und c) vgl. auch die Vermerke zu Titel 45 bis 60, 81 bis 84, 525 bis 529, 530 bis 599, 600 bis 679, 890 bis 900. Die getrennte Gliederung bei den einzelnen Titeln gibt einen Überblick über die von den Unternehmen des öffentlichen und privaten Rechts an den Bund zu leistenden Zahlungen sowie über die Zahlungen des Bundes an die Unternehmen.
40 bis 44	**Einnahmen aus Sondervermögen, und zwar:** **Ablieferungen** **a) der Deutschen Bundespost** **b) der Deutschen Bundesbahn** **c) sonstiger Sondervermögen**	
45 bis 60	**Tilgung und Zinsen von Darlehen, Hypotheken und dergleichen** **a) Tilgungsbeträge** **b) Zinsen**	Tilgung und Zinsen von Darlehen, soweit sie nicht nach der Zweckbestimmung den Ausgabemitteln zufließen. Innerhalb der Gruppen a) und

Titel	Zweckbestimmung und Erläuterungen	Vermerke
1	2	3
		b) sind getrennt auszubringen Einnahmen von 1. Gebietskörperschaften; 2. Unternehmen in der Form von juristischen Personen des öffentlichen Rechts, an deren Kapital oder Gewinn der Bund beteiligt ist (§§ 88 Abs. 3, 117 RHO); 3. Unternehmen des privaten Rechts, an deren Kapital oder Gewinn der Bund beteiligt ist (§§ 48, 110, 117 RHO); 4. Sonstigen. Vgl. die Vermerke zu Titel 35 bis 39, 530 bis 599 und 600 bis 679. Der Zusatz in den Zweckbestimmungen: „Aufkommende Einnahmen fließen den Mitteln zu"[1]) umfaßt nicht die Einnahmen aus Zinsen. Diese sind, falls nicht eine andere Verbuchungsstelle in Betracht kommt, hier oder bei den vermischten Einnahmen (Titel 69) zu veranschlagen. Zinsen dürfen nur dann den Ausgabemitteln zufließen, wenn die Zweckbestimmungen dies ausdrücklich anordnen.
61 **bis** 65	**Zuschüsse und andere Zuweisungen von** **a) Gebietskörperschaften** **b) Sonstigen**	Vgl. die Vermerke zu Titel 530 bis 599 und 600 bis 679.

[1]) Siehe Ziff. A 1 zu Tit. Gr. 45 bis 60 u. a. der Bemerkungen 1954 (Nr. 22 der Sammlung).

Titel	Zweckbestimmung und Erläuterungen	Vermerke
1	2	3
69	**Vermischte Einnahmen** Erläuterungen Veranschlagt sind: 1. .... DM 2. .... DM 3. .... DM **Zusammen .... DM**	Einnahmen, für die wegen ihrer geringen Bedeutung keine besonderen Titel vorgesehen sind, z. B. Verzugszinsen nach § 54 Abs. 5 RKO und sonstige bei den einzelnen Verwaltungen aufkommende Zinsen, soweit diese nicht bei den in Frage kommenden Titeln mit dem Hauptbetrage zu veranschlagen sind; ferner Nebenbezüge von Beamten und Angestellten[1]), soweit solche Bezüge bestimmungsgemäß an die Staatskasse abzuführen sind und andere zufällige Einnahmen von geringerer Bedeutung. Spenden Dritter, für die ein besonderer Verwendungszweck nicht bestimmt ist. Die Einnahmen sind nötigenfalls nach ihrer Art getrennt in den Erläuterungen unter 1, 2, 3 usw. aufzuführen.
	Einmalige Einnahmen	
70 bis 74	**Erlöse aus der Veräußerung unbeweglichen Vermögens**	
75 bis 79	**Erlöse aus der Veräußerung beweglichen Vermögens**	Hierher gehören alle Erlöse dieser Art, die nicht bei den Titeln 2 und 14 nachzuweisen sind[2]).

[1]) Siehe Erlaß des Bundesministers der Finanzen über die Nebentätigkeit der Beamten und Angestellten vom 20. Februar 1953 — I B — B A 1150 — 15/52 (MinBlFin. S. 244, hier nicht abgedruckt) sowie Ziff. 1 des Erlasses des Bundesministers der Finanzen vom 8. April 1953 (Nr. 25 der Sammlung).

[2]) Siehe Ziff. D 6 der Bemerkungen 1954 (Nr. 22 der Sammlung).

Titel	Zweckbestimmung und Erläuterungen	Vermerke
1	2	3
80	Kapitalrückzahlungen der Unternehmen im Sinne des § 15 der Reichshaushaltsordnung	Die Unternehmen des Bundes im Sinne des § 15 RHO, die in dem für die Aufstellung des Haushaltsplans maßgebenden Geschäftsjahr (vgl. Titel 25 bis 34) voraussichtlich Kapitalrückzahlungen leisten werden, sind in der Zweckbestimmung unter a, b, c usw. aufzuführen. Vor der Linie ist für jedes in Betracht kommende Unternehmen der voraussehbare Rückzahlungsbetrag auszubringen. Die veranschlagten Beträge sind in den Erläuterungen zu begründen. Vgl. die Vermerke zu Titel 25 bis 34, 500 bis 509 und 901 bis 949.
81 bis 84	Erlöse aus der Veräußerung von Forderungen und Anteilsrechten, und zwar: Erlöse aus a) der Veräußerungen von Forderungen b) der Veräußerung von Anteilsrechten des Bundes an den in der Form von juristischen Personen des öffentlichen Rechts betriebenen Unternehmen sowie aus der Herabsetzung des Kapitals oder der Abwicklung solcher Unternehmen (§ 88 Abs. 3 der Reichshaushaltsordnung) c) der Veräußerung von Anteilsrechten des Bundes	Die Ansätze sind in den Erläuterungen zu begründen. Vgl. die Vermerke zu Titel 35 bis 39.

Titel	Zweckbestimmung und Erläuterungen	Vermerke
1	2	3
	an Unternehmen des privaten Rechts sowie aus der Herabsetzung des Kapitals oder der Abwicklung solcher Unternehmen (§ 48 d. Reichshaushaltsordnung)	
85 bis 89	Entnahme aus Rücklagen	
90	(frei für Überschüsse aus Vorjahren — werden zentral veranschlagt —)	
91 bis 95	Darlehen und Anleihen	Nötigenfalls sind Abschnitte und Unterabschnitte zu bilden.
96 bis 99	(frei für andere einmalige Einnahmen)	
		Steuern und Abgaben werden im ersten Kapitel des Einzelplans „Allgemeine Finanzverwaltung“ mit dem Zusatz „St“ veranschlagt. Die Bezeichnung lautet unter Wegfall sonstiger Kennzahlen abgekürzt St.
	II. Ausgabe **Fortdauernde Ausgaben** **Personalausgaben**[1])	
		Titel 100 ist freigelassen für eine etwaige Veranschlagung von Ministerbezügen oder dergleichen in den Haushaltsplänen der Länder; im Bun-

[1]) Siehe Abschnitt B der Bemerkungen 1954 (Nr. 22 der Sammlung).

Titel	Zweckbestimmung und Erläuterungen	Vermerke
1	2	3
		deshaushaltsplan sind derartige Bezüge bei Titel 101 zu veranschlagen.
101	**Dienstbezüge der planmäßigen Beamten (einschließlich der in Planstellen angestellten Beamten auf Probe*)** (Hierunter ist der Stellenplan aufzuführen) Erläuterungen Veranschlagt sind: Amtsgehalt des Bundesministers**) ...... DM Dienstaufwandsentschädigung für den Bundesminister**) ...... DM Grundgehalt einschließlich Stellenzulagen .... DM Örtlicher Sonderzuschlag .... DM Wohnungsgeldzuschuß .... DM Kinderzuschlag ...... DM Aufwandsentschädigungen .... DM Zulagen und Zuschläge .... DM Zusammen .... DM Aufgerundet .. DM	Die Bezüge der planmäßigen Beamten nach den Besoldungsvorschriften, dem Haushaltsgesetz und dem Haushaltsplan, nämlich Grundgehälter, ruhegehaltsfähige und unwiderrufliche Stellenzulagen, ruhegehaltfähige und nicht ruhegehaltfähige Ausgleichszulagen und Zuschläge, nicht ruhegehaltsfähige Zulagen. Wohnungsgeldzuschüsse, Kinderzuschläge, örtliche Sonderzuschläge, Auslandsbezüge für planmäßige Beamte der Auslandsvertretungen, Aufwandsentschädigungen, Nachtdienstzulagen der planmäßigen Beamten — soweit nicht unter eine besondere Zweckbestimmung fallend —, Hausdienstvergütungen, Aufwandsentschädigungen und Auslandszulagen der planmäßigen Beamten der Auslandsvertretungen. Hier sind die Gesamtbezüge des Bundespräsidenten, des Bundeskanzlers, der Minister usw. und der planmäßigen Beamten zu veranschlagen; sie umfassen auch die Zulagen, Zuschläge und Dienstaufwandsentschädigungen. Ein Muster für den Stellenplan ist nachstehend aufgeführt. Für den Stellenplan sind bei Änderungen des Per-

*) Im Kap. des Ministeriums laute die Zweckbestimmung: „Dienstbezüge des Ministers und der planmäßigen Beamten (einschließlich der in Planstellen angestellten Beamten auf Probe)".

**) Entfällt bei den Verwaltungen, die keine Ministerien sind.

Titel	Zweckbestimmung und Erläuterungen	Vermerke
1	2	3

Zugang: Stellen
Bes.-Gr. ....
Bes.-Gr. ....
Bes.-Gr. ....

Zusammen ....

infolge ....
....

Abgang: Stellen
Bes.-Gr. ....
Bes.-Gr. ....
Bes.-Gr. ....

Zusammen ....

infolge ....
....

Bleiben Zugang/Abgang

Begründung der Änderungen in der in der Zweckbestimmung anzugebenden Zahl der Dienstwohnungsinhaber:

....
....
....

Nebenbezüge erhalten jährlich[1])

.... DM
.... DM
.... DM

sonalbestandes gegenüber dem Vorjahr den Einzelzahlen und der Gesamtzahl die Vorjahreszahl in Klammer beizufügen. In der Zweckbestimmung sind aufzuführen:

a) die Planstellen getrennt nach Besoldungsgruppen, beginnend mit der höchsten Besoldungsgruppe. Werden Beamten aus Bundesmitteln Vergütungen für die Wahrnehmung eines Amtes oder einer Nebenbeschäftigung ausgezahlt, so ist dieses in der Zweckbestimmung anzugeben;

b) die Fälle, in denen Beamte Bezüge einer höheren Besoldungsgruppe erhalten. In den Erläuterungen sind nötigenfalls folgende Angaben in der nachstehenden Reihenfolge aufzunehmen:

1. Eine Unterteilung der für die einzelnen Dienstzweige veranschlagten Planstellen, soweit sie in demselben Kapitel ausgebracht sind.

2. In der Reihenfolge der Besoldungsgruppen die Bemerkungen, die für die Beurteilung besonderer Verhältnisse bei der Stellenbesetzung erforderlich sind. Dazu gehören z. B. bei den einzelnen Besoldungsgruppen eine Angabe über die Zahl der im Registra-

---

[1]) Siehe Ziff. 1 des Erlasses des Bundesministers der Finanzen vom 8. April 1953 (Nr. 25 der Sammlung) und Ziff. B 3 der Bemerkungen 1954 vom 19. Juni 1953 (Nr. 22 der Sammlung).

Titel	Zweckbestimmung und Erläuterungen	Vermerke
1	2	3
		turdienst beschäftigten Beamten und bei den Besoldungsgruppen A 8 a bis A 11 eine Angabe darüber, welchen Beamten der Bezug der für ihren eigenen Bedarf erforderlichen Feuerungsstoffe aus den Vorräten der Behörde gegen Entrichtung der bestimmungsmäßigen Beträge widerruflich gestattet ist.
		3. Die Begründung der Änderungen im Stellenplan gegenüber dem Vorjahr.
		4. Die Begründung der Änderungen in der in der Zweckbestimmung anzugebenden Zahl der Dienstwohnungsinhaber.
		5. Die Angabe der Stelleninhaber mit Nebenbezügen, geordnet nach Besoldungsgruppen.
		In den Erläuterungen sind die Zulagen und Zuschläge verschiedener Art je besonders aufzuführen. Zulagen und Zuschläge für beamtete Hilfskräfte sind bei Titel 103, für nichtbeamtete Kräfte bei Titel 104 zu veranschlagen.

Muster für die Aufstellung des Stellenplans unter Titel 101

Dienstbezüge:

Feste Gehälter:

Amtsgehalt	1		Bundesminister
Bes.-Gr. B 2	1		Staatssekretär
Bes.-Gr. B 4	5	(4)	Ministerialdirektoren, davon 1 k. w.
Bes. Gr. B 7 a	6	(5)	Ministerialdirigenten

Titel	Zweckbestimmung und Erläuterungen		Vermerke
1	2		3
	Aufsteigende Gehälter:		
	Bes.-Gr. A 1 a	47	(46) Ministerialräte 1 Stelleninhaber erhält für seine Person die Bezüge nach Bes.-Gr. B 7 a
	Bes.-Gr. A 1 b	16	Regierungsdirektoren
	Bes.-Gr. A 2 b	43	Oberregierungsräte, davon einer als Ministerialbürodirektor, 1 Stelleninhaber erhält für seine Person die Bezüge nach der Bes.-Gr. A 1 a und 1 Stelleninhaber für seine Person die Bezüge nach der Bes.-Gr. A 1 b
	Bes.-Gr. A 2 c 2	45	(40) Regierungsräte
	Bes.-Gr. A 2 d	78	Amtsräte
	Bes.-Gr. A 3 b	54	Amtmänner
	Bes.-Gr. A 4 b 1	61	Regierungsoberinspektoren 1 Stelleninhaber erhält für seine Person die Bezüge nach der Bes.-Gr. A 3 b
	Bes.-Gr. A 4 c 2	33	Regierungsinspektoren 1 Stelleninhaber erhält für seine Person die Bezüge nach der Bes.-Gr. A 4 b 1
	Bes.-Gr. A 4 c	8	Ministerialregistratoren
	Bes.-Gr. A 5 b	19	Regierungsobersekretäre
	Bes.-Gr. A 7 a	23	Regierungssekretäre
	Bes.-Gr. A 10 a	1	Oberbotenmeister Der Stelleninhaber erhält eine ruhegehaltsfähige Stellenzulage von 300 DM. Der Oberbotenmeister hat Dienstwohnung
	Zusammen	441	(433)

Titel	Zweckbestimmung und Erläuterungen	Vermerke
1	2	3

Davon Dienstwohnungsinhaber 1

Summe Titel 101 ......
(2)

103 **Dienstbezüge der beamteten Hilfskräfte**

Erläuterungen

Veranschlagt sind:
Grundgehalt und Diäten .... DM
Örtlicher Sonderzuschlag .... DM
Wohnungsgeldzuschuß .... DM
Kinderzuschlag ...... DM
Aufwandsentschädigungen .... DM
Zulagen und Zuschläge .... DM

Zusammen .... DM
Aufgerundet .. DM

Übersicht über den Bedarf an Hilfskräften

Bes.-Gruppe	Anzahl der beamteten Hilfskräfte, die im Haushaltsplan für .... angesetzt sind	am .... vorhanden waren	für das Rechnungsjahr ...... durchschnittlich erforderlich sind
	a) außerplanmäßige Beamte		
Zus. a)			
	b) sonstige Beamte		
Zus. b.			
Insgesamt			

Sämtliche Dienstbezüge der beamteten Hilfskräfte einschließlich Aufwandsentschädigungen und Nachtdienstzulagen — soweit nicht unter eine besondere Zweckbestimmung fallend —; ferner für abgeordnete Beamte, Vergütungen bei Beschäftigungsaufträgen an Beamtenanwärter.
Die Beschäftigungsvergütungen für abgeordnete beamtete Hilfskräfte sind bei Titel 108 zu veranschlagen.
Änderungen in der Zahl der Hilfskräfte sind wie folgt zu begründen:

Zugang:
.. Hilfskräfte der Besoldungsgruppe .. infolge ....

Abgang:
.. Hilfskräfte der Besoldungsgruppe .. infolge ....

Titel	Zweckbestimmung und Erläuterungen	Vermerke
1	2	3
	Nebenbezüge erhalten jährlich: .... DM .... DM .... DM	
104	**Dienstbezüge der nichtbeamteten Kräfte** **a) Vergütungen der Angestellten** **b) Löhne der Arbeiter** Erläuterungen Bedarf an nichtbeamteten Kräften a) Angestellte Außertarifliche Angestellte .... ( ) Übertarifl. Angestellte nach der ADO .... ( ) Tarifliche Angestellte Verg.-Gr. I .... ( ) Verg.-Gr. II .... ( ) Verg.-Gr. III ...... ( ) Verg.-Gr. IV ...... ( ) Verg.-Gr. V a ...... ( ) Verg.-Gr. V b ...... ( ) Verg.-Gr. VI a .... ( ) Verg.-Gr. VI b .... ( ) Verg.-Gr. VII ...... ( ) Verg.-Gr. VIII .... ( ) Verg.-Gr. IX ...... ( ) Verg.-Gr. X ...... ( ) Lehrlinge und Anlernlinge .... ( ) Zusammen ...... ( ) b) Arbeiter .... ( ) Zusammen ...... ( )	Sämtliche Vergütungen der Angestellten und die Löhne der Arbeiter einschließlich Aufwandsentschädigungen und Nachtdienstzulagen — soweit nicht unter eine besondere Zweckbestimmung fallend —, ferner die Arbeitgeberbeiträge für Kranken-, Unfall-, Invaliden-, Angestellten-, Arbeitslosenversicherungen und zusätzliche Altersversorgung; ferner Treuprämien an Arbeiter nach 25-, 40- und 50jähriger Dienstzeit, Dienstbezüge der wiederverwendeten Ruhestandsbeamten bei Verwendung als Angestellte, Ausgaben für Weihnachtszuwendungen. In den Erläuterungen ist bei Änderungen des Personalbestandes gegenüber dem Vorjahr den Einzelzahlen und der Gesamtzahl die Vorjahreszahl in Klammern beizufügen. Die Beschäftigungsvergütungen für Angestellte sind unter Titel 108 zu veranschlagen. Die Reisekostenvergütungen und Umzugskostenauslagen der Arbeiter sind unter Titel 215 bzw. Titel 217 zu veranschlagen.

Titel	Zweckbestimmung und Erläuterungen	Vermerke
1	2	3
	Zugang: .... Angestellte .... Arbeiter infolge .... Abgang: .... Angestellte .... Arbeiter infolge .... Nebenbezüge erhalten jährlich: .... DM .... DM Veranschlagt sind: a) Angestellte Außertarifliche Angestellte (Gesamtbezüge) .. DM Übertarifliche Angestellte nach der ADO (Gesamtbezüge) .... DM Tarifliche Angestellte (Gesamtbezüge) ...... DM Lehrlinge und Anlernlinge (Gesamtbezüge) .. DM Aufwandsentschädigungen .... DM Überstundenvergütungen .... DM Sozialversicherungsanteil .... DM Bundesbeitrag zur zusätzlichen Altersversorgung .... DM Sonstige Hilfsleistungen .... DM Zusammen .... DM Aufgerundet .. DM	Nötigenfalls ist anzugeben, wievielen Arbeitern der Bezug der für ihren eigenen Bedarf erforderlichen Feuerungsstoffe aus den Vorräten der Behörde gegen Entrichtung der bestimmungsmäßigen Beträge widerruflich gestattet ist.

Titel	Zweckbestimmung und Erläuterungen	Vermerke
1	2	3
	b) Arbeiter Tariflöhne und sonstige Arbeiter (Gesamtbezüge) .... DM Überstundenvergütungen .... DM Sozialversicherungsanteil .... DM Bundesbeitrag zur zusätzlichen Altersversorgung .... DM Sonstige Hilfsleistungen .... DM Zusammen .... DM Aufgerundet .. DM	
105	**Unterhaltszuschüsse für Beamte im Vorbereitungsdienst und für Beamtenanwärter[1])** Erläuterungen Veranschlagt sind: Unterhaltszuschüsse und Vergütungen ...... DM .... DM .... DM Zusammen .... DM Aufgerundet .. DM	

[1]) Siehe Ziff. A 1 zu Tit. 105 u. Ziff. B 9 der Bemerkungen 1954 (Nr. 22 der Sammlung).

Titel	Zweckbestimmung und Erläuterungen	Vermerke
1	2	3

Übersicht über den Bedarf an Beamten im Vorbereitungsdienst und an Beamtenanwärtern

Bezeichnung (Laufbahn)	Anzahl der Beamten im Vorbereitungsdienst und der Beamtenanwärter, die im Haushaltsplan für .... angesetzt sind	am .... vorhanden waren	für das Rechnungsjahr ..... durchschnittlich erforderlich sind
Zusammen			
mehr/weniger			

106 **Unterstützungen für die Beamten, Angestellten und Arbeiter**[1])

Erläuterungen

Veranschlagt sind nach einem Kopfsatz v. .. DM
für .. Beamte ...... DM
für .. Beamtenanw. .. DM
für .. Angestellte .. DM
für .. Arbeiter ...... DM

Zusammen .... DM
Aufgerundet .. DM

In den Erläuterungen sind die Unterstützungsmittel unter Angabe des Kopfsatzes und der Zahl der Beamten, der Beamtenanwärter sowie der Angestellten und Arbeiter zu errechnen.

107 **(frei für Beihilfen auf Grund der Beihilfengrundsätze für Beamte, Angestellte und Arbeiter — werden zentral veranschlagt)**

In den Erläuterungen sind die Beihilfemittel unter Angabe des Kopfsatzes und der Zahl der planmäßigen Beamten, der beamteten Hilfskräfte, der

[1]) Siehe Ziff. B 11 der Bemerkungen 1954 (Nr. 22 der Sammlung).

Titel	Zweckbestimmung und Erläuterungen	Vermerke
1	2	3
		Versorgungsempfänger sowie der Angestellten und Arbeiter zu errechnen.
108	**Beschäftigungsvergütungen, Trennungsentschädigungen, Fahrkostenersatz und Verpflegungszuschüsse sowie Fahrkosten für auswärtigen Familienbesuch für Beamte, Angestellte und Arbeiter**	

Erläuterungen

Veranschlagt sind:

Beschäftigungsvergütungen für

.... abgeordnete Beamte .... DM

.... beamtete Hilfskräfte .... DM

.... nichtbeamtete Kräfte .... DM

Zusammen .... DM

Trennungsentschädigungen für

.... Beamte .... DM

.... Angestellte .... DM

.... Arbeiter ...... DM

Zusammen . . . DM

Fahrkostenersatz und Verpflegungszuschüsse als Beschäftigungsvergütung oder Trennungsentschädigung .... DM

Fahrkosten für auswärtigen Familienbesuch (Familienheimfahrten) ...... DM

Zusammen .... DM

Aufgerundet .. DM

Titel	Zweckbestimmung und Erläuterungen	Vermerke
1	2	3
109	Unfallfürsorge für Beamte nach dem Deutschen Beamtengesetz	Hier sind auch Aufwendungen für Unfallfürsorge an Ruhestandsbeamte zur Abwicklung von Ansprüchen aus dem aktiven Beamtenverhältnis zu veranschlagen.
110	**Abfindungen und Übergangsgelder**	Abfindungen und Übergangsgelder, die auf Grund erlassener Bestimmungen ausgezahlt werden.
111	**Versicherungsbeiträge für ausscheidende Beamte**	
150 bis 155	**(frei für Versorgungsbezüge usw. — werden zentral veranschlagt —)**	
	Sachausgaben	
200	**Geschäftsbedürfnisse** Erläuterungen Veranschlagt sind: 1. Fahrgelder, Transportkosten, Frachtkosten .. DM 2. Schreib- und Zeichenbedarf .... DM 3. Druck- und Buchbinderarbeiten in und außer dem Hause .... DM 4. Sonstiges[1]) ...... DM Zusammen .... DM	Zu 1. Straßenbahn-, Droschken-, Kraftwagenfahrgelder in der Stadt — soweit als Bedürfnisse der allgemeinen Geschäftsverwaltung in Durchführung des Geschäftsbetriebes entstanden —, Gepäck-, Taschenbeförderung in der Stadt, Umräumungskosten bei Verlegung von Geschäftszimmern, Frachtkosten für Versand und Empfang von Akten, Büchern usw. Die bei Beschaffungen entstehenden Frachtkosten fallen stets den Beschaffungsmitteln zur Last.

[1]) Siehe Ziff. A 1 zu Tit. 200 der Bemerkungen 1954 (Nr. 22 d. Sammlung).

Titel	Zweckbestimmung und Erläuterungen	Vermerke
1	2	3
		Zu 2. Ausgaben für Papier zu Schreib-, Lösch- und Packzwekken, Tinte, Lineale, Papierscheren, Farbbänder, Rollenpapier sowie alle Bedürfnisse einschließlich Reinigungsgeräte und -mittel für die Bedienung der Schreib- und Rechenmaschinen, kleine Schreibgeräte wie Federhalter, Federn, Blei- und Farbstifte, Radiergummi, Radiermesser, Ascher und Schreibzeuge — soweit nicht bei wertvolleren in Ausnahmefällen der Titel 201 in Frage kommt —, Heftzwirn, Bindfaden, Siegellack, Kleister, Leim, Leimgläser und -pinsel, Schnellhefter, Selbstordner, Briefkörbe, Gummistempel, Entschädigungen für geliehene Schreib- (Blinden- usw.) -maschinen, Zeichenbedarf jeder Art einschließlich der Verbrauchsgegenstände, Entschädigung für die dienstliche Benutzung privateigener Schreibmaschinen. Die Gebrauchsgegenstände wie Reißzeuge, Reißbretter, Schienen, Winkel, Stangenzirkel usw., sind bei Titel 201 zu veranschlagen. Zu 3. Kosten der Anfertigung von Drucksachen aller Art wie Vordrucke, Umdrucke, Karteikarten, Gesetzentwürfe in Buch-, Stein- oder Zinkdruck,

Titel	Zweckbestimmung und Erläuterungen	Vermerke
1	2	3
		Kalender, Lichtpausen, der Vervielfältigungen einschließlich der Rohstoffe und Kleinhandwerkzeuge (Verbrauchsgegenstände) der Hausdruckereien, des Einbindens von Drucksachen, Tagebüchern usw. für den Handgebrauch und, soweit das Einbinden durch eigene Bedienstete ausgeführt wird, auch die Kosten der Rohstoffe und des Kleinhandwerkzeugs (Verbrauchsgegenstände). Maschinen werden aus Mitteln des Titels 201 unterhalten und ergänzt. Die Personalausgaben fallen den Ausgabemitteln für persönliche Verwaltungsausgaben zur Last. Zu 4. Kosten der Aufnahme von Stenogrammen und Übersetzungen durch Dritte sowie sonstige Schreibgebühren, Pauschalabfindungen (Federgeld) für Geschäftsbedürfnisse in besonderen Fällen, des Nachrichten- und Pressedienstes, soweit nicht besonders veranschlagt, der Dienstbekleidungen der Pförtner usw. — nicht der Kraftwagenfahrer —; für Kranzspenden, für Nachrufe beim Ableben von Behördenangehörigen unter bestimmten Voraussetzungen, für gemietete Rundfunkgeräte. Bei den Ausgabemitteln für Geschäftsbedürfnisse werden

Titel	Zweckbestimmung und Erläuterungen	Vermerke
1	2	3
		nur die zur Durchführung des Geschäftsbetriebes notwendigen Verbrauchsgegenstände veranschlagt, soweit nicht die Mittel des Titels 206 in Frage kommen. Gebrauchsgegenstände wie Rechen- und Schreibmaschinen, wertvolle Schreibzeuge und Ascher, Karteikästen und dergleichen sind bei Titel 201 zu veranschlagen. Für eine Kranzspende mit Schleife einschließlich aller Nebenkosten haben in den Monaten Mai bis Oktober = 20 DM und in den Monaten November bis April = 30 DM als Höchstsatz zu gelten.
201	**Unterhaltung und Ersatz der Geräte und Ausstattungsgegenstände in den Diensträumen** a) Unterhaltung b) Ersatz Erläuterungen Veranschlagt sind: a) Unterhaltung von 1. Geräten und Ausstattungsgegenständen .. DM 2. Schreib-, Rechen-, Druck- und sonstige Maschinen .... DM Zusammen .... DM	Alle Kosten für Unterhaltung und Ersatz von Gebrauchsgegenständen wie Möbel, Papierkörbe, Geldschränke, Wertgelasse, Uhren, Brief-, Geld-, Kurierbeutel und -taschen, Aktentaschen und -mappen, Zeichenmappen, Dienstsiegel und -stempel aus Metall, Karteikästen und -schränke, Verbandskästen und Hausapotheken einschließlich Ergänzung, Meßvorrichtungen für Gas, Elektrizität, Rauch, Dampf usw., Wiegeschalen und Waagen, Transportgeräte, Karren, Wagen, Transportkörbe, Förderbandanlagen, Förderbahnanlagen nebst Förderwagen, Beleuchtungsgegenstände ausschließlich der Verbrauchsge-

Titel	Zweckbestimmung und Erläuterungen	Vermerke
1	2	3
	b) Ersatz von 1. Geräten und Ausstattungsgegenständen[1]) DM 2. Schreib-, Rechen-, Druck- und sonstigen Maschinen[1]) .... DM Zusammen .... DM	genstände (wie Birnen, Glühstrümpfe), Wasserkannen, Gläser, Aktensäcke, Fußmatten, Tisch-, Wand-, Hänge-, Bogenlampen, Kronen, Pendel usw., Waffen, Fahrräder — nicht Krafträder oder Kraftwagen —, elektrische, Gas- und Petroleumöfen, Koch- und Heizapparate, Teppiche und Läufer, soweit sie nicht zur Ausstattung von Amts-, Dienst- und Werkdienstwohnungen gehören, Fensterausstattungen, Schreib-, Rechen-, Werkzeug-, Büro-, Stempel-, Sprech-, Druck-, Präge-, Adressier-, Heft-, Schneide- usw. Maschinen, Motore — mit Ausnahme der Fahrstuhlmotore —, Drehbänke, Hobelbänke, Einrichtung der Werkstätten, Rundfunkgeräte und Reparatur von Rundfunkgeräten. Erstmalige Anschaffungen von Einrichtungsgegenständen, Maschinen und dergleichen sind unter der Titelgruppe 870 bis 889 zu veranschlagen. Die Kosten für den Ersatz von Fahrrädern sind hier zu veranschlagen. Kosten für Einrichtungen, die fest mit dem Gebäude verbunden sind, wie eingemauerte Tresore und Wertgelasse, Fußbodenbeläge, Kochherde, Öfen, Waschkessel usw. und für ihre Unterhaltung werden bei den

[1]) Siehe Ziff. A 1 Absätze 4 und 5 sowie zu Tit. 201 b der Bemerkungen 1954 (Nr. 22 der Sammlung).

Titel	Zweckbestimmung und Erläuterungen	Vermerke
1	2	3
		Baukosten veranschlagt. Kosten der Unterhaltung und Ersatz beweglicher Maschinen und Motore, die lediglich zur Verbesserung der Standsicherheit mit dem Boden verbunden (verankert) sind, sind bei Titel 201 zu veranschlagen. Die erstmalige Anschaffung solcher Maschinen und Motore ist unter der Titelgruppe 870 bis 889 zu veranschlagen. Die Bedürfnisse für die Haltung von Dienstfahrzeugen werden bei Titel 208 veranschlagt, ebenso die Einrichtung der Werkstätten für diesen Zweck in den Garagen. Kosten für Schutzbekleidung sind nicht bei Titel 201, sondern bei den entsprechenden Sachtiteln zu veranschlagen.
202	**Bücherei** Erläuterungen Veranschlagt sind[1]): 1. Beschaffung von Büchern, Landkarten und Druckschriften .... DM 2. Beschaffung von Zeitschriften, Zeitungen, Gesetz- und Verordnungsblättern .... DM 3. Sonstiges .... DM Zusammen . . . DM	Zu 2. Kosten für die Beschaffung von Kurs- und Adreßbüchern, von Verzeichnissen von Giro- und Postscheckkontoinhabern, von amtlichen Fernsprechverzeichnissen, ferner für die Beschaffung von Büchern, Zeitschriften und Zeitungen, die nicht für die Bücherei selbst, sondern zum Handgebrauch oder Verbrauch bei der Behörde bestimmt sind. Der Druck des Büchereiverzeichnisses ist nötigenfalls in den Erläuterungen unter 3 aufzuführen.

[1]) Siehe Ziff. A 1 zu Tit. 202 der Bemerkungen 1954 (Nr. 22 d. Sammlung)

Titel	Zweckbestimmung und Erläuterungen	Vermerke
1	2	3
203	**Post- und Fernmeldegebühren, Kosten für Fernmeldeanlagen sowie Rundfunkgebühren** Erläuterungen Veranschlagt sind: 1. Porto einschließlich Abgabe „Notopfer Berlin“ .... DM 2. Fernmeldegebühren .... DM 3. Einmalige Gebühren für Verlegung usw. von Fernmeldeanlagen ...... DM 4. Private Fernmeldeanlagen .... DM 5. Rundfunkgebühren DM Zusammen .... DM	Zu 1. Kosten für die Leerung von Hausbriefkästen, Kosten für Zahlungen aus öffentlichen Kassen — soweit auf Staatsmittel zu übernehmen —. Vordrucke für Zahlkarten usw. sind aus Titel 200 zu bestreiten. Zu 2. Dauernde Gebühren für Haupt- und Nebenanschlüsse, Querverbindungen, Leitungen, Anschlußorgane, Anschlußdosen und Zusatzeinrichtungen (Wechselschalter, Wecker, Fallscheiben, zweite Fernhörer usw.) in Diensträumen und für dienstliche Haupt- und Nebenanschlüsse in Wohnungen, laufende Kostenzuschüsse für Herstellung und Instandhaltung der Anschlußleitungen bei Ausnahmehauptanschlüssen und Querverbindungen, für besonders kostspielige Leitungen und Anlagen (Schränke), Einzelgebühren für Gespräche im Orts-, Vororts-, Bezirks- oder Fernverkehr, bei Benutzung öffentlicher Sprechstellen, für besondere Gesprächsverbindungen und Dauerverbindungen, für Voranmeldungen usw., laufende Gebühren für Verbindung von posteigenen mit privaten

Titel	Zweckbestimmung und Erläuterungen	Vermerke
1	2	3
		(Haus-) Anlagen, Gebühren für Zurücknahme von Anträgen auf Herstellung oder Kündigung von Anschlüssen, für Erstattungsanträge oder Nachforschungen, für besondere Eintragungen in die amtlichen Fernsprechverzeichnisse. Zu 3. Einmalige Kostenzuschüsse, die nicht unter 2 fallen, einmalige Gebühren für Einrichtung, Verlegung, Auswechslung, Übertragung und sonstige Arbeiten an posteigenen Fernspecheinrichtungen in Diensträumen und dienstlichen Anschlüssen in Wohnungen, Gebühren für Ausführung mit Vorrang. Zu 4. Ausgaben für die Anlage und Unterhaltung sowie die Mietbeträge für private Fernsprechanlagen. Ausgaben für Beschaffung amtlicher Fernsprechverzeichnisse fallen dem Titel 202 zur Last. Ausgaben für die Instandsetzung der Räume und Gebäude bei Herausnahme der posteigenen und privaten Fernsprechanlagen infolge Kündigung oder Verlegung gehen zu Lasten der Baukosten.

Titel	Zweckbestimmung und Erläuterungen	Vermerke
1	2	3
204	**Unterhaltung der Gebäude** Erläuterungen[1]) In Betracht kommen: Verwaltungseigene Gebäude a) .... b) .... Gepachtete und gemietete Gebäude a) .... b) .... Veranschlagt sind: 1. Unterhaltung der verwaltungseigenen Gebäude .... DM 2. Unterhaltung der angemieteten oder gepachteten Gebäude .... DM Zusammen .... DM	Die Kosten baulicher Einrichtungen und Ergänzungen, Änderungen und Instandsetzungen in und an den Gebäuden einschließlich Reinigungskosten nach Bau-, Maler- usw. -arbeiten. Die Unterhaltung von Gärten, die Beschaffung und Unterhaltung von Gartengeräten, die Kosten für Pflasterungen, Einfriedungen, Brunnen und Pumpen, Wasser-, Gasleitungs-, elektrischen, Entwässerungs-, Sammelheizungs-, Warmwasser- und Lüftungsanlagen, für Blitzableiter, Außenuhren, Klingelanlagen, Haus- (Privat-) Telegrafenanlagen, Feuermeldeeinrichtungen, feste Feuerlöschanlagen, Fahrstühle und Fahrstuhlmotore, Hausschilder, ferner die Kosten für Beschaffung und Unterhaltung von Kochherden, Öfen (ausgenommen elektrische, Gas- oder Petroleumöfen, die bei Titel 201 zu buchen sind) und Badeeinrichtungen aller Art (Badewannen und -öfen), Waschkessel, Feuerlöschgerätschaften, Winterfenster, Markisen, Jalousien, Gasarme und elektrische Wandbeleuchtungsarme, Vorhänge- und Türschlösser, Fensterverschlüsse und -feststeller, Fahnen, dauernd verwendbare Gegenstände zur Ausschmückung

[1]) Siehe Ziff. A 1 zu Tit. 204 u. Ziff. C 1 der Bemerkungen 1954 (Nr. 22 der Sammlung).

Titel	Zweckbestimmung und Erläuterungen	Vermerke
1	2	3
		von Dienstgebäuden — wie Illuminationskörper — auch für Innenausschmückung, ferner die Kosten, die die Bestandteile (Substanz) der Gebäude und Grundstücke oder solche Gegenstände betreffen, die baulich oder niet- und nagelfest mit den Gebäuden oder Grundstücken dauernd verbunden sind; auch die Kosten beweglicher Gegenstände, die für die Gebäude und Grundstücke als solche, also nicht ausschließlich zu deren gegenwärtigen Benutzung notwendig sind wie Schlüssel, Nummernschilder, Türschildrahmen, Feuerlöscher usw.
		Ersatzgegenstände wie Kohlen und Zinke für Klingelanlagen, Patronen und Ersatzfüllungen für Feuerlöscher, Sicherungsstöpsel. Glühkörper sind Verbrauchsgegenstände, die bei Titel 206 zu veranschlagen sind. Nicht zur Gebäudeunterhaltung gehören ferner die Ausgaben für Lasten und Abgaben, Be- und Entwässerung, Versicherung, Bewachung, Ungezieververtilgung, Schutz gegen Nässe und Kälte durch Streuen von Sand, Umbinden von Brunnen usw., Befreiung der Dächer von Schnee und Eis, Reinigung; Desinfektion, Leerung von Müll-, Senk- und Abortgruben sowie sonstige Ausgaben hauswirtschaftlicher

Titel	Zweckbestimmung und Erläuterungen	Vermerke
1	2	3
		Art, die erforderlich sind, um in und an dem Gebäude oder Grundstück den ordnungsmäßigen Zustand zu erhalten.
205	**Kleinere Neu-, Um- und Erweiterungsbauten sowie Erwerb von Haus- und Baugrundstücken** Erläuterungen[1]) Veranschlagt sind: 1. Wiederherstellung von kriegszerstörten Gebäuden .... DM 2. Kleinere Neu-, Um- und Erweiterungsbauten sowie Erwerb von Haus- und Baugrundstücken .... DM Zusammen .... DM	Bauten innerhalb der Kostengrenze des § 30 a RHO. Größere Bauten sind unter den einmaligen Ausgaben oder im außerordentlichen Haushalt unter der Titelgruppe 710 bis 829 zu veranschlagen.
206	**Bewirtschaftung v. Dienstgrundstücken und Diensträumen** Erläuterungen[2]) In Betracht kommen: 1. Verwaltungseigene Gebäude a) .... b) .... 2. Gepachtete u. gemietete Gebäude a) .... b)	Zu 1. Kohlen aller Art, Holz einschließlich der Kleingeräte für die Zerkleinerung und die Besorgung der Heizung wie Holz- und Kohlenkasten, Schaufeln, Feuerhaken, Kohlen- und Ascheimer (nicht aber Müll- und Schlackeneimer auf dem Hofe — vgl. zu 3 —). Zu 2. Gas und Elektrizität für Kraft-, Licht- und Heizzwecke einschließl. Zähler- usw. -mieten.

[1]) Siehe Ziff. A 1 zu Tit. 204 und 205 sowie Ziff. C 1 der Bemerkungen 1954 (Nr. 22 der Sammlung).
[2]) Siehe Ziff. A 1 zu Tit. 206 der Bemerkungen 1954 (Nr. 22 d. Sammlung).

Titel	Zweckbestimmung und Erläuterungen	Vermerke
1	2	3
	Veranschlagt sind: 1. Heizung .... DM 2. Beleuchtung und elektrische Kraft, Heizung durch Gas und Elektrizität .. DM 3. Kosten der Reinigung, Müll- usw. -abfuhr, Be- u. Entwässerung ...... DM 4. Feuerversicherung, Steuern und Abgaben .. DM 5. Mieten, Pachten und Hypothekenzinsen .... DM 6. Sonstige Hausbewirtschaftungskosten und Unvorhergesehenes .... DM Zusammen .... DM	Zu 3. Kosten für Seife, Putz- und Scheuermittel, Desinfektionsmittel, Reinigungsmittel sonstiger Art, Schwärzen und Reinigen der Öfen, Putzlappen, Schutzbekleidung für Maschinisten und Heizer sowie für besonders schmutzige Arbeiten, z. B. Reinigung von Klär- und Sielanlagen. Ledertücher, Schwämme, Ungeziefervertilgung — auch Pauschgebühren an Unternehmer —, Klosettpapier, Sand zum Bestreuen der Bürgersteige, Beschaffung und Reinigung von Hand- und Wischtüchern, Reinigung von Vorhängen, Gardinen usw., Beschaffung von Scheuertüchern, Besen, Schrubbern, Schneegeräten, Müll-,Schlacken-,Schutt-, Fäkalienabfuhr, Schornsteinreinigung, Fußbodenöl, Bohnermasse, Straßenreinigungsgebühren an Unternehmer, Reinigung der Dächer von Schnee und Eis, Reinigung der Dachrinnen, Be- und Entwässerung, Untersuchung von Wasserproben, soweit sie nicht aus baulichem Anlasse vorgenommen wird, Auftauen von Leitungen; Wäscherollen, Wäscheleinen, Waschfässer, Staubsauger.

Titel	Zweckbestimmung und Erläuterungen	Vermerke
1	2	3
		Zu 4. Grund-, Gebäude-, Miet- usw. -steuern, die auf Grundstücken, Gebäuden oder Gebäudeteilen ruhen, Einquartierungslasten, Straßenreinigungsgebühren an die Gemeinde, Feuerversicherungskosten (soweit ausnahmsweise zugelassen), Gebühren für städtische Feuermeldeanlagen, Anerkennungsgebühren aller Art.
		Zu 5. Garagenmieten, Erbbauzinsen, Erbpacht.
		Zu 6. Ausgaben für Notbeleuchtungen (Kerzen, Petroleum, Spiritus, Benzol, Benzin, Glühstrümpfe, Zylinder, Dochte), Glühlampen, Sicherungsstöpsel, Elemente der Klingelanlagen, Akkumulatorenhaltung, Fahrstuhlprüfungen, Schmieren und Beaufsichtigen von Aufzügen, Prüfung und Überwachung von Dampfkesselanlagen sowie von Blitzschutzanlagen, Gebühren für Uhrenanlagen, Kontrollstreifen für Nachtwächteruhren, Anbringen der Sommermarkisen, Stroh oder Schutzmittel gegen Kälte und Zug, Kosten für das Ein- und Aushängen der Winterfenster, Nachfüllen der Feuerlöschgeräte usw., Bewachung durch Unternehmer, ferner auch Ge-

Titel	Zweckbestimmung und Erläuterungen	Vermerke
1	2	3
		schäftskosten-Pauschentschädigungen an einzelne Beamte nach den hierfür erlassenen Bestimmungen, die zur Abgeltung der Kosten für Miete, Heizung, Beleuchtung, Reinigung und Abnutzung gewährt werden.
207	**Unterhaltung und Ersatz der Geräte und Ausstattungsgegenstände in Amts-, Dienst- und Werkdienstwohnungen** **a) Unterhaltung** **b) Ersatz**	Sämtliche Kosten für Ausstattungsgegenstände in Amts-, Dienst- und Werkdienstwohnungen.
208	**Betrieb von Dienstfahrzeugen** Erläuterungen[1]) Veranschlagt sind: 1. Betriebsstoffe, kleinere Instandsetzungen, gewöhnliche Unterhaltung .. DM 2. Größere Instandsetzungen, außergewöhnliche Unterhaltung und Ergänzung .... DM 3. Gespannhaltung .. DM 4. Betrieb von Dienstwasserfahrzeugen .... DM 5. Sonstiges .... DM Zusammen .... DM	Zu 1. Die gesamten Betriebsstoffe, wie Benzin, Benzol, Öl, Staufferfett, Karbid, Petroleum, Laden der Akkumulatoren durch Unternehmer usw., Feuerlöscheinrichtungen, Reinigungsmittel und -apparate wie Putzlappen, Schwämme, Leder, Staubwedel, Klopfer, Putzzeug usw., kleine Instandsetzungen und gewöhnliche Unterhaltung am Wagen und an den Bereifungen in der Garage, kleinere Ergänzungen, Kerzen, Lampen, Düsen, Leitungsschläuche, Riemen, Ketten, Splinte, Ringe, Kontrollstreifen, Gurte usw., Kraftfahrzeugsteuer und -gebühren für Zulassung, Verbrauchsge-

[1]) Siehe Ziff. A 1 zu Tit. 208, Ziff. C 2 u. Ziff. D 6 der Bemerkungen 1954 (Nr. 22 der Sammlung).

Titel	Zweckbestimmung und Erläuterungen	Vermerke
1	2	3

Bestand an Dienstfahrzeugen:

	Soll 195...	Soll 195...	Tatsächlicher Bestand am......
Personenkraftwagen			
Lastkraftwagen			
Anhänger ...			
Omnibusse ..			
Krafträder ..			
Gespanne ..			
Wasserfahrzeuge ..			
Zusammen .			

Abgang: Pkw als verbraucht ausgesondert

Lkw als verbraucht ausgesondert

Omnibusse als entbehrlich

Zusammen:

Zugang: Pkw als Ersatz beschafft

(Kap.............Tit..............)

Kraftrad neu beschafft

(Kap.............Tit..............

Zusammen:

Bleibt

Abgang:

genstände für die Werkstatt und den Werkzeugkasten, wie Feilen, Hämmer, Schlüssel, Bohrer usw.

Zu 2.

Überholung des Wagens, Neulackierung, große Reparaturen, Auswechslung von Rädern, Kolben, Schläuchen, Decken, Vergasern usw., Beschaffung und Unterhaltung der Dienst- und Schutzbekleidung für die Fahrer, soweit eine solche gewährt werden darf, Einrichtung und Ergänzung der Gebrauchsgegenstände der Hilfswerkstatt, wie Amboß, Werkbank, Bohrmaschinen, Eisenfässer, Benzinpumpen, Prüfapparate.

Garagenmieten sind aus Titel 206 zu bestreiten.

Ersatzbeschaffungen von Kraftwagen und -rädern sind unter der Titelgruppe 850 bis 864, Unterhaltung und Ersatz von Fahrrädern bei Titel 201 zu veranschlagen.

209 **Betrieb v. beamteneigenen Kraftfahrzeugen, Haltung von beamteneigenen Fahrrädern, Pferden, Hunden u. Schneeschuhausrüstungen**

In der Zweckbestimmung ist nur der Zweck anzugeben, für den Ausgaben veranschlagt werden. Also z. B.: „Betrieb von beamteneigenen Kraftfahrzeugen und Haltung von beamteneigenen Fahrrädern", oder „Haltung von beamten-

Titel	Zweckbestimmung und Erläuterungen	Vermerke
1	2	3
	Erläuterungen[1]) Veranschlagt sind: Versicherung ...... DM Steuer .... DM Garage .... DM Abschreibung ...... DM Kilometergelder .... DM Sonstiges .... DM Zusammen .... DM	eigenen Pferden, Hunden und Schneeschuhausrüstungen".
215	**Reisekostenvergütungen** a) **Inlandsreisen** .... DM b) **Auslandsreisen** .. DM	Alle nach den Reisekostenvorschriften entstehenden Ausgaben an Reisekosten, mit Ausnahme der Reisekosten aus Anlaß einer Versetzung oder Einberufung, die bei den Ausgabemitteln für Umzugskosten zu veranschlagen sind; auch Kosten besonderer Reisen zum Zwecke der Unterrichtung über wirtschaftspolitische, sozialpolitische und arbeitsrechtliche Verhältnisse sowie über die Finanzgesetzgebung und Finanztechnik im Ausland. Die Reisekostenvergütungen für Arbeiter und die Reisekostenvergütungen für Auslandsreisen sind hier zu veranschlagen. Die Kilometergelder für beamteneigene Kraftfahrzeuge sind bei Titel 209, für privateigene Kraftfahrzeuge bei Titel 215 zu veranschlagen. Bei anderen Titeln dürfen Reisekosten von Verwaltungs-

[1]) Siehe Ziff. A 1 zu Tit. 209 und Ziff. A 3 a der Bemerkungen 1954 (Nr. 22 der Sammlung).

Titel	Zweckbestimmung und Erläuterungen	Vermerke
1	2	3
		angehörigen, die ihre Dienstbezüge aus Titeln der Personalausgaben erhalten, nur veranschlagt werden, wenn es im Haushaltsplan ausdrücklich vorgesehen ist. Reisekosten von Personen, die nicht der Bundesverwaltung angehören, sind bei den entsprechenden Sachtiteln zu veranschlagen.
217	**Umzugskostenvergütungen u. Umzugskostenbeihilfen**	Alle nach den Umzugskostenbestimmungen zulässigen Ausgaben an Umzugskosten, ferner Umzugskostenbeihilfen für Wartegeldempfänger usw. sowie die Reisekosten von Beamten für Versetzungsreisen und für Reisen bei Einberufungen in den Staatsdienst. Abfindungsbeiträge zur Beschaffung von Wohnungen für Bundesangehörige als Trennungsentschädigungsempfänger. Die Umzugskostenauslagen der Arbeiter sind hier zu veranschlagen.
218	**Kosten für Sachverständige**	Kosten für Sachverständige, die zur Durchführung von Staatsaufgaben angehört werden, einschließlich der bei der Abgabe von Gutachten entstehenden Reisekosten. Bei Behörden, bei denen regelmäßig mit Ausgaben für Sachverständige zu rechnen ist, sind die Mittel bei Titel 218 zu veranschlagen.

Titel	Zweckbestimmung und Erläuterungen	Vermerke
1	2	3
		Ist mit Kosten für Sachverständige nur in ganz geringem Umfange zu rechnen oder kommen sie im allgemeinen nicht in Betracht, so sind die Ausgaben für diesen Zweck bei den vermischten Verwaltungsausgaben (Titel 299) nachzuweisen. Sind Mittel für Sachverständige nicht veranschlagt und sind größere Ausgaben erforderlich, die aus dem Ansatz für vermischte Verwaltungsausgaben nicht bestritten werden können, muß die Bereitstellung der Mittel nach § 33 RHO beantragt werden. Die Ausgaben sind in solchen Fällen außerplanmäßig nachzuweisen (vgl. § 14 Abs. 1 RRO).
219	**Gerichts- und ähnliche Kosten**	Gerichts-, Anwalts-, Notariats- und Gerichtsvollzieherkosten, Stempelgebühren, Erstattung barer Auslagen an Prozeß- und Vertragsgegner und dergleichen, soweit die Hauptausgaben den fortdauernden Ausgaben des ordentlichen Haushalts zur Last fallen. Die auf Grund von Urteilen und Vergleichen zu leistenden Hauptausgaben und Pauschabfindungen sind bei den in Frage kommenden Titeln zu buchen. Fallen die Hauptausgaben den einmaligen Ausgaben des ordentlichen Haushalts oder den Ausgaben des außer-

Titel	Zweckbestimmung und Erläuterungen	Vermerke
1	2	3
		ordentlichen Haushalts zur Last, so sind die Nebenkosten zusammen mit ihnen zu buchen (z. B. Kosten von Werkverträgen und der Beurkundung von Grunderwerb usw.).
220	**Verwaltungskostenerstattung**	Entschädigung an die Länder für die Mitwirkung bei der Verwaltung von Bundesabgaben usw.
240	**Zur Verfügung des .... für außergewöhnlichen Aufwand aus dienstlicher Veranlassung in besonderen Fällen** Erläuterungen Die Mittel sind zur Bestreitung von Ausgaben erforderlich, die dem Bundesminister .... für außergewöhnlichen Aufwand im dienstlichen Interesse entstehen und deren Deckung ihm aus der persönlichen Dienstaufwandsentschädigung nicht zugemutet werden kann. Die Ausgaben sind einzeln zu belegen. Eine pauschale Auszahlung ist nicht zulässig.	
298	**Zuschuß zur Gemeinschaftsverpflegung**	

Titel	Zweckbestimmung und Erläuterungen	Vermerke
1	2	3
	Erläuterungen[1]) Veranschlagt sind: Verpflegungszuschuß für .. Verwaltungsangehörige je .. DM für .. Tage.	
299	**Vermischte Verwaltungsausgaben** Erläuterungen Veranschlagt sind: 1. Unfall- usw. Renten an Dritte .... DM 2. Bekanntmachungen in d. Tageszeitungen und sonstigen Bekanntmachungsblättern .... DM 3. Verlustentschädigungen usw. .... DM 4. Auslagen für Vorstellungsreisen .... DM 5. Prüfungsvergütungen .... DM 6. Sonstige vermischte Ausgaben[2]) .... DM Zusammen .... DM	Ausgaben, die wegen ihrer geringen Bedeutung nicht besonders veranschlagt sind. Zu 1. Unfall-, Fürsorge- usw. Renten an Dritte, Ausgaben für Arzt und Kurmittel und andere gleichartige dauernde Ausgaben. Zu 3. Entschädigungen an Kassenbeamte für beim Zahlungsverkehr entstehende Verluste auf Grund besonderer Bestimmungen und Beträge für die vorläufige Deckung von Kassenfehlbeträgen. Zu 6. Gebühren für Auskünfte, Gebühren für Warenuntersuchungen, Vergütungen für Lehrkurse, Vorträge usw., Beiträge an Vereine, Institute und an internationale Organisationen bis zum Betrag von 100 DM im Einzelfall, Versicherungen für Überseetransporte und Wertsendungen, Gutachten von

[1]) Siehe Ziff. C 3 der Bemerkungen 1954 (Nr. 22 der Sammlung).
[2]) Siehe Ziff. C 4 u. 5 der Bemerkungen 1954 (Nr. 22 der Sammlung).

Titel	Zweckbestimmung und Erläuterungen	Vermerke
1	2	3
		Sachverständigen, wenn nicht Titel 218 in Frage kommt, Gebühren für Abschätzungen, Kosten von Ausstellungen und Wettbewerben, Zinsen, vorschußweise gewährte Reisekosten, die beschuldigten Beamten im Disziplinarverfahren zur Teilnahme an der Hauptverhandlung bei den Disziplinarkammern und beim Disziplinarhof gezahlt werden usw. Kosten der Beschaffung von Büchern und sonstigen Schriften zur Überreichung an verdiente Verwaltungsangehörige. Ausgaben für Gemeinschaftsfeiern dürfen nur geleistet werden, wenn Mittel dafür veranschlagt sind. Für freiwillige Zuwendungen aus Billigkeitsgründen müssen im Hinblick auf § 44 RHO besondere Ausgabemittel vorgesehen werden. Beiträge über 100 DM im Einzelfall an deutsche Vereine und Gesellschaften sowie an internationale Organisationen sind bei Titel 675 zu veranschlagen (vgl. Titelgruppe 600 bis 679, Vermerke vorletzter Absatz).
	Allgemeine Ausgaben	
300 bis 339	(frei für Ausgaben für die typischen Zwecke der Verwaltung: Ausgaben für die Fachaufgaben der Verwaltung, soweit es sich nicht	

Titel	Zweckbestimmung und Erläuterungen	Vermerke
1	2	3
	um Betriebsausgaben handelt oder soweit nicht andere Titel oder Titelgruppen in Frage kommen)[1])	
400 bis 499	**Betriebsausgaben**[1])	Ausgaben, die nicht Verwaltungsausgaben sind, z. B. für den Betrieb der Forsten, der Versuchsgüter, der Kliniken usw.
500 bis 509	**Zuschüsse an Unternehmen im Sinne des § 15 der Reichshaushaltsordnung**	Die Unternehmen sind in der Zweckbestimmung unter a, b, c usw. aufzuführen. Vor der Linie sind die für die einzelnen Unternehmen vorgesehenen Zuschüsse des Bundes zum Ausgleich von Verlusten, die nicht zu Lasten des Eigenkapitals der Unternehmen gebucht oder nicht auf das nächste Geschäftsjahr vorgetragen werden sollen, auszubringen. Stimmt das Geschäftsjahr eines Unternehmens mit dem Rechnungsjahr des Bundes überein oder endet es kurz vor Ablauf des Rechnungsjahres und steht deshalb die Höhe des Verlustes am Schlusse des Rechnungsjahres noch nicht fest, so ist der vorgesehene Zuschuß im Haushaltsplan als übertragbar (§ 30 RHO) zu bezeichnen. **Die Vermerke zu Titel 25 bis 34 gelten im übrigen entsprechend. Vgl. Titel 80 und 901 bis 949.**

[1]) Siehe Ziff. A 1 zu Tit. Gr. 300 bis 399 u. a. sowie Ziff. D 3 der Bemerkungen 1954 (Nr. 22 der Sammlung).

Titel	Zweckbestimmung und Erläuterungen	Vermerke
1	2	3
510 bis 519	Ausgaben an Sondervermögen	Die Sondervermögen sind in der Zweckbestimmung unter a, b, c usw. näher zu bezeichnen. Die für jedes Sondervermögen veranschlagte Ausgabe ist vor der Linie auszubringen. Die veranschlagten Beträge sind in den Erläuterungen zu begründen. Dabei sind der für das laufende Rechnungsjahr veranschlagte Betrag und die Ausgabe des Vorjahres anzuführen. Vgl. die Vermerke zu den Titeln 40 bis 44.
520 bis 524	Zuführung an Rücklagen	
525 bis 529	(frei für: Inanspruchnahme aus Bürgschaften, Sicherheitsleistungen und Garantien, und zwar für: a) Gebietskörperschaften b) Unternehmen in der Form von juristischen Personen des öffentlichen Rechts, an deren Kapital oder Gewinn der Bund beteiligt ist (§§ 88 Abs. 3, 117 d. Reichshaushaltsordnung) c) Unternehmen des privaten Rechts, an deren Kapital oder Gewinn der Bund beteiligt ist (§§ 48, 110, 117 d. Reichshaushaltsordnung) d) Sonstige — wird zentral veranschlagt —)	Die Ansätze sind in den Erläuterungen zu begründen. Dabei sind der für das laufende Rechnungsjahr veranschlagte Betrag und die Zahlungen im Vorjahr anzuführen, soweit es sich um denselben Empfänger und um einen erheblichen Betrag handelt. Vgl. die Vermerke zu Titel 35 bis 39, 45 bis 60, 530 bis 599 und 600 bis 679.

Titel	Zweckbestimmung und Erläuterungen	Vermerke
1	2	3
530 bis 599	**Darlehen, und zwar an:** a) Gebietskörperschaften **b) Unternehmen in der Form von juristischen Personen des öffentlichen Rechts, an deren Kapital oder Gewinn der Bund beteiligt ist (§§ 88 Abs. 3, 117 d. Reichshaushaltsordnung)** **c) Unternehmen des privaten Rechts, an deren Kapital oder Gewinn der Bund beteiligt ist (§§ 48, 110, 117 d. Reichshaushaltsordnung)** d) Sonstige	Zu Titel 530 bis 599 und 600 bis 679[1]). In diese Titelgruppen gehören insbesondere alle Darlehen, Zuschüsse, Beihilfen und andere Zuweisungen, die unter § 64 a RHO fallen. Darlehen sind getrennt von den Zuschüssen und anderen Zuweisungen in den Erläuterungen zu veranschlagen. Um die finanziellen Verflechtungen zwischen Gebietskörperschaften im Haushaltsplan erkennbar zu machen und um Doppelzählungen zu vermeiden, ist es zweckmäßig, die Einnahmen einer Gebietskörperschaft von einer anderen und ihre Ausgaben an andere Gebietskörperschaften jeweils in Unterteilen von Titeln oder auch in besonderen Titeln zu bringen. Dies gilt nur für Ansätze, die für die Lastenverteilung zwischen Gebietskörperschaften von Bedeutung sind, z. B. Darlehen, Zuschüsse und andere Zuweisungen, Verwaltungskostenersatz, Umlagen, Lastenanteile usw. Die Ansätze sind in den Erläuterungen zu begründen. Dabei sind der für das laufende Rechnungsjahr veranschlagte Betrag und Zahlungen im Vorjahr anzuführen, soweit es sich um denselben Empfänger und

[1]) Siehe Ziff. A 1 zu Tit. Gr. 530 bis 599 u. a. sowie Ziff. D 3 der Bemerkungen 1954 (Nr. 22 der Sammlung).

Titel	Zweckbestimmung und Erläuterungen	Vermerke
1	2	3
		um einen erheblichen Betrag handelt. Vgl. die Bemerkungen zu Titel 35 bis 39, 45 bis 60, 61 bis 65 und 525 bis 529.
600 bis 679	**Zuschüsse, Beihilfen und andere Zuweisungen, und zwar an**[1]**):** a) Gebietskörperschaften b) Unternehmen in der Form von juristischen Personen des öffentlichen Rechts, an deren Kapital oder Gewinn der Bund beteiligt ist (§§ 88 Abs. 3, 117 d. Reichshaushaltsordnung) c) Unternehmen des privaten Rechts, an deren Kapital oder Gewinn der Bund beteiligt ist (§§ 48, 110, 117 d. Reichshaushaltsordnung) d) Sonstige	Soweit Beiträge über 100 DM im Einzelfall an deutsche Vereine und Gesellschaften sowie an internationale Organisationen zu zahlen sind, sind sie unter Titel 675 „Beiträge an deutsche Vereine und Gesellschaften sowie an internationale Organisationen" zu veranschlagen. In der Erläuterung zu Titel 675 sind alle Beiträge über 100 DM im Einzelfalle aufzuführen. Beiträge bis zu 100 DM im Einzelfall sind bei Titel 299 zu veranschlagen.
680 bis 690	(frei für Schuldendienst (— wird zentral veranschlagt —)	
	Einmalige Ausgaben	
700 bis 709	**Erwerb von unbebauten u. bebauten Grundstücken**	Hierher gehören alle Erwerbungen, die nicht unter Titel 710 bis 829 veranschlagt sind.

[1]) Siehe Fußnote zu Tit. Gr. 530 bis 599.

Titel	Zweckbestimmung und Erläuterungen	Vermerke
1	2	3
710 bis 829	**Neubauten, größere Um- u. Erweiterungsbauten sowie Erwerb von Grundvermögen für diese Zwecke**[1])	Hierher gehören alle Bauten, die nicht unter Titel 205 veranschlagt sind.
830 bis 849	**(frei für Schaffung von Wohnraum für Verwaltungsangehörige [außer Dienstwohnungen]**[2]) **a) Erstellung und Wiederaufbau staatlicher Wohnbauten** **b) Schaffung neuen Wohnraums in staatlichen Gebäuden** **c) Darlehen zur Schaffung von Wohnraum für Verwaltungsangehörige** **d) Zuschüsse zur Schaffung von Wohnraum für Verwaltungsangehörige** **— wird zentral veranschlagt —)**	
850 bis 864	**Anschaffung von verwaltungseigenen Fahrzeugen**[3])	In den Erläuterungen sind die Fahrzeuge aufzugliedern nach Anschaffung von verwaltungseigenen Personenkraftwagen, Omnibussen und Anhängern, Lastkraftwagen und Anhängern, Traktoren und Anhängern, Krafträdern, Pferdewagen, Schienenfahrzeugen

[1]) Siehe Ziff. D 4 der Bemerkungen 1954 (Nr. 22 der Sammlung).

[2]) Siehe Ziff. A 1 zu Tit. Gr. 530 bis 599 sowie Ziff. D 5 der Bemerkungen 1954

[3]) Siehe Ziff. D 6 der Bemerkungen 1954

Titel	Zweckbestimmung und Erläuterungen	Vermerke
1	2	3
		(einschließlich Feldbahnen mit Zubehör) sowie von sonstigen verwaltungseigenen Fahrzeugen.
865 bis 869	**Anschaffung von beamteneigenen Kraftfahrzeugen, Fahrrädern, Pferden, Hunden und Schneeschuhausrüstungen**	
870 bis 889	**Erstmalige Anschaffung v. Einrichtungsgegenständen, Maschinen und dergleichen[1])**	Die erstmalige Anschaffung von verwaltungseigenen Fahrrädern ist unter der Titelgruppe 870 bis 889 zu veranschlagen. Soweit einmalige Ausgaben für Fernsprechanlagen bei Verlegung von Dienststellen in vorhandene Unterkünfte, die keine Baumaßnahmen erfordern, zu zahlen sind, sind sie bei Bedarf unter Titel 880 „Beschaffung von verwaltungseigenen Fernmeldeanlagen, soweit die Ausgaben nicht zu den Baukosten gehören" zu veranschlagen.
890 bis 900	**Erwerb von Beteiligungen und sonstigen Anteilsrechten, und zwar von[2]):** **a) Unternehmen in der Form von juristischen Personen des öffentlichen Rechts (§ 88 Abs. 3 der Reichshaushaltsordnung)**	Innerhalb der Gruppen a und b sind die Unternehmen näher zu bezeichnen. Auszubringen sind hier die Zahlungen des Bundes, die bei der Errichtung von Unternehmen, beim Erwerb von Anteilsrechten bestehender Unternehmen und bei Kapital-

[1]) Siehe Ziff. D 7 der Bemerkungen 1954 (Nr. 22 der Sammlung).
[2]) Siehe Ziff. D 3 der Bemerkungen 1954 (Nr. 22 der Sammlung).

Titel	Zweckbestimmung und Erläuterungen	Vermerke
1	2	3
	b) Unternehmen des privaten Rechts (§ 48 der Reichshaushaltsordnung)	erhöhungen erforderlich sind. Die Ansätze sind in den Erläuterungen zu begründen. Vgl. die Vermerke zu Titel 35 bis 39.
901 bis 949	**Zuweisungen an Unternehmen im Sinne des § 15 der Reichshaushaltsordnung zur Kapitalausstattung**	Die Unternehmen des Bundes im Sinne des § 15 RHO, die Zuweisungen zur Kapitalausstattung erhalten sollen, sind in der Zweckbestimmung unter a, b, c usw. aufzuführen. Vor der Linie ist für jedes Unternehmen die vorgesehene Zuweisung des Bundes auszubringen. In die Erläuterungen ist für jedes Unternehmen ein Finanzplan aufzunehmen, aus dem der vom Bund zu deckende Kapitalbedarf des Unternehmens ersichtlich ist. Der Finanzplan hat alle voraussehbaren Einnahmen und Ausgaben zu enthalten, die sich in dem für die Aufstellung des Haushaltsplans maßgebenden Geschäftsjahr des Unternehmens (vgl. Titel 25 bis 34), aus Änderungen des Anlagevermögens und aus ungewöhnlichen Änderungen des Umlaufvermögens ergeben. Die Ausgaben sind im Finanzplan weitgehend zu gliedern. Ausgaben für Anlageänderungen sind für jedes Vorhaben getrennt zu veranschlagen. In den Finanzplan sind als Einnahmen die zur Deckung der Ausgaben voraus-

Titel	Zweckbestimmung und Erläuterungen	Vermerke
1	2	3
		sichtlich zur Verfügung stehenden eigenen Mittel des Unternehmens, insbesondere die Einnahmen aus der Veräußerung von Anlagegegenständen und die Abschreibungsmittel — d. h. die Gegenwerte der Abschreibungen auf Anlagen —, sowie die aus Haushaltsmitteln des Bundes zu beschaffenden Beträge einzusetzen. Die Ansätze im Finanzplan sind zu begründen. Zu den vorgesehenen Ausgaben für Anlageänderungen ist anzugeben, welcher Anteil auf Ersatz (Erneuerungen) und welcher auf Erweiterungen und Neuanlagen entfällt. Erstreckt sich ein Vorhaben auf mehrere Jahre, so sind auch die bisher entstandenen und die in den folgenden Geschäftsjahren noch erforderlichen Ausgaben anzuführen. Vgl. die Vermerke zu Titel 25 bis 34, 80 und 500 bis 509.
590 bis 998	(frei für andere einmalige Ausgaben)	
999	(frei für Fehlbetrag aus Vorjahren — wird zentral veranschlagt —)	

22. Bemerkungen des Bundesministers der Finanzen für die Aufstellung der Voranschläge 1954 vom 19. Juni 1953

— II A/1 — A 0400 — 15/54 — (abgekürzt: „Bemerkungen 1954“) nebst den Änderungen auf Grund des Erlasses des Bundesministers der Finanzen vom 18. Juli 1953
— II A/1 — A 0400 — 20/54 —

A. Form der Aufstellung

1. Allgemeines

Ich bitte, die Voranschläge wie im Vorjahr entsprechend den Richtlinien für die Einteilung und Form des Bundeshaushaltsplans (abgekürzt: „Richtlinien“) vom 18. August 1951, II A/1 — H 1010 — 3/1952 und dem vorläufigen Eingliederungsplan vom 19. Februar 1953, II A/1 — A 1300 — 70/53 aufzustellen[1]).

Gemäß § 32 Abs. 1 des Entwurfs der Buchführungs- und Rechnungslegungsordnung für das Vermögen des Bundes — VBRO — vom 16. März 1953[2]) sind bei der Aufstellung des Haushaltsplanes vermögenswirksame und vermögensunwirksame Haushaltseinnahmen und -ausgaben getrennt voneinander in besonderen Titeln oder Unterteilen von Titeln zu veranschlagen.

Die dadurch bei den Festtiteln notwendig werdenden Änderungen der Zweckbestimmungen werden erst vorgenommen werden, wenn der vorläufige Eingliederungsplan vom 19. Februar 1953 durch den endgültigen Eingliederungsplan ersetzt wird. Bis dahin ist bei den in Betracht kommenden Festtiteln die Trennung der vermögenswirksamen und vermögensunwirksamen Haushaltseinnahmen und -ausgaben in den Erläuterungen vorzunehmen.

Für das Rechnungsjahr 1954 ist der vorläufige Eingliederungsplan mit folgenden Ergänzungen anzuwenden:

Zu Titel 1 Nr. 2 der Erläuterungen:

Bei den Einnahmen aus Vermietung, Verpachtung und dergleichen, sind auch etwaige Kostenbeiträge für Beleuchtung,

[1]) Nr. 20 und 21 der Sammlung.
[2]) MinBlFin. 1953 S. 166.

Feuerung, Heizung, Wasser und dergleichen zu veranschlagen, ferner Einnahmen aus der Verpachtung verwaltungseigener Kantinen.

Zu den Titelgruppen 45 bis 60, 530 bis 599 und 830 bis 849:

Die bisher üblichen Vermerke „Die Einnahmen fließen den Mitteln zu“ sind nicht mehr anzuwenden. Um für die Bewirtschaftung der Mittel den gleichen Zweck zu erreichen, ist wie folgt zu verfahren:

a) In dem Kapitel ist bei den Einnahmen — soweit eine Schätzung nicht möglich ist — mindestens ein „Leertitel“ für die Rückeinnahmen aufzunehmen, und zwar unter der Titelgruppe 45 bis 60.

b) Bei dem Ausgabetitel unter der Titelgruppe 530 bis 599 ist in der Zweckbestimmung folgender Vermerk aufzunehmen:

„Der Ansatz erhöht oder vermindert sich um den Betrag, um den die veranschlagten Einnahmen bei Titel .... überschritten werden oder hinter der Veranschlagung zurückbleiben.“

Die gleiche Regelung findet auch Anwendung für die unter der Titelgruppe 830 bis 849 veranschlagten Darlehen zur Schaffung von Wohnraum für Verwaltungsangehörige.

Zu Titel 105:

Hier sind auch die Vergütungen zu veranschlagen, die Verwaltungslehrlinge, Jungmänner usw. während der Lehrzeit vor der Annahme als Beamter im Vorbereitungsdienst erhalten. Die Bezüge der tariflichen Lehrlinge und Anlernlinge sind bei Titel 104 zu veranschlagen (vgl. die Erläuterungen bei Titel 104).

Zu Titel 200:

In den Erläuterungen zu Titel 200 wird die bisherige „Ziffer 4. Sonstiges“ bezeichnet mit Ziffer 5. Als Ziffer 4 wird eingefügt:

„Dienstkleidung der Pförtner, Schutzkleidung für das Bedienungspersonal der Adrema-Maschinen und der Hausdruckerei."

Zu Titel 202:

Die Erläuterungen zu Titel 202 erhalten folgende Neufassung:

Veranschlagt sind:

1.	Anschaffung von Drucksachen mit Dauerwert	...... DM
2.	Anschaffung von Drucksachen ohne Dauerwert ..	...... DM
	Zusammen	...... DM

Zu Titel 204:

Im vorläufigen Eingliederungsplan ist den Vermerken zu diesem Titel folgender Satz voranzustellen:

Hierunter fallen alle Maßnahmen, die keine erhebliche Veränderung der Liegenschaft in ihrem Bestand zur Folge haben.

Demnach sind bei diesem Titel Mittel für bauliche Veränderungen (Einbauten usw.), die zu einer erheblichen Werterhöhung des Gebäudes oder Grundstücks führen, nicht zu veranschlagen. Diese den Wert der Gebäude erhöhenden Ausgaben sind bei Titel 205 — Kleinere Neu-, Um- und Erweiterungsbauten usw. — auszubringen. Als erhebliche Werterhöhung ist im allgemeinen eine Erhöhung um mehr als 1000 DM im Einzelfalle anzusehen. Wertmehrung tritt ein, wenn die Substanz vergrößert oder die vorhandene Substanz durch eine bessere ersetzt wird, z. B. ein Pappdach wird durch ein Ziegeldach ersetzt. Die Baudienststelle hat den Betrag der objektiven Werterhöhung festzustellen.

Zu Titel 204:

Die Erläuterungen zu Titel 204 erhalten folgende Neufassung:

Veranschlagt sind:

1.	Unterhaltung der verwaltungseigenen Gebäude und Anlagen einschließlich Zubehör	...... DM

2. Unterhaltung der angemieteten oder gepachteten Gebäude und Anlagen einschließlich Zubehör .... DM
3. Ersatz und Ergänzung des Zubehörs zu Gebäuden und Anlagen insgesamt .... DM

Zusammen .... DM

Zu Titel 205:

Im vorläufigen Eingliederungsplan ist den Vermerken zu Titel 205 folgender Satz voranzustellen:

Hierunter fallen alle Maßnahmen, die eine Änderung der Liegenschaft in ihrem Bestand, ausgenommen unerhebliche Änderungen, zur Folge haben.

Zu Titel 206:

In den Erläuterungen zu Titel 206 ist als Ziffer 7 anzufügen:

Schutzkleidung für Arbeiter und Heizer sowie Geräte aller Art, soweit diese nicht Verbrauchsmittel oder geringwertige Gebrauchsgegenstände sind, insgesamt .... DM

Zusammen .... DM

Die Verbrauchsmittel oder geringwertigen Gebrauchsgegenstände sind unter Ziffer 6 zu veranschlagen.

Zu Titel 208:

In den Erläuterungen zu Titel 208 wird die bisherige „Ziffer 5. Sonstiges" bezeichnet mit Ziffer 6. Als Ziffer 5 wird eingefügt:

Dienst- und Schutzkleidung für das Fahr- und Hilfspersonal sowie Geräte aller Art, soweit diese nicht Verbrauchsmittel oder geringwertige Gebrauchsgegenstände sind, insgesamt .... DM

Zusammen .... DM

Die Verbrauchsmittel und geringwertigen Gebrauchsgegenstände sind unter „Ziffer 6. Sonstiges" zu veranschlagen.

Zu Titel 209:

Abschreibungen von Darlehen für Beschaffung beamteneigener Kraftfahrzeuge sind bei Titel 209 in Ausgabe und bei Titel 45 bis 60 als Darlehnstilgungen in Einnahme zu veranschlagen.

Zu den Titelgruppen 300 bis 399 und 400 bis 499:

Die vermögenswirksamen Ausgaben sind möglichst von den vermögensunwirksamen getrennt zu veranschlagen. Hierbei sind die vermögenswirksamen Ausgaben für jede Vermögensgruppe (lt. Vermögensgruppenplan) gesondert auszuweisen. Soweit eine einheitliche Bewirtschaftung der Mittel für zweckmäßig gehalten wird, können diese als gegenseitig deckungsfähig bezeichnet werden (§ 31 RHO). Sofern im außerordentlichen Haushalt unter der Titelgruppe 300 bis 399 und 400 bis 499 Ausgaben veranschlagt sind, darf gemäß § 31 RHO eine gegenseitige Deckungsfähigkeit nicht vorgesehen werden, weil außerordentliche Ausgaben übertragbar sind. Ausnahmefälle sind bei Vorlage des Voranschlags in einem besonderen Schreiben mitzuteilen.

Zu den Titelgruppen 530 bis 599 und 830 bis 849:

Die bisher üblichen Vermerke „Die Einnahmen fließen den Mitteln zu" sind nicht mehr anzuwenden. Um für die Bewirtschaftung der Mittel den gleichen Zweck zu erreichen, ist wie folgt zu verfahren:

a) In dem Kapitel ist bei den Einnahmen — soweit eine Schätzung nicht möglich ist — mindestens ein „Leertitel" für die Rückeinnahmen aufzunehmen, und zwar unter der Titelgruppe 45 bis 60.

b) Bei dem Ausgabetitel unter der Titelgruppe 530 bis 599 ist in der Zweckbestimmung folgender Vermerk aufzunehmen:

„Der Ansatz erhöht oder vermindert sich um den Betrag, um den die veranschlagten Einnahmen bei Titel .... überschritten werden oder hinter der Veranschlagung zurückbleiben."

Die gleiche Regelung findet auch Anwendung für die unter Titelgruppe 830 bis 849 veranschlagten Darlehen zur Schaffung von Wohnraum für Verwaltungsangehörige.

2. Gliederung der Einzelpläne

Der Bundeshaushaltsplan 1954 gliedert sich in folgende Einzelpläne:

E.Pl. 00:	Bundesversammlung
„ 01:	Bundespräsident und Bundespräsidialamt
„ 02:	Deutscher Bundestag
„ 03:	Bundesrat
„ 04:	Bundeskanzler und Bundeskanzleramt
„ 05:	Auswärtiges Amt
„ 06:	Bundesminister des Innern
„ 07:	Bundesminister der Justiz
„ 08:	Bundesminister der Finanzen
„ 09:	Bundesminister für Wirtschaft
„ 10:	Bundesminister für Ernährung, Landwirtschaft und Forsten
„ 11:	Bundesminister für Arbeit
„ 12:	Bundesminister für Verkehr
„ 13:	Bundesminister für das Post- und Fernmeldewesen
„ 19:	Bundesverfassungsgericht
„ 20:	Bundesrechnungshof
„ 24:	Bundesminister für den Marshall-Plan
„ 25:	Bundesminister für Wohnungsbau
„ 26:	Bundesminister für Vertriebene
„ 27:	Bundesminister für gesamtdeutsche Fragen
„ 28:	Bundesminister für Angelegenheiten des Bundesrats
„ 32:	Bundesschuld
„ 35:	Verteidigungslasten
„ 40:	Soziale Kriegsfolgeleistungen
„ 45:	Finanzielle Hilfe für Berlin
„ 49:	Deutsche Vertreter in der Beratenden Versammlung des Europarats
„ 50:	Angelegenheiten des Europarats und verwandte Gebiete
„ 60:	Allgemeine Finanzverwaltung

3 a. Reihenfolge der Kapitel innerhalb der Einzelpläne und und Titeleinteilung

Für die Reihenfolge der Kapitel innerhalb der Einzelpläne bitte ich, Ziffer 3 der Richtlinien[1]) zu beachten.

Ich bitte, die bisherigen Kapitelnummern aus Gründen der Vergleichbarkeit möglichst nicht zu ändern und neue Kapitel in bisher freie Nummern einzufügen.

---

[1]) Siehe Nr. 20 der Sammlung.

Bei Titel 209 „Betrieb von beamteneigenen Kraftfahrzeugen, Haltung von beamteneigenen Fahrrädern, Pferden, Hunden und Schneeschuhausrüstungen“ bitte ich, in der Zweckbestimmung nur den Zweck anzugeben, für den Ausgaben veranschlagt sind. Also z. B. „Betrieb von beamteneigenen Kraftfahrzeugen und Haltung von beamteneigenen Fahrrädern“, oder „Haltung von beamteneigenen Pferden, Hunden und Schneeschuhausrüstungen“.

4. Schema

Als Schema für die Kopfspalte des Voranschlags ist das anliegende Muster (Anlage A) zu verwenden. Dieses Formblatt kann von der Bundesdruckerei Bonn, Pleimesstraße 3-5 gegen Bezahlung bezogen werden.

Anlage A

Die Spalten 3, 4 und 5 sind je für sich ohne Seitenbeträge und Überträge aufzurechnen. In Spalte 4 sind, solange der Haushaltsplan 1953 noch nicht gesetzlich festgestellt ist[1], die in der Regierungsvorlage (Bundestagsdrucksache 4000) des Haushaltsplans 1953 vorgesehenen Beträge einzusetzen.

Der vorläufige Eingliederungsplan sieht vor, daß Titel des alten Eingliederungsplans der RWB jetzt in verschiedene Titel aufzuspalten sind; z. B.:

bisher	jetzt
Titel 2 Erlöse aus dem Verkauf unbrauchbar oder entbehrlich gewordene Geräte, Ausstattungsgegenstände, Drucksachen, Akten, von Altstoffen u. dgl.	Titel 2 Erlöse aus dem Verkauf unbrauchbar oder entbehrlich gewordener Geräte und Ausstattungsgegenstände Titel 14 Erlöse aus dem Verkauf unbrauchbar oder entbehrlich gewordener Drucksachen, Akten, von Altstoffen und dergleichen Titelgruppe 75—79 Erlöse aus der Veräußerung beweglichen Vermögens

[1]) Das Haushaltgesetz 1953 ist am 24. Juli 1953 erlassen worden (BGBl. II S. 159).

Es ergeben sich Schwierigkeiten bei Angabe des Ist-Ergebnisses 1952 (Spalte 5 des Kopfmusters).

Ich bitte, die Zahlen des Ist-Ergebnisses nicht auseinanderzureißen, sondern z. B. bei Titel 2 in Spalte 5 (Ist-Ergebnis 1952) die vollen Beträge des Titels 2 einzusetzen. Durch Anmerkungen ist auf die jetzige Aufspaltung des früheren Titels 2 zu verweisen; Beispiel zu vgl. Anlage A.

Entsprechend ist bei anderen Titeln zu verfahren, die 1953 in ähnlicher Art aufgegliedert worden sind.

In diesem Zusammenhang wird darauf hingewiesen, daß bei den Aufspaltungen von Ist-Zahlen in Spalte 5 für die Anmerkungszeichen hochgestellte Zahlen zu verwenden sind. Dagegen ist ein hochgestelltes Pluszeichen als Anmerkungszeichen zu verwenden bei Anmerkungen in Spalte 4, wenn Ansätze aus dem Rechnungsjahr 1953 im Rechnungsjahr 1954 nicht wiederkehren; Beispiel zu vgl. Anlage A.

5. Erläuterungen

Die Erläuterungen sollen knapp gefaßt werden. Sie müssen jedoch sowohl den Verwendungszweck der Anforderungen mit ausreichender Bestimmtheit erkennen lassen, als auch geeignete Unterlagen zu ihrer sachgemäßen Nachprüfung bringen.

Soweit es sich aus der Zweckbestimmung nicht selbst ergibt, muß in der Erläuterung dargelegt werden, aus welchem Grunde der veranschlagte Betrag aus Bundesmitteln zur Verfügung gestellt wird.

Beispiel:

Ein Beitrag zur Förderung einer Einrichtung wird deshalb aus Bundesmitteln zur Verfügung gestellt, weil die Einrichtung von internationaler oder überregionaler Bedeutung ist.

In den Erläuterungen sind Zahlenangaben, die für die Verwaltung bindend sein sollen und daher ohne meine vorherige besondere Zustimmung (§ 33 RHO) nicht überschritten werden dürfen, durch die Worte: „Es entfallen auf“, zu kennzeichnen. Handelt es sich um nicht bindende

Zahlenangaben, die den Titelansatz nur erläutern sollen, so sind sie durch die Worte: „Veranschlagt sind:“, zu kennzeichnen[1]).

Die Formulierung der Erläuterungen ist im vorläufigen Eingliederungsplan festgelegt. Ich bitte, ohne zwingenden Grund von dem in den Erläuterungen vorgesehenen Text und von den vorgesehenen Ziffern nicht abzuweichen. Soweit für eine in den Erläuterungen vorgesehene Ziffer ein Betrag nicht veranschlagt wird, ist diese Unterteilung im Text ohne Geldbetrag anzugeben.

Die Reichskassenordnung (RKO) enthält in § 62 Abs. 1 folgende Vorschrift:

„Für jeden Titel und Unterteil eines Titels des Reichshaushaltsplans ist im Titelbuch ein Abschnitt einzurichten; das gleiche gilt, wenn ein Titel oder ein Unterteil eines Titels in den Erläuterungen zum Reichshaushaltsplan mit der Wirkung zerlegt ist, daß die Verwaltung bei der Bewirtschaftung an die im einzelnen ausgebrachten Beträge gebunden ist.“

§ 11 Abs. 1 RRO schreibt vor:

„Ist ein Titel in den Erläuterungen zum Reichshaushaltsplan in Unterteile zerlegt, so ist für jeden Unterteil, auch wenn er nur der Schätzung des Gesamtaufwands dient, im Titelbuch ein Buchungsabschnitt zu bilden.“

Ich bitte daher, in den Erläuterungen arabische Ziffern nur dann zu verwenden, wenn bei der Rechnungslegung Unterabschnitte gebildet werden sollen. In den übrigen Fällen erfolgt weder eine Numerierung der Erläuterungen noch eine Bezeichnung mit kleinen Buchstaben. Ich weise jedoch auf Beachtung der Ziffer 1, Allgemeines hin, nach der die vermögenswirksamen Haushaltseinnahmen oder -ausgaben nach Vermögensgruppen anzugeben sind.

6. Inhaltsverzeichnis

. . . . . . (nicht abgedruckt).

[1]) Vgl. Erlaß des Reichsministers der Finanzen vom 1. Juni 1943 (Nr. 11 der Sammlung).

7 a. Vorwort

Das Vorwort folgt dem Inhaltsverzeichnis. Ich bitte, die im Muster 2 der Richtlinien[1]) vorgesehene Gliederung zugrunde zu legen.

Angestellte und Arbeiter, die nicht unter dem Personaltitel, sondern unter Sachtiteln veranschlagt sind, bitte ich nachrichtlich bei Buchstabe D des Vorworts anzugeben.

Abweichend von der bisherigen Übung ist das Vorwort erst dann vorzulegen, nachdem die Ressortsverhandlungen mit dem Bundesfinanzministerium über die Haushaltsvorschläge abgeschlossen sein werden.

7 b. Übertragbare Ausgaben

Nach § 31 RHO dürfen übertragbare Mittel nicht als mit anderen Ausgabemitteln deckungsfähig bezeichnet werden. Besonders gelagerte Fälle, bei denen es sich im wesentlichen nur um Ausgaben des außerordentlichen Haushalts handeln kann, sind bei der Vorlage des Voranschlags in einem besonderen Schreiben mitzuteilen.

8. Plan des außerordentlichen Haushalts

Für 1954 wird voraussichtlich — wenn auch in beschränktem Rahmen — wie für 1953 ein Plan des außerordentlichen Haushalts aufgestellt werden. Es sind daher die für 1953 in den außerordentlichen Haushalt eingestellten Maßnahmen, sofern sie weiter geführt werden müssen, auch für das Rechnungsjahr 1954 im außerordentlichen Haushaltsplan zu veranschlagen. Es wird darauf hingewiesen, daß der Plan des außerordentlichen Haushalts wie bisher im Anschluß an den ordentlichen Haushalt aufzustellen ist.

Wegen der Ordnung des Kapitels innerhalb der Einzelpläne des außerordentlichen Haushalts zu vgl. Richtlinien Ziffern 3 und 5[1]).

9. Abschluß

Jedes Kapitel ist für sich abzuschließen (vgl. Ziffer 6 der Richtlinien)[1]). Ansätze des Haushaltsplans 1953, die im Haus-

---

[1]) Nr. 20 der Sammlung.

haltsvoranschlag 1954 nicht wieder erscheinen, sind im Voranschlag 1954 unter dem jeweiligen Abschluß wie bisher zu vermerken. Am Schluß des Einzelplans wird der Abschluß nach dem Muster der diesen Bemerkungen beigefügten Anlage B vorgenommen. Im Abschluß des Einzelplans sind die Vorjahreszahlen in Klammern anzugeben.

Anlage B

10. Stichtag

Die in die Voranschläge aufzunehmenden Einnahmen und Ausgaben sind nach dem am 1. Juli 1953 vorliegenden Verhältnissen zu errechnen. Später eintretende Änderungen, die schon feststehen, sind zu berücksichtigen.

11. Änderungen gegenüber 1953

Bei der Aufstellung des Voranschlags des Haushaltsplans 1954 bitte ich zu beachten, daß alle Änderungen oder Zusätze bei einer Zweckbestimmung gegenüber dem Haushaltsplan 1953 oder neue Zweckbestimmungen schwarz zu unterstreichen sind (§ 5 Abs. 4 Satz 2 RWB). Die unterstrichenen Teile der Zweckbestimmungen werden später im Druck durch Fettdruck hervorgehoben. Die Titelnummern neuer Zweckbestimmungen sind wie bisher als „(neu)" zu bezeichnen.

12. Ab- und Aufrundung

Abweichend vom § 6 Abs. 12 RWB sind die Geldansätze bei den Einnahmen auf 100 DM nach u n t e n abzurunden und bei den Ausgaben auf 100 DM nach o b e n aufzurunden.

13. Vorlage von Übersichten

Nach § 8 RWB Abs. 1 sind den Voranschlägen beizufügen:

a) Übersicht über die in den Voranschlägen enthaltenen übertragbaren Ausgabemittel und die in das laufende Rechnungsjahr übertragenen Ausgabereste und Haushaltsvorgriffe.

b) Übersicht über die Mehr- und Minderanforderungen.

Aus Gründen der Geschäftsvereinfachung und Zeitersparnis wird für das Rechnungsjahr 1954 auf die Vorlage dieser Übersichten verzichtet.

Nach § 8 Abs. 2 RWB sind zum 1. Oktober jeden Jahres dem Bundesminister der Finanzen vorzulegen:

a) Übersicht über die veranschlagte Zahl der planmäßigen Beamten usw.
b) Zergliederung der veranschlagten Haushaltsausgaben
c) Verzeichnis der in dem Verwaltungszweige gehaltenen bundeseigenen Kraftwagen.

Aus Gründen der Geschäftsvereinfachung und Zeitersparnis wird für das Rechnungsjahr 1954 ebenfalls auf die Vorlage dieser Übersichten verzichtet.

B. Personalausgaben

1. Personalanforderungen

Das Personal der Bundesverwaltungen hat sich seit 1949 ständig vermehrt. Beim Aufbau der einzelnen Verwaltungen war der Umfang der anfallenden Arbeiten sowie die zu ihrer Erledigung erforderliche Zahl und Art der Stellen nicht immer von vornherein zu übersehen. Nachdem der Aufbau der Bundesverwaltungen nunmehr im wesentlichen als abgeschlossen betrachtet werden kann, ist es möglich, aber auch notwendig, den Stellenplan daraufhin zu überprüfen, inwieweit künftig Stellen ganz wegfallen oder in Stellen niedrigerer Besoldungsgruppen umgewandelt werden können.

Stellenvermehrungen und -hebungen werden nur noch in Ausnahmefällen zugelassen werden können. Bevor eine neue Stelle oder eine Stellenhebung beantragt wird, ist unter Anlegung eines strengen Maßstabes zu prüfen, ob die Mehranforderung oder Hebung nicht durch Änderung der Organisation oder andere Maßnahmen vermieden werden kann. Wird eine Personalvermehrung oder Hebung gleichwohl für erforderlich gehalten, so ist sie in jedem Falle eingehend zu begründen. Die Begründungen sind dem Organisations- und Stellenplan in einer Anlage in der Reihenfolge des Stellenplans beizufügen. Die Notwendigkeit, den Zu- und Abgang in den Personaltiteln kurz zu begründen, bleibt unberührt.

Für die Eingruppierung der Angestellten in die Vergütungsgruppen der TO A sind die in der Anlage 1 zur

TO A und ihren Ergänzungen (durch ADO, GDO, BDO und Tarifverträge) geforderten Tätigkeitsmerkmale allein maßgebend. Die Inanspruchnahme höherer als der danach in Betracht kommenden Vergütungsgruppen ist auch unter dem Gesichtspunkt der Gewinnung qualifizierter Arbeitskräfte aus der freien Wirtschaft nicht zulässig. Ein Zurückbleiben der Vergütungen im öffentlichen Dienst gegenüber den Gehältern in der Privatwirtschaft kann im allgemeinen nicht mehr behauptet werden. Bei den vorhandenen Stellen ist zu prüfen, inwieweit gegenüber den Tätigkeitsmerkmalen der TO A etwa eine überhöhte Einstufung vorliegt. Insoweit ist eine Umwandlung in eine niedrigere Vergütungsgruppe erforderlich. Die Herabgruppierung der Angestellten ist unter Einhaltung der Kündigungsfrist durch Vertragsänderung herbeizuführen.

Bei der Eingruppierung von Schreibkräften in die Verg.-Gr. VII TO A ist Nr. V der GDO-Reich vom 30. April 1938 (RBBl. S. 169) zu beachten.

2. K.w.-Stellen, K.u.-Stellen und Stellen mit Kästchenvermerk

Bei den in den Organisations- und Stellenplänen enthaltenen K.w.- und K.u.-Stellen sind die Namen der am Stichtag vorhandenen Stelleninhaber anzugeben.

Um die Bereinigung der Stellenpläne zu beschleunigen, ist bei den im laufenden Haushaltsplan enthaltenen K.w.- und K.u.-Stellen, die auf die Person abgestellt sind sowie den Stellen mit Kästchenvermerk zu prüfen, inwieweit die Möglichkeit besteht, die Stelleninhaber in bereits vorhandene Normalstellen einzuweisen.

Zu den vorhandenen Stellen mit Kästchenvermerk wird auf § 36 a Abs. 2 RHO hingewiesen. Danach darf kein Beamter planmäßig angestellt oder befördert werden, solange innerhalb derselben Verwaltung ein Beamter derselben Laufbahn, der eine Stelle einer niedrigeren Besoldungsgruppe innehat, für seine Person die Bezüge der Besoldungsgruppe erhält, die der zu übernehmende oder zu befördernde Beamte erhalten soll. Das gleiche gilt, wenn der

Inhaber der niedrigeren Stelle mit Kästchenvermerk für seine Person Bezüge einer höheren als der frei werdenden Planstelle erhält.

Beispiel: Ein Beamter, der eine Stelle der Bes.-Gr. A 2 b innehat, für seine Person aber Bezüge der Bes.-Gr. A 1 a erhält, ist mit Vorrang in eine frei werdende Stelle der Bes.-Gr. A 1 b einzuweisen, solange eine freie Stelle der Bes.-Gr. A 1 a nicht vorhanden ist.

3. Angabe der Nebenbezüge von Beamten

Unter Bezug auf mein Rundschreiben vom 11. April 1951 II A/1 H 1010 — 33/51 bitte ich, entsprechend den Vorschriften des § 12 RHO, des § 6 Abs. 9 RWB und der Verordnung über die Nebentätigkeit der Beamten vom 6. Juli 1937 (RGBl. I S. 753, BGBl. 1951 I S. 94) in den Erläuterungen die Nebenbezüge von Beamten aus öffentlichen Mitteln mitzuteilen.

Ich darf darauf hinweisen, daß insbesondere die Wahrnehmung von Nebenämtern und Nebenbeschäftigungen im öffentlichen Dienst (Nr. 11 der VO über die Nebentätigkeit der Beamten vom 6. Juli 1937) unentgeltlich durchzuführen ist.

Abweichend von der Anlage 2 zu den RWB bitte ich, die Nebenbezüge in den Erläuterungen zum Bundeshaushaltsplan 1954 zu Titel 101 „Dienstbezüge der planmäßigen Beamten" wie folgt in Anlehnung an nachstehendes Muster mitzuteilen:

Aus Nebentätigkeiten erhalten jährlich (nach Abzug der abzuliefernden Beträge):

Bes.-Gr. B 2			Einnahmen von Beamten aus Nebenämtern und Nebenbeschäftigungen im öffentlichen Dienst und Pauschalaufwandsentschädigungen gem. Nr. 12, 13 der Verordnung über die Nebentätigkeit der Beamten vom 6. Juli 1937 (RGBl. I S. 753, BGBl. I S. 94).
1 Beamter		480 DM	
Bes.-Gr. B 4			
1 Beamter		960 DM	
Bes.-Gr. B 7 a			
2 Beamte		zus. 960 DM	
Bes.-Gr. A 1 a			
5 Beamte je 480 DM		zus. 2400 DM	

Die Einnahmen der Beamten sind nicht mit dem für die Nebentätigkeit überhaupt gezahlten Bruttobetrag, sondern nur mit den dem Beamten verbleibenden Beträgen im Nettobetrag anzugeben. Es sind also nur die Beträge aufzuführen, die nach Abführung der ablieferungspflichtigen Beiträge an die Bundeskasse dem Beamten einschließlich der davon zu entrichtenden Einkommensteuer verbleiben.

Die einzelnen Gesellschaften, in denen die Beamten eine Aufsichtsratstätigkeit usw. ausüben, sind nicht aufzuführen.

4. Amtsbezeichnungen

Es sind nur Amtsbezeichnungen zu verwenden, die in den dem Besoldungsgesetz vom 16. Dezember 1927 (RGBl. I S. 349) als Anlagen beigegebenen Besoldungsordnungen in der nach § 2 Buchstabe b des Gesetzes zur vorläufigen Regelung der Rechtsverhältnisse der im Dienst des Bundes stehenden Personen vom 17. Mai 1950 (BGBl. S. 207) für den Bund geltenden Fassung festgelegt sind oder die nach dem Zweiten und dem Dritten Gesetz zur Änderung und Ergänzung des Besoldungsrechts vom 20. August 1952 (BGBl. I S. 582) und 27. März 1953 (BGBl. I S. 81) oder gemäß § 37 Abs. 1 DBG durch den Bundespräsidenten festgesetzt wurden. Werden durch Einrichtung neuer Amtsstellen oder aus anderen Gründen neue Amtsbezeichnungen erforderlich und sind diese bisher noch nicht festgesetzt worden, so ist hinter der Stellenzahl zunächst die Funktionsbezeichnung mit dem Vermerk „Amtsbezeichnung vorbehalten“ aufzunehmen.

5. Dienstaufwandsentschädigung für Behördenleiter

Soweit einzelnen Beamten eine Dienstaufwandsentschädigung gewährt werden soll, ist dies im Stellenplan unter Titel 101 hinter der ausgebrachten Planstelle anzugeben, z. B.:

Bes.-Gr. B 3 a	1	Präsident Der Präsident erhält eine Dienstaufwandsentschädigung von jährlich 1800 DM.

Das gleiche gilt hinsichtlich der Bundesminister.

6. Dienstwohnungsinhaber

In dem Stellenplan unter Titel 101 ist wie bisher bei jeder Besoldungsgruppe die Zahl der Dienstwohnungsinhaber anzugeben.

7. Errechnung des Geldbetrages für die Personalausgaben

Die Ausgabemittel für die Dienstbezüge der planmäßigen Beamten (Titel 101), der beamteten Hilfskräfte (Titel 103) und der nichtbeamteten Kräfte (Titel 104) sind abweichend von den Richtlinien für die Veranschlagung der Besoldungen (Anlage 1 zu § 6 Abs. 8 RWB) nach den tatsächlichen Verhältnissen unter Berücksichtigung etwa eintretender Veränderungen zu veranschlagen. Lediglich für alle unbesetzten Planstellen sind die Ausgabemittel nach den Richtlinien für die Veranschlagung der Besoldungen (Anlage 1 RWB) mit dem Kinderzuschlag für 1 Kind zu veranschlagen. In großen Verwaltungen kann der Bedarf entsprechend den Richtlinien für die Veranschlagung der Besoldungen usw. (Anlage 1 RWB) veranschlagt werden. Das Grundgehalt ist jedoch nicht nach der drittletzten, sondern nach der viertletzten Dienstaltersstufe zu berechnen. Berechnungsunterlagen über die Ansätze bei Titel 101, 103, 104 und 105 sind in fünffacher Ausfertigung beizufügen.

8. Organisations- und Stellenplan

Die Vorlage eines Organisations- und Stellenplans nach dem bisherigen Muster erbitte ich zunächst in ... Stücken. Die durch den Haushaltsvoranschlag 1954 eintretenden Änderungen gegenüber 1953 sind wie bisher zu unterstreichen.

In den Organisations- und Stellenplänen sind bei den Dienstposten vom Referenten an aufwärts, die Namen anzugeben.

Die nach Abschn. B Ziff. 1 „Personalanforderungen", Abs. 2 erforderlichen Begründungen sind in einer Anlage in der Reihenfolge des Stellenplans beizufügen.

Dem Organisations- und Stellenplan ist als letztes Blatt die nachstehende Übersicht beizufügen.

Übersicht 1954
über die Verteilung der Stellen auf die einzelnen Dienstzweige

Dienstzweig	Stellen für			Summe Sp. 2-4
	Beamte	Angestellte	Arbeiter	
1	2	3	4	5
a) Referentendienst Gehobener Dienst (soweit Sachbearbeiter)				
Summe a)				
b) Registraturdienst Mittlerer Dienst Fernsprechdienst				
Summe b)				
c) Vorzimmerdienst (nur für die Stellen der Bes.-Gr. B 7 a aufwärts) Schreibdienst				
Summe c)				
d) Botendienst				
e) Fahrdienst Druckereidienst Hausarbeiter und Reinigungsdienst Sonstiger unterer Verwaltungsdienst				
Summe e) Summe d) Summe c) Summe b) Summe a)				
Insgesamt				

9. Unterhaltszuschüsse für Beamte im Vorbereitungsdienst und für Beamtenanwärter

Die Bezüge der Beamten im Vorbereitungsdienst und der Beamtenanwärter sind bei Titel 105 zu veranschlagen. Die Zahl dieser Personen ist in den Erläuterungen zu Titel 105 nach Gruppen zu trennen und unter Gegenüberstellung zum Vorjahr auszubringen.

Nach § 36 a RHO Abs. 2 bedarf es zur Einstellung von Beamtenanwärtern meiner vorherigen Zustimmung. Da diese Zustimmung bereits vorliegen muß, bevor Haushaltsmittel für Beamtenanwärter in den Haushaltsvoranschlag aufgenommen werden, die im Rechnungsjahr 1954 neu eingestellt werden sollen, bitte ich, mir etwaige Anträge nach § 36 a Abs. 2 RHO alsbald vorzulegen. Dabei bitte ich, von vornherein auf den altersmäßigen Aufbau der Verwaltung Rücksicht zu nehmen, damit nach Ableistung einer angemessenen außerplanmäßigen Dienstzeit der Anwärter ihre Übernahme in das planmäßige Beamtenverhältnis auch gewährleistet ist. Jedenfalls kann nicht damit gerechnet werden, daß neue Planstellen lediglich zu dem Zwecke geschaffen werden, um überalterte Beamtenanwärter planmäßig anzustellen. Den Anträgen sind die Berechnungen beizufügen, die zur Ermittlung des Anwärterbedarfs in den einzelnen Laufbahnen aufgestellt worden sind.

10. Trennungsentschädigungen

Mit Rücksicht auf die erheblichen Beträge, die für die Beschaffung von Wohnungen bisher ausgegeben worden sind, bitte ich, Ansätze für Trennungsentschädigungen wesentlich herabzusetzen.

11. Unterstützung (Titel 106)

Als Kopfsatz ist wie bisher ein Betrag von 20 DM einzustellen.

C. Sachausgaben

1. Unterhaltung der Gebäude

Zu Titel 204:

a) Unterhaltung der bundeseigenen Gebäude.

Die Mittel für die Unterhaltung der Gebäude sind nach folgenden Grundsätzen zu veranschlagen:

Als Berechnungsgrundlage dienen die Neubauwerte von 1936. Diese werden z. Z. von den Bundesbehörden entsprechend den Richtlinien zur Vermögensrechnung Teil I über Erfassung und Bewertung der unbeweglichen Sachen für den Vermögensnachweis und die Vermögensrechnung des Bundes (MinBlFin. 1952, S. 608) errechnet und betragen 135 v. H. des Friedensneubauwertes von 1913/14 = 100 v. H.

Der Neubauwert der später errichteten Gebäude ist unter Anwendung der durch das Statistische Bundesamt veröffentlichten Bau-Indexziffern entsprechend umzurechnen.

Im allgemeinen sind für die Unterhaltung nur die tatsächlich erforderlichen Mittel zu veranschlagen. Sie sollen 2,2 v. H. des Neubauwertes von 1936 nicht übersteigen. Bei Ruinengrundstücken sind vom Bauwert der Ruine gleichfalls 2,2 v. H. für Sicherungsmaßnahmen in Ansatz zu bringen.

Für die Beseitigung außergewöhnlicher Schäden können bei besonderem Nachweis zusätzliche Mittel gewährt werden.

b) Unterhaltung der angemieteten oder gepachteten Gebäude.

Zu veranschlagen sind die voraussichtlichen Kosten für die vertraglich übernommene bauliche Unterhaltung und für im Interesse der nutzenden Verwaltung liegende bauliche Veränderungen, die nicht vom Vermieter übernommen werden, nach dem tatsächlichen Bedarf. Dieser ist zu erläutern.

Zu Titel 205:

Kleinere Neu-, Um- und Erweiterungsbauten, sowie Erwerb von Haus- und Baugrundstücken.

Die erforderlichen Mittel sind nach dem tatsächlichen Bedarf festzustellen. Soweit die Kosten im Einzelfall 50 000 DM übersteigen, ist das Bauvorhaben bei den einmaligen oder den außerordentlichen Ausgaben zu veranschlagen. Mehrere gleichartige oder aus gleichem Anlaß oder aus technischen Gründen gleichzeitig auszuführende Maßnahmen auf denselben oder benachbarten Grundstücken gelten als ein zusammenhängendes Bauvorhaben. Grundsätzlich sind nur solche Maßnahmen zu veranschlagen, für die ein dringendes wirtschaftliches Bedürfnis vorliegt.

2. Betrieb von Dienstfahrzeugen

Zu Titel 208:

Die Kosten für die Kraftfahrzeughaltung sind in den dienstlich erforderlichen Grenzen möglichst niedrig zu halten. Die Kosten für Ersatzbeschaffungen von Kraftfahrzeugen sind nicht bei Titel 208, sondern bei den einmaligen Ausgaben unter der Titelgruppe 850 bis 864 zu veranschlagen (vgl. Abschn. D Ziff. 6).

In den Erläuterungen zu Titel 208 „Betrieb von Dienstfahrzeugen“ sind Firmen und Typen der Personenkraftwagen nicht anzugeben, sondern in einer besonderen Liste mitzuteilen.

3. Zuschuß zur Gemeinschaftsverpflegung

Zu Titel 298:

Als Zuschüsse zur Gemeinschaftsverpflegung sind vorläufig wie bisher je Kopf 2 × 30 Pfennige für höchstens 300 Tage zu veranschlagen.

Die Kopfzahl errechnet sich nach der voraussichtlichen Teilnehmerzahl, nicht schematisch nach der Zahl der im Organisations- und Stellenplan vorgesehenen Verwaltungsangehörigen.

In den Erläuterungen ist diese Berechnungsunterlage nicht anzugeben.

Eine Neuregelung ist in Kürze zu erwarten[1]).

4. Vermischte Verwaltungsausgaben

Zu Titel 299:

Ich bitte, wie im Vorjahre die in Ziffer 6 der Erläuterungen „Sonstige vermischte Ausgaben“ veranschlagten Mittel im einzelnen zu erläutern, wenn der bei Ziffer 6 veranschlagte Betrag 5000 DM übersteigt.

5. Förderung der Betriebsgemeinschaft

Ich bitte, zunächst noch keine Mittel zur Förderung der Betriebsgemeinschaft zu veranschlagen.

D. Allgemeine Ausgaben, einmalige und außerordentliche Ausgaben

1. Hinweise in den Erläuterungen

Bei der Veranschlagung von solchen einmaligen und außerordentlichen Ausgaben, die mit einem Teilbetrag in Fortsetzung einer früheren Bewilligung im Haushaltsplan veranschlagt sind, müssen in den Erläuterungen nochmals Vorgeschichte, Gesamtkosten und Hinweise auf schon bewilligte Beträge kurz zusammengefaßt werden. Im übrigen wird auf § 13 RHO und § 6 (14) RWB hingewiesen.

2. Sprachenbeihilfen

Da die Mittel für die Sprachenbeihilfen für alle Ressorts — mit Ausnahme des Auswärtigen Amtes — zentral bei E. Pl. 60 „Allgemeine Finanzverwaltung“ veranschlagt werden, bitte ich, in den Haushaltsvoranschlägen der einzelnen Ministerien keine derartigen Mittel zu veranschlagen.

3. Veranschlagung der Förderungsmittel

Die vielfach ungenaue Fassung der Zweckbestimmungen im Haushaltsplan hat wiederholt zu einer Verwendung der

---

[1]) Rundschreiben des Bundesministers des Innern vom 3. Juli 1953 — 7458 — 6204/53 —.

Mittel geführt, die mit dem Willen des Gesetzgebers nicht ohne weiteres in Einklang zu bringen ist. Eine genaue Fassung des Wortlauts der Zweckbestimmungen, die jede anderweitige Verwendung der Mittel ausschließt, ist daher geboten.

Die Aufteilung der Titelgruppen „530 bis 599 Darlehen" und „600 bis 679 Zuschüsse, Beihilfen und andere Zuweisungen" dient dem durch den vorläufigen Eingliederungsplan angestrebten Ziel, die vermögenswirksamen Einnahmen und Ausgaben in besonderen Titelgruppen und Titeln herauszuheben. Bei Aufstellung des Voranschlags wird allerdings z. B. bei Förderungsmaßnahmen nicht immer von vornherein übersehen werden können, in welchem Umfange der Förderungszweck durch verlorene Zuschüsse oder durch Darlehensgewährung zu erreichen ist, weil diese Entscheidung von der Lage des Einzelfalles und u. U. von der späteren Entwicklung abhängt.

Ich bitte, in solchen Fällen bei beiden Titelgruppen Beträge auszubringen und Vermerke über gegenseitige Deckungsfähigkeit aufzunehmen[1]).

Mittel, die die Bundesbehörden selbst für typische Zwecke der Verwaltung verwenden, sind unter den Titelgruppen 300 bis 399 auszubringen, Mittel für Beteiligungen bei den Titelgruppen 890 bis 900. Da mit den in verschiedenen Titeln veranschlagten Mitteln im Ergebnis ein bestimmtes Aufgabengebiet gefördert werden soll, wird die Verbindung durch gegenseitige Hinweise bei den einzelnen Titeln herzustellen sein. Im Bedarfsfalle können auch Vermerke über gegenseitige Deckungsfähigkeit angebracht werden.

Sofern im außerordentlichen Haushalt unter den Titelgruppen 530 bis 599 und 600 bis 679 Ausgaben veranschlagt sind, darf gemäß § 31 RHO eine gegenseitige Deckungsfähigkeit nicht vorgesehen werden, weil außerordentliche Ausgaben übertragbar sind. Ausnahmefälle sind

---

[1]) Vgl. Ziff. 2 des Erlasses des Bundesministers der Finanzen vom 8. April 1953 (Nr. 25 der Sammlung).

bei der Vorlage des Voranschlags in einem besonderen Schreiben mitzuteilen.

3 a. Wissenschaftliche Forschung

Der Bundestag hat am 25. März 1953 beschlossen, die Bundesregierung zu ersuchen, in zukünftigen Haushaltsplänen alle die wissenschaftliche Forschung betreffenden Ansätze als Anhang zum Einzelplan eines Ministeriums nachrichtlich auszuweisen und bei der Bewilligung von Bundesmitteln für die wissenschaftliche Forschung eine stärkere Koordinierung als bisher innerhalb der Bundesministerien durchzuführen, damit Überschneidungen vermieden und zweckmäßigster Einsatz der Mittel gewährleistet wird. (Zu vgl. mein Rundschreiben an die obersten Bundesbehörden vom 14. April 1953, II A/1 — A 1300 — 119/52.)[1])

Ich bitte, alle die wissenschaftliche Forschung betreffenden Ansätze in einer besonderen Liste mitzuteilen.

4. Neue Bauvorhaben

Grundsätzlich wird im Rechnungsjahr 1954 von der Beantragung neuer Verwaltungs-Bauvorhaben abgesehen werden müssen. Bei der schwierigen Finanzlage des Bundes können die verfügbaren Mittel nur für die Fertigstellung angefangener Bauten bereitgestellt werden. Soweit in besonders begründeten Ausnahmefällen Mittel für erste Bauraten beantragt werden, dürfen sie nur dann in den Haushaltsplan eingestellt werden, wenn Pläne, Kostenberechnungen und Erläuterungen vorliegen, aus denen die Art der Ausführung, die Kosten der baulichen Maßnahmen einschließlich Kosten besonderer Betriebseinrichtungen (DIN 276), etwaige Beiträge Dritter und etwa vorgesehene Gebühren und Abgaben ersichtlich sind (§ 14 RHO). Ferner ist eine besondere Erklärung vorzulegen, daß das Bauvorhaben etatsreif ist. Folgeraten für Bauvorhaben, die bereits in den vergangenen Jahren eingestellt waren, können nur dann berücksichtigt werden, wenn nachgewiesen wird, daß

---

1) Vom Abdruck ist abgesehen worden.

die in den vergangenen Jahren bereitgestellten Mittel verbraucht sind oder die vorhandenen Reste für die Durchführung des Bauvorhabens im Jahre 1954 nicht ausreichen. Ich werde daher bei der Aufstellung des Haushaltsplans 1954 keine Forderungen berücksichtigen, bei denen die nach § 14 RHO vorgeschriebenen Pläne, Kostenrechnungen usw. nicht rechtzeitig vorgelegt werden.

In den Anmeldungen für Bauten sind unter den Erläuterungen die Gesamtkosten lt. Kostenvoranschlag und, soweit es sich nicht um erstmalig zu veranschlagende Maßnahmen handelt, die in den Vorjahren bewilligten Mittel unter Angabe der Buchungsstellen und die demgemäß für spätere Rechnungsjahre vorbehaltenen Mittel anzugeben. Werden die Gesamtkosten einer auf mehrere Jahre veranschlagten Maßnahme abweichend vom Vorjahre angegeben, so ist die Abweichung besonders zu begründen.

5. Schaffung von Wohnungen für Verwaltungsangehörige

Ausgaben für die Schaffung von Mietwohnungen für Verwaltungsangehörige sind nicht in die Einzelpläne der Bundesverwaltungen aufzunehmen. Sie werden für das ganze Bundesgebiet zentral in den Einzelplänen des Bundesministers für Wohnungsbau und der Allgemeinen Finanzverwaltung veranschlagt. Der Wohnungsbedarf ist bei den örtlich zuständigen Oberfinanzdirektionen anzumelden. Ausgaben zur Schaffung oder Anmietung von Dienstwohnungen werden bei den betreffenden Einzelplänen ausgebracht. Ebenso sind die Ausgaben bei den betreffenden Einzelplänen dann zu veranschlagen, wenn Dienst- und Mietwohnungen oder Dienst- und Wohnräume in einem Gebäude vereinigt sind.

6. Anschaffung von verwaltungseigenen Fahrzeugen Titel 850 bis 864

Die Beschaffung eines neuen Kraftfahrzeuges kann im allgemeinen nur veranschlagt werden, wenn

1. eine Dienststelle neu errichtet wird,

2. eine Dienststelle wegen neu zugeteilter Aufgaben erweitert wird,
3. ein veraltetes Kraftfahrzeug wegen Unwirtschaftlichkeit ersetzt werden muß.

Die Ersatzbedürftigkeit des Kraftfahrzeugs ist durch Angaben über Alter, Kilometerleistung und voraussichtliche Reparaturkosten des Fahrzeuges in der Erläuterung zu begründen.

Ich bitte, grundsätzlich bei Neubeschaffung von Kraftwagen den Erlös der abzugebenden alten Kraftwagen als Einnahme und den vollen Preis der neu zu beschaffenden Kraftwagen als Ausgabe zu veranschlagen. Nur in den Ausnahmefällen, in denen bei einem einheitlichen Vertrag die Beschaffung eines neuen Kraftfahrzeuges unter gleichzeitiger Hingabe des alten Fahrzeuges und Anrechnung seines Wertes auf den Beschaffungspreis des neuen Fahrzeuges stattfindet, darf vom Bruttoprinzip abgewichen und der für das alte Fahrzeug zu erzielende Erlös von dem Kaufpreis für das Ersatzfahrzeug bei der Veranschlagung der Mittel abgezogen werden. In diesen Fällen muß in den Erläuterungen ausdrücklich vermerkt werden, daß es sich bei der Beschaffung des neuen Fahrzeuges und der Inzahlunggebung des alten um einen einheitlichen Vertrag handelt. Außerdem ist der zu erwartende Erlös anzugeben.

Der Erlös ist unter der Titelgruppe 75 bis 79 zu veranschlagen.

Der Veranschlagung bitte ich folgende Beschaffungskosten zugrunde zu legen und in den Erläuterungen Firma, Type und Preis des anzuschaffenden Kraftfahrzeuges anzugeben:

Personenkraftwagen

Mercedes-Benz: 170 V = 8300 DM, 170 D = 9400 DM, 170 S = 10 400 DM, 170 DS = 11 300 DM, 220 = 12 300 DM, 300 = 20 800 DM;

Motorräder

BMW: R 68 = 4500 DM, R 67 = 4000 DM;

Zündapp: KS 601 = 3900 DM, Komfort 200 = 1950 DM, Norma = 1750 DM;

Personenkraftwagen

Opel: Olympia-Rekord = 6000 DM, Kapitän = 9000 DM;
Borgward-Hansa 1800: (zweitürig) = 8500 DM, (viertürig) = 8900 DM;
Volkswagen: Standard = 4200 DM, Export = 5500 DM, Lieferwagen mit Kastenaufbau = 6100 DM, Kombi ohne Sitzeinrichtung = 6500 DM, mit Sitzeinrichtung = 7000 DM, Kleinbus (8 Personen) = 7200 DM;
DKW Meisterklasse = 5600 DM;
Ford Taunus = 5600 DM;
Goliath = 5700 DM;
Lloyd = 3600 DM.

Motorräder

Triumph 250 = 2100 DM;
DKW: 125 = 1100 DM, 200 = 1850 DM, 250 = 2200 DM;
Hoffmann: 125 = 1250 DM, 175 = 1350 DM, 250 = 2250 DM, 250 Gouverneur = 2250 DM, Vespa = 1400 DM;
Mars-Stella = 1300 DM.

Diese Richtpreise sind errechnet aus den z. Z. geltenden Listenpreisen abzüglich des von den Lieferfirmen gewährten Mengenrabatts und zuzüglich eines Zuschlags von 5 v. H. Damit ist in den Richtpreisen eine Reserve enthalten, um die notwendigen Nebenkosten zu decken, wie z. B. Überführungskosten, Einbau von Heizung, Nebellampen, Schonbezügen usw.

Sofern die Beschaffung anderer, hier nicht aufgeführter Kraftfahrzeugtypen vorgesehen ist, müßte der einzusetzende Richtpreis mit dem Bundesfinanzministerium jeweils abgestimmt werden.

Soweit wirtschaftlich vertretbar, bitte ich, nicht nur Kraftfahrzeuge einer bestimmten Type zu beschaffen, sondern eine Streuung der Aufträge auf alle Typen vorzunehmen.

7. Erstmalige Anschaffung von Maschinen, Zimmerausstattungen und dergleichen

Für die Beschaffung von Schreibmaschinen sind folgende Durchschnittspreise zu veranschlagen und in den Erläuterungen anzugeben:

für eine Reiseschreibmaschine .... 450 DM
für eine normale Schreibmaschine .... 750 DM
für eine Schreibmaschine mit langem Wagen ...... 1300 DM

Für sonstige Büromaschinen werden keine Richtpreise angegeben, da die Typen der Additions- und Rechenmaschinen (automatisch, halbautomatisch und Handbetrieb) sehr verschieden sind. Es sind im Einzelfall besondere Preisangebote einzuholen.

Für die Beschaffung von Zimmerausstattungen gelten die Grundsätze für Beschaffung und Verwaltung von Dienstgerät, Verbrauchsgegenständen usw. bei den Bundesministerien, die in Kürze erlassen werden. Es sind folgende Durchschnittspreise zu veranschlagen und ohne Aufführung von Einzelgegenständen in den Erläuterungen anzugeben:

a) Referenten der Ministerien und Abteilungsleiter der Bundesober- und -mittelbehörden*) 1200 DM

*) Anm. Für Abteilungsleiter der Bundesoberbehörden in Stellen der Besoldungsordnung B bleibt Sonderregelung vorbehalten.

b) Hilfsreferenten der Ministerien und Referenten der Bundesober- und -mittelbehörden, Vorsteher (Leiter usw.) von Ortsbehörden 900 DM

c) Sachbearbeiter und andere Bedienstete mit entsprechend zu bewertenden Aufgaben 575 DM

d) Bedienstete im Registraturdienst und in gleich zu bewertender Tätigkeit 300 DM

e) Schreibkräfte 250 DM

Die Ausstattung der Dienstzimmer für Minister, Staatssekretäre, Abteilungsleiter und Unterabteilungsleiter in den Ministerien bleibt Sonderfestsetzung durch das zuständige Ressorts im Benehmen mit mir vorbehalten. Das gleiche gilt für Leiter der Bundesober- und -mittelbehörden, sowie für Abteilungsleiter bei den Bundesoberbehörden, soweit sie der Besoldungsordnung B angehören.

E. Sonstiges

1. Sondervermögen usw.

Nach §§ 9 a und 9 b RHO müssen über Sondervermögen und über vom Bund unterhaltene oder bezuschußte Anstalten dem Haushaltsplan besondere Nachweisungen bzw. Übersichten beigefügt werden. Ich bitte, diese Vorschrift besonders zu beachten und für Vollständigkeit der Nachweisungen bzw. Übersichten zu sorgen.

2. Versorgung

Die Beiträge für die Veranschlagung der Versorgungsbezüge werden später mit besonderem Rundschreiben angefordert werden.

3. Nachweis des Vermögens

Gemäß Artikel 110 Abs. 3 GG sind das Vermögen und die Schulden des Bundes in einer Anlage des Haushaltsplans nachzuweisen.

Mit dem Haushaltsplan für das Rechnungsjahr 1954 soll erstmalig der im Grundgesetz geforderte Vermögensnachweis dem Parlament vorgelegt werden. Unterlage für die erstmalige Aufstellung ist die am 1. April 1953 eröffnete Vermögensrechnung des Bundes, in der das Ergebnis der zum 31. März 1953 nach den Bestimmungen der Richtlinien zur Vermögensrechnung Teil I—V durchgeführten Bestandsaufnahme als Anfangsbestand erfaßt ist.

Ich bitte, mir spätestens einen Monat nach Einreichung der Voranschläge für den Haushaltsplan 1954 in einfacher Ausfertigung eine Nachweisung über das Vermögen und die Schulden des Bundes nach dem Stand zu Beginn des Rechnungsjahres 1953 (1. April 1953) vorzulegen. Diese Vermögensnachweisung ist in sinngemäßer Anwendung des Verfahrens aufzustellen und vorzulegen, das in den §§ 63, 68 bis 71 der Buchführungs- und Rechnungslegungsordnung für das Vermögen des Bundes — VBRO — (MinBlFin 1953 S. 166) für die Rechnungslegung über das Vermögen und die Schulden vorgesehen ist.

Dabei ist wie folgt zu verfahren:

a) Jede nach § 60 VBRO für die Rechnungslegung über das Vermögen zuständige Dienststelle — einschließlich Kasse — hat eine Vermögensnachweisung 1. Stufe nach dem beiliegenden Muster aufzustellen und der unmittelbar vorgesetzten Behörde in doppelter Ausfertigung vorzulegen. In diese Nachweisung sind die Vermögenswerte zu Beginn des Rechnungsjahres 1953 übereinstimmend mit dem in der Vermögenskartei nachgewiesenen Bestand nach Vermögensgruppen geordnet einzutragen. Die Übereinstimmung mit den Eintragungen in der Vermögenskartei ist vom Dienststellenleiter zu bescheinigen.

b) Die Mittelbehörden fassen die Summen der ihnen nach Buchstabe a) vorgelegten Vermögensnachweisungen 1. Stufe mit den Summen ihrer eigenen Vermögensnachweisung 1. Stufe in einer Vermögensnachweisung 2. Stufe nach dem gleichen Muster und nach Vermögensgruppen geordnet zusammen und legen diese in doppelter Ausfertigung dem zuständigen Bundesminister vor. Der Vermögensnachweisung 2. Stufe ist eine Ausfertigung der Nachweisungen 1. Stufe beizufügen.
Im Falle des § 69 Abs. 5 VBRO ist die von einer Landes-Mittelbehörde aufgestellte Vermögensnachweisung 2. Stufe der zuständigen Landes-Zentralbehörde vorzulegen, die ihrerseits die Summen der vorgelegten Nachweisungen in einer Vermögensnachweisung 3. Stufe zusammenfaßt und diese mit je einer Ausfertigung der Nachweisungen 1. und 2. Stufe dem zuständigen Bundesminister vorlegt. Die Vermögensnachweisung 3. Stufe ist nach dem gleichen Muster aufzustellen wie die Nachweisungen 1. und 2. Stufe.

c) Der zuständige Bundesminister stellt über das gesamte Vermögen seines Verwaltungszweiges eine Vermögens-Zentralnachweisung nach dem gleichen Muster auf, wie es für die Nachweisungen 1. und 2. Stufe nach den Buchstaben a) und b) vorgesehen ist. Die Vermögens-Zentralnachweisung umfaßt die Summen
(a) der Vermögensnachweisungen 2. (gegebenenfalls 3.) Stufe nach Buchstabe b),
(b) der Vermögensnachweisungen 1. Stufe der dem Minister unmittelbar unterstellten Bundesoberbehörden, -anstalten, -einrichtungen,
(c) der Vermögensnachweisung 1. Stufe seines Ministeriums.

Ich bitte, mir (spätestens einen Monat nach Einreichung der Voranschläge) die Vermögens-Zentralnachweisung in einfacher Ausfertigung vorzulegen und eine Ausfertigung der Vermögensnachweisungen 1. und 2. (ggf. 3.) Stufe beizufügen.

Auf Grund der Vermögens-Zentralnachweisung mit ihren Anlagen wird in meinem Hause die Vermögens-Hauptnachweisung aufgestellt und dem Bundeshaushaltsplan beigefügt werden.

Muster

Ausstellende Behörde:

Vermögens-Nachweisung

(Meldung des Ergebnisses der ersten Bestandsaufnahme)

1. Stufe*)
2. Stufe*)

Vermögens-gruppe	Bezeichnung	Rechnungs-wert am 1. 4. 53 DM	Zahl der Vermög.-konten	Bemer-kungen
	0 Verwaltungs-vermögen			
0010	Verwaltungs-Dienstgebäude	280 000	2	
0100	Geräte und Ausstattungsgegenstände usw.	40 000	1	
0120	Büromaschinen usw.	10 000	1	
	Summe 0	330 000		
	4 Allg. Kapital- und Sachvermögen			
4000	Land- und forstwirtschaftlich und gärtnerisch genutzte Grundstücke	80 000	16	
4014	Wohngebäude	600 000	7	
	Summe 4	680 000		

Die Übereinstimmung mit den Eintragungen in der Vermögenskartei wird bescheinigt

......................, den 1954

....
(Amtsbezeichnung)

*) Nichtzutreffendes streichen.

Anlage A (Muster für die Kopfspalten des Voranschlags — zu Ziff. A 4)

08 **08 05**

Bundesminister der Finanzen Bundesfinanzverwaltung — Zoll

Fortdauernde Einnahmen

Linke Seite:

Kap. / Tit.	Zweckbestimmung	Betrag für 1954 DM	Betrag für 1953 DM	Ist-ergebnis 1952 1000 DM
1	2	3	4	5
	Ordentlicher Haushalt			
08 05	**Bundesfinanzverwaltung — Zoll**			
	I. Einnahme			
	Fortdauernde Einnahmen			
2	Erlöse aus dem Verkauf unbrauchbar oder entbehrlich gewordener Geräte und Ausstattungsgegenstände	500	500	3[1])
14	Erlöse aus dem Verkauf unbrauchbar oder entbehrlich gewordener Drucksachen, Akten, von Altstoffen u. dgl.	1 000	1 000	—[1])
		1 500	1 500	
	Einmalige Einnahmen			
	II. Ausgabe			
	Fortdauernde Ausgaben			
	Personalausgaben			
	Sachausgaben			
	Allgemeine Ausgaben			
	Einmalige Ausgaben			
870	Einrichtung der Bibliothek	30 000	40 000 28 000*)	47 000
	Summe Einmalige Ausgaben........	30 000	68 000	
	Abschluß			

*) Vorjähriger Ansatz bei Tit. 871: Erstmalige Einrichtung von Diensträumen, Sitzungssälen und Kantinen.

Rechte Seite:

Erläuterungen

6

Zu Titel 2:

Der Betrag ist geschätzt.

1) Durch die Neugliederung des Haushaltsplans 1953 ist der frühere Titel 2 in mehrere Titel aufgespalten worden (vgl. das Istergebnis [Sp. 5] bei Titel 14).

Zu Titel 14:

Der Betrag ist geschätzt.

1) Vgl. Anmerkung zu Titel 2.

Anlage B (Schema für den Abschluß des Einzelplans — zu Ziff. A 9)

07

Bundesminister der Justiz

Linke Seite: Ordentlicher

Kap.	Bezeichnung	Fortdauernde Einnahmen DM	Einmalige Einnahmen DM	Gesamteinnahmen DM
1	2	2	4	5
07 01	Bundesministerium d. Justiz	1 441 400 (1 382 100)	—	1 441 400 (1 382 100)
07 03	....	1 800 (1 500)	—	1 800 (1 500)
07 05	....	706 600 (453 600)	—	706 600 (453 000)
07 06	....	20 501 800) (18 574 100)	—	20 501 800 (18 574 100)
	Zusammen .... (1953)	22 651 600 (20 410 700)	—	22 651 600 (20 410 700)
	Mithin 1954 mehr (+) weniger (—)	+ 2 240 900	—	+ 2 240 900

Haushalt

Rechte Seite:

07
Abschluß

Personal-ausgaben DM	Sach-ausgaben DM	Allgemeine Ausgaben DM	Einmalige Ausgaben DM	**Gesamt-ausgaben** DM	Überschuß DM	Zuschuß DM
6	7	8	9	10	11	12
2 825 300 (2 641 100)	573 000 (568 000)	1 822 000 (1 729 000)	85 000 (806 700)	5 305 300 (5 744 800)		3 863 900 (4 362 700)
1 341 900 (1 311 400)	349 500) (445 600)	18 000 (18 000)	58 300 (68 100)	1 767 700 (1 844 100)		1 765 900 (1 842 600)
4 043 300 (4 015 400)	490 200 (465 600)	160 500 (63 500)	125 600 (207 500)	4 819 600 (4 752 000)		4 113 000 (4 299 000)
11 538 700 (11 005 400)	2 131 000) (2 106 700)	4 660 000 (4 250 700)	257 300 (680 500)	18 587 000 (18 043 300)	1 914 800 (500 800)	
					1 914 800 (530 800)	9 742 800 (10 504 300)
19 749 200 (18 973 300)	3 543 700 (3 586 900)	6 660 500 (6 061 200)	526 200 (1 762 800)	30 479 600 (30 384 200)		7 828 000 (9 973 500)
+ 775 900	—43 200	+ 599 300	—1 236 600	+ 95 400		—2 145 500

Linke Seite:

Kap.	Bezeichnung	Außerordentlicher Haushalt		
		Einnahmen DM	Ausgaben DM	Überschuß DM
1	2	3	4	5
	Zusammen			

Rechte Seite:

	Gesamtabschluß			
Zuschuß DM	Einnahmen DM	Ausgaben DM	Überschuß DM	Zuschuß DM
6	7	8	9	10

23. Vorprüfungsordnung für die Bundesverwaltung — § 92 RHO — nebst Rundschreiben des Bundesministers der Finanzen vom 12. Februar 1953 — II A/6 A 3100 — 26/52 (MinBlFin S. 114).

Vorbemerkung

Die Vorprüfung der Rechnungen durch die zuständigen Behörden und die Mitteilung der Ergebnisse an den Rechnungshof ist durch die RHO (§ 92) vorgeschrieben. In der früheren Reichsverwaltung hat eine besondere Vorprüfungsordnung nicht bestanden; einzelne Reichsbehörden hatten das bei der Vorprüfung anzuwendende Verfahren für ihren Geschäftsbereich durch Dienstanweisungen geregelt. Nach der Einführung des Reichshaushaltsrechts in den Ländern hatte der Präsident des RHdDR auf Grund des § 7 Abs. 2 der 1. DVHL (s. Fundstellenhinweis Nr. 1) die Vorprüfungsordnung für die Länder vom 9. April 1937 erlassen (RMinBl. S. 108), deren materieller Inhalt auch nach 1945 von den Ländern, später auch von den Verwaltungen des Vereinigten Wirtschaftsgebiets angewendet wurde. Auch die Bundesverwaltungen haben sich zunächst daran gehalten. Aus der Rechnungsprüfung heraus ergab sich das Bedürfnis nach einer Überarbeitung und Vereinheitlichung der Bestimmungen sowie nach einer organisatorischen Neuregelung. Die VPOB, die die Bundesregierung im Einvernehmen mit dem BRH erlassen hat, beruht auf dem von einem Arbeitskreis der Rechnungshöfe ausgearbeiteten Entwurf, der eine Reihe bewährter Bestimmungen der VPOL übernommen hat, außerdem einige wichtige Neuerungen enthält. Es ist zu erwarten, daß die Länder, dem Beispiele Schleswig-Holsteins folgend, im Interesse der Einheitlichkeit des Prüfungsverfahrens die VPOB als Muster für ihre eigenen Vorprüfungsordnungen verwenden werden.

A. Rundschreiben

Nachdem die Vorprüfungsordnung für die Bundesverwaltung die Zustimmung des Bundesrechnungshofs erhalten hat und vom Bundeskabinett verabschiedet worden ist, gebe ich sie hiermit in der Anlage bekannt.

Die am 1. April 1953 in Kraft tretende Vorprüfungsordnung für die Bundesverwaltung ist von sämtlichen Bundesressorts (mit Ausnahme von Bundesbahn und Bundespost) für die Vorprüfung anzuwenden. Soweit die Herren Bundesminister für ihre Ressorts noch Vollzugsbestimmungen oder Erläuterungen zur VPOB für erforderlich halten, darf ich bitten, hierbei den Bundesrechnungshof und mich zu beteiligen.

Zur Behebung etwaiger Zweifel weise ich zu § 4 Abs. 1 Satz 1 der VPOB darauf hin, daß die Bezeichnung der Vorprüfungsstelle z. B. lautet:

„Der Bundesminister der Finanzen
— Vorprüfungsstelle —"

Der Bundesrechnungshof hat zur Klarstellung zu einzelnen Bestimmungen der VPOB noch die folgenden Erläuterungen gegeben:

Zu § 3: Die Vorprüfung hat sich auf die Gesamtrechnungslegung zu erstrecken. Die Vorprüfungsstellen haben demnach sowohl die Oberrechnungen als auch die Zentralrechnungen und die Hauptrechnung vorzuprüfen (§ 100 RRO).

Es sind vorzuprüfen:

die Oberrechnungen durch die Vorprüfungsstellen der betreffenden Oberkassen,

die Zentralrechnungen durch die Vorprüfungsstellen der betreffenden obersten Bundesbehörden,

die Hauptrechnungen durch die Vorprüfungsstelle des Bundesministeriums der Finanzen.

Zu § 4 Abs. 1 Satz 2: Grundsätzlich untersteht die Vorprüfungsstelle dem Leiter der Behörde unmittelbar, bei den obersten Bundesbehörden also dem Bundesminister; er kann jedoch diese Aufgabe einem anderen Beamten übertragen. Da die Vorprüfungsstellen ihre Tätigkeit nur dann selbständig und unbeeinflußt ausüben können, wenn der Beauftragte des Ministers nicht zugleich einem Arbeitsgebiet vorsteht, bei dem eine Interessenkollision mit den Aufgaben der Vorprüfungsstelle zu befürchten ist, ist bei den obersten Bundesbehörden die Vorprüfungsstelle im allgemeinen dem ständigen Vertreter des Ministers (Staatssekretär) und nur in Ausnahmefällen einem anderen Beamten zu unterstellen. Mit Rücksicht auf die Bedeutung der Vorprüfung für die Rechnungsprüfung darf gebeten werden, vor Bestellung eines anderen Beamten die Stellungnahme des Bundesrechnungshofs einzuholen.

Zu § 13 Satz 3: Hierzu wird auch auf den Erlaß des Bundesministers der Finanzen vom 3. August 1952 II A/6 A 2024 — 1/52 — Abschnitt 1 (MinBlFin. 1952 S. 329)[1]) hingewiesen.

Zu § 17 Abs. 1: Unter den Buchstaben a) bis h) sind Prüfungsaufgaben aufgezählt, auf deren Durchführung bei der förmlichen Vorprüfung besonders zu achten ist. Diese Aufzählung ist nicht erschöpfend; sie enthält nur eine Auswahl wichtiger Vorprüfungs-

[1]) Siehe Nr. 19 der Sammlung.

aufgaben. Daneben ist die Innehaltung der sonstigen Vorschriften zu prüfen (z. B. Sicherungsvorschriften und -maßnahmen für Loseblattbücher und Karteien gemäß § 21 RRO).

Zu § 18 Abs. 1: Die rechnerische Vorprüfung hat sich auf alle Merkmale zu erstrecken, die Gegenstand der rechnerischen Feststellung sind (§ 85 RRO).

Zu § 18 Abs. 3: Hier handelt es sich um eine „Kann"-Vorschrift, die eine Beschränkung der Nachrechnung auf Stichproben nicht ausschließt. Da erfahrungsgemäß auch die Verwendung von Buchungsmaschinen mit nicht beeinflußbaren Kontrolleinrichtungen Fehler oder Mißbräuche nicht völlig ausschließt, ist aus Sicherheitsgründen eine stichprobenweise Nachrechnung geboten. Die Frage, inwieweit weitere Erleichterungen für die Nachrechnung von Rechnungslegungsbüchern zugelassen werden können, die in Karteiform geführt und mittels Buchungsmaschinen gebucht werden, ist erforderlichenfalls von Fall zu Fall im Einvernehmen mit dem Bundesrechnungshof zu regeln.

Zu § 19 Abs. 1: Die Aufzählung der Aufgaben für die sachliche Vorprüfung ist — wie sich auch aus Abs. 1 Satz 2 ergibt — nicht erschöpfend. Zu prüfen ist auch die Innehaltung der sonstigen Vorschriften (z. B. die Frage der Wirtschaftlichkeit gemäß § 26 RHO, die Führung der Anschreibungs- und Haushaltsüberwachungslisten gemäß §§ 41 und 42 RWB, die ordnungsmäßige Abwicklung der Vorschüsse und Verwahrungen gemäß § 96 Abs. 2 RHO usw.).

Weitere Aufgaben für die sachliche Vorprüfung werden sich aus der Bundesvermögensrechnung ergeben, deren Aufstellung vom Beginn des Rechnungsjahres 1953 ab vorgesehen ist.

Zu § 30: Vor dem Abschluß von Sonderregelungen zwischen den beteiligten Verwaltungen ist die Stellungnahme des Bundesrechnungshofs einzuholen. Das Erfordernis hierzu ergibt sich bereits aus seinen Befugnissen nach den §§ 92 Abs. 3, 93 und 100 Abs. 2 der RHO.

B. Vorprüfungsordnung (VPOB)

Für die Vorprüfung der Rechnungslegungsbücher, der Rechnungsbelege, der Rechnungsnachweisungen und der dazugehörigen Unterlagen — nachstehend Rechnungen genannt — im Bereich der Bundesverwaltung (§ 92 RHO) und für die abschließende Prüfung der überlassenen Rechnungen (§ 93 RHO) wird im Einvernehmen mit dem Bundesrechnungshof bestimmt:

Teil I

Allgemeines

§ 1

Begriffsbestimmung

Vorprüfung im Sinne dieser Vorprüfungsordnung ist, soweit es sich um Zahlungen handelt, nur eine nach Bewirken der Zahlung vorgenommene Prüfung.

§ 2

Einrichtung der Vorprüfungsstellen

Bei jeder obersten Bundesbehörde ist eine Vorprüfungsstelle einzurichten. Die Einrichtung von Vorprüfungsstellen bei den nachgeordneten Dienststellen regeln die Bundesminister für ihren Geschäftsbereich im Einvernehmen mit dem Bundesrechnungshof.

Die VPOB gilt einheitlich für sämtliche Bundesverwaltungen. Sonderregelungen für einzelne Verwaltungen sind also nur im Rahmen der VPOB zulässig. Während die Errichtung einer Vorprüfungsstelle (VPSt) bei jeder obersten Bundesbehörde vorgeschrieben ist, ist die Einrichtung von VPSt bei nachgeordneten Dienststellen, z. B. in der Finanz- und in der Verkehrsverwaltung des Bundes, wegen der verschieden liegenden Verhältnisse den einzelnen Ministerien überlassen, die die erforderlichen Ausführungsvorschriften im Einvernehmen mit dem BRH treffen.

§ 3

Aufgabe der Vorprüfungsstelle

Die Vorprüfungsstelle prüft die Rechnungen vor, die der Bundesrechnungshof abschließend prüft (§ 92 RHO). Sie prüft diejenigen Rechnungen abschließend, deren Prüfung der Bundesrechnungshof der Verwaltungsbehörde überläßt (§ 93 RHO).

Aus der Fassung ist zu entnehmen, daß die VPSt solche Rechnungen nicht vorzuprüfen haben, die nach § 89 RHO mit Rücksicht auf den Verwendungszweck der betreffenden Mittel der Prüfung durch den BRH nicht unterliegen.

§ 4

Stellung der Vorprüfungsstelle

(1) Die Vorprüfungsstelle führt die Bezeichnung der Behörde, bei der sie errichtet ist. Sie untersteht dem Leiter der Behörde unmittelbar, bei den obersten Bundesbehörden den von ihnen Beauftragten.

(2) Der Behördenleiter hat dafür zu sorgen, daß die Vorprüfungsstelle in der Erfüllung ihrer Aufgaben nicht behindert wird und ihre Tätigkeit selbständig und unbeeinflußt ausübt. Er ist auch dafür verantwortlich, daß Mängel und Fehler, die bei der Vorprüfung der Rechnungen seiner Verwaltung ermittelt werden, beseitigt und festgestellte Überzahlungen und zu wenig erhobene Einnahmen eingezogen oder zu wenig ausgezahlte und zuviel eingezahlte Beträge ausgezahlt werden.

Nach § 6 der 2. DVHL (s. Fundstellenhinweis Nr. 1) unterstanden die VPSt der Länder der Dienstaufsicht der obersten Finanzbehörde. An Stelle dieser mit § 92 RHO nicht vereinbaren Regelung bestimmt § 4 im Interesse einer unbeeinflußten und selbständigen Vorprüfung, daß die VPSt dem Leiter der Behörde unmittelbar untersteht. Eine sachlich gebotene Lockerung dieses Grundsatzes ist nur bei den Bundesministerien vorgesehen (vgl. dazu die im Rundschreiben des BMF abgedruckten Erläuterungen des BRH zu § 4).

§ 5

Besetzung der Vorprüfungsstelle

(1) Die Vorprüfungsstelle ist mit der erforderlichen Zahl von Prüfungsbeamten zu besetzen. Der Leiter der Vorprüfungsstelle wird nach Anhören des Bundesrechnungshofs bestellt und abberufen. Bei den Prüfungsbeamten ist der Leiter der Vorprüfungsstelle zu hören.

(2) Der Leiter und die Prüfungsbeamten müssen mindestens Beamte des gehobenen Dienstes sein. Sie sind aus bewährten Beamten der Verwaltung auszuwählen. Die Beamten sollen gründliche Kenntnisse auf dem Gebiet des gesamten Verwaltungsdienstes, insbesondere des Haushalts-,

Kassen- und Rechnungswesens besitzen und sich nach ihrer Vorbildung, ihren Erfahrungen, ihren Leistungen und ihren besonderen persönlichen Eigenschaften für den Prüfungsdienst eignen. Vor ihrer endgültigen Bestellung sollen sie sich im Prüfungsdienst bewährt haben.

In Ausnahmefällen können auch gleichwertige Angestellte mit den Aufgaben eines Prüfungsbeamten betraut werden.

(3) Mit rechnerischen Arbeiten können auch Beamte des mittleren Dienstes oder gleichwertige Angestellte beschäftigt werden.

(4) Zu Prüfungsarbeiten sollen Beamte oder Angestellte nicht herangezogen werden, die bei der Anweisung, Bewirkung oder Buchung der zu prüfenden Zahlungen oder bei der Aufstellung der zu prüfenden Rechnungen beteiligt gewesen sind.

(5) Die Prüfungsbeamten dürfen nicht durch andere Aufgaben ihrer Prüfungstätigkeit entzogen werden.

Das Personal der VPSt soll nicht zu prüfungsfremden Verwaltungsgeschäften verwendet werden, damit die Vorprüfungsarbeit nicht beeinträchtigt wird. Eine Heranziehung der Prüfungsbeamten zur Unterstützung des Kassenaufsichtsbeamten bei Durchführung der Kassenprüfungen (§ 87 Abs. 3 RKO) wird dadurch nicht ausgeschlossen sein, da eine Verbesserung der Kassenprüfungen und die Nutzbarmachung ihrer Ergebnisse für die Vorprüfung durch die VPOB angestrebt wird (§ 13).

§ 6

Aufgaben des Leiters

(1) Der Leiter der Vorprüfungsstelle ist für die Geschäftsführung verantwortlich. Er hat die ordnungsmäßige Durchführung der Vorprüfung und den Fortgang der Prüfungsarbeiten laufend zu überwachen. Er ist dafür verantwortlich, daß Richtlinien und Weisungen des Bundesrechnungshofs beachtet werden.

(2) Der Leiter ist berechtigt, den Prüfungsbeamten Weisungen für die Prüfung zu geben und von ihnen erhobene

Beanstandungen zu ändern oder zu streichen. Er hat dafür zu sorgen, daß sich die Prüfungsbeamten über die für ihre dienstliche Tätigkeit in Betracht kommenden Gesetze, Verordnungen, Verwaltungsbestimmungen und Angelegenheiten von allgemeiner Bedeutung unterrichten und sich auch mit den wirtschaftlichen Verhältnissen und Verwaltungsaufgaben der zu prüfenden Stellen vertraut machen.

(3) Bei der Vorprüfung auftretende Fragen von grundsätzlicher oder sonst erheblicher Bedeutung sowie wesentliche Beanstandungen und Mängel hat der Leiter der Vorprüfungsstelle unverzüglich dem Leiter der geprüften Stelle und dem Bundesrechnungshof, bei nachgeordneten Behörden auch dem Leiter der übergeordneten Behörde mitzuteilen.

Richtlinien und Weisungen des BRH können vor allem die Aufstellung der Arbeitspläne und die Termine für den Abschluß der Arbeiten betreffen, aber auch allgemeine Hinweise für die Durchführung der Vorprüfung auf bestimmten Gebieten zum Gegenstand haben.

§ 7

Aufgaben der Prüfungsbeamten

(1) Die Prüfungsbeamten sind dafür verantwortlich, daß keine wesentlichen Mängel oder Fehler unbeanstandet bleiben.

(2) Sie haben die geldlichen Ergebnisse ihrer Prüfungstätigkeit in Verzeichnisse nach Muster 1[1]) einzutragen. **Muster 1**

(3) Sie haben Nachweisungen über die von ihnen an unrichtiger Stelle und im falschen Rechnungsjahr festgestellten Buchungen zu führen. Für die Führung dieser Nachweisungen gelten die Bestimmungen der Anlage 1[2]). **Anlage 1**

§ 8

Amtsverschwiegenheit

Die Pflicht zur Amtsverschwiegenheit erstreckt sich für die Angehörigen der Vorprüfungsstelle auch auf die bei der

---

[1]) Vom Abdruck der Muster 1, 2 und 4 zur VPOB ist abgesehen worden.
[2]) Abgedruckt auf S. 167.

Prüfungstätigkeit bekannt gewordenen Verhältnisse der Behörden, öffentlichen und privaten Betriebe.

§ 9

Arbeitsplan

Muster 2 (1) Der Leiter hat einen Arbeitsplan nach Muster 2[1]) aufzustellen. Dabei sind die Anordnungen des Bundesrechnungshofs über die Reihenfolge der Vorprüfungen und über die Termine für den Abschluß der Vorprüfungen zu beachten.

(2) Dem Leiter der Behörde und dem Bundesrechnungshof sind Abschriften des Arbeitsplanes vorzulegen.

§ 10

Schriftverkehr, Beiziehung von Auskünften und Akten

(1) Die Vorprüfungsstelle kann mit den zu prüfenden Stellen und, soweit es die Prüfungstätigkeit erfordert, mit dem Bundesrechnungshof unmittelbar schriftlich verkehren.

(2) Schreiben der Vorprüfungsstelle sind nach Gegenzeichnung der Entwürfe durch den Prüfer von dem Leiter der Vorprüfungsstelle zu vollziehen. Der Behördenleiter kann anordnen, daß die Schreiben durch seine Hand zu leiten sind. Die Vollziehung der Vorlageberichte (§§ 26, 27 Abs. 3) kann sich der Behördenleiter vorbehalten. Der Leiter der Vorprüfungsstelle kann die Prüfungsbeamten zur Unterschrift weniger wichtiger Schreiben ermächtigen.

(3) Die Vorprüfungsstelle darf jede für die Prüfung erforderliche Auskunft sowie die Einsendung von Büchern und Schriftstücken und die Vorlage von Akten verlangen. Richtet sich das Verlangen gegen eine übergeordnete Behörde des eigenen Geschäftsbereichs, ist das Einverständnis des Leiters dieser Behörde, richtet sich das Verlangen gegen eine Behörde eines anderen Ressorts, ist das Einverständnis des für diese zuständigen Ministers einzuholen.

---

[1]) Vom Abdruck des Musters ist abgesehen worden.

(4) Von allen Verfügungen, durch die die zu prüfenden Dienststellen allgemeine Vorschriften über Einnahmen und Ausgaben geben oder solche Vorschriften ändern oder erläutern, oder durch die Verwaltungseinrichtungen oder Unternehmungen geschaffen oder geändert werden, ist der Vorprüfungsstelle eine ausreichende Zahl von Abdrucken unverzüglich zuzuleiten.

§ 11

Aktenführung

Die Prüfungsakten sind klar gegliedert und nach Rechnungsjahren getrennt zu führen. Für allgemeine Angelegenheiten, insbesondere für das Besoldungs- und Tarifwesen und für technische Fragen allgemeiner Art sowie für besondere Angelegenheiten, z. B. für Sonderprüfungen, für Prozesse usw. sind besondere Akten zu führen.

Teil II

Vorprüfung

§ 12

Zweck und Umfang der Vorprüfung

(1) Die Vorprüfung hat den Zweck, die Prüfung durch den Bundesrechnungshof vorzubereiten. Sie dient ferner dazu, eine möglichst lückenlose Überwachung der Haushaltsführung auch in den Fällen zu gewährleisten, in denen der Bundesrechnungshof nur stichprobenweise prüft. Die Vorprüfung darf daher nicht nur auf die Feststellung von Fehlern und Mängeln in förmlicher oder rechnerischer Beziehung beschränkt werden, sondern muß sich auch darauf erstrecken, ob bei der Erhebung von Einnahmen, der Leistung von Ausgaben und bei der Verwaltung von Vermögensgegenständen nach den bestehenden gesetzlichen Vorschriften und Verwaltungsbestimmungen verfahren worden ist.

(2) Die Rechnungen sind vollständig vorzuprüfen, soweit nicht diese Ordnung allgemein oder der Bundesrechnungshof im Einzelfalle Einschränkungen oder Erleichterungen zuläßt

oder der Bundesrechnungshof auf die Vorprüfung verzichtet. Die Vorprüfungsstelle darf die Vorprüfung nicht selbständig einschränken.

(3) Soweit die Vorprüfungsstelle stichprobenweise vorprüfen darf, müssen sich die Prüfungsbeamten durch Art und Umfang der Stichproben die Überzeugung verschaffen, daß wesentliche Fehler und Mängel nicht vorliegen. Ergeben sich erhebliche Mängel, so ist vollständig vorzuprüfen.

Die Aufgaben der VPSt sind ähnlich weit gefaßt wie in § 12 VPOL, insbesondere ist die sachliche Vorprüfung nicht beschränkt. Die erhöhte Bedeutung der Vorprüfung liegt darin begründet, daß der Prüfungsstoff entsprechend dem Anwachsen der Etatsummen ständig zugenommen hat und der BRH sich bei seinen eigenen Prüfungen vielfach auf Stichproben beschränken muß, um innerhalb der gestellten Termine zu einem Abschluß zu kommen. Da die Haushaltsrechnung nach Art. 114 GG (s. Nr. 1 der Sammlung) dem Bundestag und dem Bundesrat mit den Bemerkungen des BRH noch im Laufe des folgenden Rechnungsjahres vorzulegen ist, wirkt sich das zeitliche Nacheinander von Vorprüfung und Rechnungsprüfung für die Einhaltung dieses Termins ungünstig aus, besonders, wenn die Rechnungslegung sich durch späte Verabschiedung der Haushaltsgesetze und längeres Offenhalten der Kassenbücher verzögert. Bei dem in Bayern neu eingeführten Prüfungsverfahren wird dieser Nachteil dadurch vermieden, daß die staatlichen Rechnungsprüfungsämter, die dem Rechnungshof eingegliedert sind, nicht als VPSt tätig werden, sondern die Prüfung der ihnen vom Rechnungshof zugewiesenen Rechnungen unter dessen Oberleitung selbst erledigen. Es findet also nur noch e i n e nachherige Prüfung — auch die Vorprüfung ist eine nachherige Prüfung — statt (vgl. §§ 5, 38, 42 des Gesetzes über die staatliche Rechnungs-, Verwaltungs- und Wirtschaftsprüfung vom 6. Oktober 1951, Bayr. GVOBl. S. 189). Ob ein derartiges Verfahren, dessen Einführung für die Bundesverwaltung eine Änderung der RHO erfordern würde, allgemein vorzuziehen ist, wird bei einer Neuordnung des Haushaltsrechts zu entscheiden sein.

§ 13

Verhältnis der Vorprüfung zur Kassenprüfung

Zur Vermeidung von Doppelarbeit sind die Ergebnisse der Kassenprüfung für die Vorprüfung nutzbar zu machen. Zu diesem Zweck ist es erforderlich, daß die bei der Kassenprüfung geprüften Zahlen, Bücher, Belege und sonstigen Unterlagen durch Anhaken oder entsprechende Vermerke und Handzeichen als geprüft kenntlich gemacht werden. Entsprechende Dienstanweisungen werden vom Bundesfinanzminister herausgegeben. Der Vorprüfungsstelle sind bei außerordentlichen Kassenprüfungen eine Ausfertigung der Niederschrift, bei ordentlichen Kassenprüfungen die erhobenen Beanstandungen mitzuteilen.

Die bei den Kassenprüfungen geleisteten Arbeiten konnten sich bei der bisherigen Handhabung vielfach nicht arbeitssparend auswirken, weil die Kennzeichnung der geprüften Beträge usw. zu wünschen übrigließ und diese deshalb bei der Vorprüfung häufig zum zweitenmal geprüft werden mußten. Durch das neue Verfahren wird die Kassenprüfung für die Vorprüfung unmittelbar nutzbar und diese kann nach Durchführung der Kassenprüfungen in förmlicher und rechnerischer Beziehung auf Stichproben beschränkt werden (§§ 17 Abs. 2, 18 Abs. 2).

§ 14

Fehlbestände

Fehlbestände an öffentlichen Vermögen (§ 1 des Erstattungsgesetzes vom 18. April 1937 — RGBl. I S. 461 — in der Fassung vom 24. Januar 1951 — RGBl. I S. 109 —)[1]), bei denen der Verdacht strafbarer Handlungen von Bediensteten des Bundes vorliegt, hat die Verwaltung unverzüglich der Vorprüfungsstelle, bei Werten von über 300 DM auch dem Bundesrechnungshof anzuzeigen.

Die Bestimmung will im Interesse der Wirksamkeit der Prüfungen sicherstellen, daß die VPSt'n in den aufgeführten Fällen auch außerhalb des Prüfungsverfahrens rechtzeitig unterrichtet werden.

§ 15

Ort und Zeit der Vorprüfung

(1) Die Vorprüfung ist in der Regel am Sitz der Vorprüfungsstelle vorzunehmen. Soweit der Prüfungsstoff es erfordert oder wenn es aus anderen Gründen zweckmäßig ist, können Vorprüfung oder einzelne Feststellungen am Sitz

---

[1]) Vom Abdruck ist abgesehen worden.

der Verwaltungsbehörde oder der rechnungslegenden Stelle vorgenommen werden.

(2) Die Vorprüfungsstelle bestimmt unter Berücksichtigung der vom Bundesrechnungshof festgesetzten Fristen die Zeitpunkte, zu denen ihr die einzelnen Rechnungen einzusenden sind. Die Rechnungslegungsbücher, die für Teile des Rechnungsjahres geführt werden, sind mit den dazugehörigen Belegen und sonstigen Unterlagen sofort nach ihrem Abschluß der Vorprüfungsstelle vorzulegen. Werden Rechnungslegungsbücher für einen längeren Zeitraum als ein Vierteljahr geführt, so sollen die dazugehörigen Belege und sonstigen Unterlagen schon vor Abschluß der Rechnungslegungsbücher jeweils nach Ablauf bestimmter Zeitabschnitte vorgeprüft werden.

(3) Der Bundesrechnungshof kann örtliche Prüfungen gemeinsam mit der Vorprüfungsstelle vornehmen. Das Verfahren regelt der Bundesrechnungshof (§ 90 Abs. 2 RHO).

Die §§ 15 bis 26 enthalten die erforderlichen Einzelbestimmungen für die Durchführung der Vorprüfung, die in großem Umfange der durch die VPOL eingeführten Praxis entsprechen, soweit sich nicht aus den allgemeinen Bestimmungen der VPOB Änderungen und Neuerungen ergeben.

§ 16

Art der Vorprüfung

Die Rechnungen sind förmlich, rechnerisch und sachlich vorzuprüfen.

§ 17

Förmliche Vorprüfung

(1) Die förmliche Vorprüfung hat sich darauf zu erstrecken, ob die Rechnungen vollständig und in der richtigen Form aufgestellt sind. Dabei ist besonders darauf zu achten:

a) ob die Rechnungslegungsbücher ordnungsmäßig belegt und mit den vorgeschriebenen Bescheinigungen und Anlagen versehen sind;

b) ob die Rechnungslegungsbücher die erforderlichen Hinweise auf andere Verbuchungsstellen und Belege enthalten und ob diese Hinweise richtig sind;

c) ob bei laufenden oder ihnen gleichbehandelten Einzel-Haushaltseinnahmen oder -ausgaben oder bei Kassenresten die richtige und vollständige Übertragung in den Büchern nach § 45 RRO bescheinigt ist;

d) ob die Belege richtig geordnet und benummert sind, und ob die Nummern auf den Belegen mit denen in den Rechnungslegungsbüchern übereinstimmen;

e) ob die Belege mit den erforderlichen Bescheinigungen, Unterschriften, Feststellungsvermerken, Anlagen und Datumsangaben versehen sind, ob die Bescheinigungen usw. von dazu berechtigten Beamten und Angestellten erteilt sind, und ob die Belege die zur Begründung der Zahlung erforderlichen Angaben enthalten;

f) ob die Belege, die über die allgemein vorgeschriebene Frist hinaus aufzubewahren sind, vorschriftsmäßig bezeichnet und abgesondert sind;

g) ob die Zahlungsbeweise vollständig sind;

h) ob auf den Belegen vermerkt ist, daß die Verwaltungseinnahmen in die Anschreibungslisten (§ 33 RWB) und die Ausgaben in Haushaltsüberwachungslisten (§ 42 RWB) eingetragen sind.

(2) Die förmliche Prüfung kann auf Stichproben beschränkt werden, sofern sie bereits bei den Kassenprüfungen vorgenommen und kenntlich gemacht ist (§ 13). Durch die Kassenprüfung und die Vorprüfung muß der Prüfungsstoff in förmlicher Hinsicht vollständig geprüft werden.

(3) Im übrigen ist eine Beschränkung der förmlichen Vorprüfung nur ausnahmsweise zulässig. Sie bedarf der Zustimmung des Bundesrechnungshofs, die unter Darlegung der Gründe einzuholen ist.

§ 18

Rechnerische Vorprüfung

(1) Die rechnerische Vorprüfung umfaßt die Nachrechnung der Berechnungen und die Prüfung, ob die in den Rechnungslegungsbüchern angegebenen Beträge mit denen der zugehörigen Belege übereinstimmen. § 17 Abs. 3 gilt sinngemäß.

(2) Von der rechnerischen Prüfung kann bei der Vorprüfung abgesehen werden, soweit sie bereits bei der Kassenprüfung vorgenommen und kenntlich gemacht ist (§ 13).

(3) Auf die Nachrechnung kann verzichtet werden, wenn die Belege mit Buchungsmaschinen hergestellt oder aufgerechnet sind, die mit einer nicht beeinflußbaren Kontrolleinrichtung versehen sind, und wenn die Belege die besonderen mechanischen Merkmale der richtigen Aufrechnung aufweisen.

§ 19

Sachliche Vorprüfung

(1) Bei der sachlichen Vorprüfung ist festzustellen, ob die haushaltsrechtlichen Bestimmungen und die auf die Einnahmen und Ausgaben bezüglichen Gesetze, Verordnungen, Verwaltungsvorschriften, Verträge und Satzungen beachtet sind. Dabei ist auch darauf zu achten:

a) ob Zahlungen nicht zu früh oder zu spät und ob nicht Überzahlungen oder Doppelzahlungen bewirkt sind;

b) ob die Zahlungen auf die richtige Haushaltsstelle und das richtige Rechnungsjahr angewiesen und dementsprechend gebucht sind;

c) ob die Zahlungsbeweise rechtsgültig sind;

d) ob die anweisenden Stellen zur Erteilung der Kassenanweisung zuständig waren;

e) ob die im § 17 Abs. 1 unter c) bezeichneten Übertragungen richtig vorgenommen sind;

f) ob die Abschlagsauszahlungen richtig abgerechnet und die noch nicht abgerechneten Abschlagsauszahlungen in die hierüber aufgestellte Nachweisung (§ 26 RRO) aufgenommen worden sind;

g) ob der Verwendungsnachweis nach § 64 a RHO geführt ist;

h) ob Sachen und Rechte in der Sachrechnung oder in einem Bestandsverzeichnis nachgewiesen sind;

i) ob Geldforderungen in die durch § 27 RRO vorgeschriebene Nachweisung aufgenommen worden sind.

(2) Die sachliche Vorprüfung ist vorzunehmen, soweit der Bundesrechnungshof nicht ganz oder teilweise darauf verzichtet oder für bestimmte Rechnungsteile Einschränkungen anordnet. Abschlagsauszahlungen (f) sind — auch wenn stichprobenweise geprüft wird — grundsätzlich vollständig vorzuprüfen.

(3) Wird die Vorprüfungsstelle an der Prüfung von Fehlbeständen beteiligt, so hat sie auch auf die Weiterbehandlung nach den Vorschriften des Erstattungsgesetzes vom 18. April 1937 — RGBl. I S. 461 — in der Fassung vom 24. Januar 1951 — RGBl. I S. 109[1]) — hinzuwirken.

§ 20

Mangelhafte Rechnungslegung

Die Vorprüfungsstelle kann mangelhafte Rechnungen der rechnungslegenden Stelle zur Abstellung der Mängel zurückgeben. Bei Bemessen der Frist für die Wiedervorlage ist darauf zu achten, daß sich die Vorlage der Rechnungen an den Bundesrechnungshof nicht verzögert.

§ 21

Vorprüfungsniederschrift

(1) Die Prüfungsbeamten haben die Fehler und Mängel in eine Vorprüfungsniederschrift nach Muster 3 in fort- **Muster 3**

[1]) Vom Abdruck ist abgesehen worden.

laufender Nummernfolge einzutragen. Für jede Rechnung ist eine besondere Vorprüfungsniederschrift zu fertigen. In der Rechnung ist auf die Nummer der Vorprüfungsniederschrift hinzuweisen. Die Vorprüfungsniederschrift ist der geprüften Stelle zur Beantwortung innerhalb einer angemessenen Frist zu übersenden.

(2) Die geprüfte Stelle hat die Beanstandungen unverzüglich zu erledigen, die Antwort in die Vorprüfungsniederschrift einzutragen und diese der Vorprüfungsstelle innerhalb der gesetzten Frist zurückzusenden.

(3) Nach Wiedereingang der Vorprüfungsniederschrift hat die Vorprüfungsstelle zu den Antworten Stellung zu nehmen. Soweit weitere Aufklärung oder Rückfragen erforderlich werden, sind sie schriftlich oder mündlich vorzunehmen. Der Schriftwechsel gehört zum Prüfungsstoff des Bundesrechnungshofs. Das Ergebnis mündlicher Erörterungen ist an geeigneter Stelle aktenkundig zu machen.

(4) Kleine Formfehler und Mängel sind mündlich zu bereinigen, wenn dies zweckmäßig und angezeigt ist. Absatz 3 letzter Satz gilt sinngemäß.

§ 22

Beschleunigte Bekanntgabe von Beanstandungen

Um die Vorprüfung zu beschleunigen oder um Mängel unverzüglich abzustellen, können die Beanstandungen — insbesondere bei der laufenden Belegprüfung (§ 15 Abs. 2 Satz 3) — der geprüften Stelle schon vor Abschluß der Vorprüfung in einem Beanstandungsschreiben nach Muster 4[1]) zur Beantwortung innerhalb einer angemessenen Frist mitgeteilt werden. § 21 Abs. 2 und 3 gelten sinngemäß.

[1]) Vgl. Fußnote zu § 7 Absatz 2.

§ 23

Kennzeichnung, Bescheinigung der Vorprüfung

(1) Die Vorprüfungsstelle verwendet für ihre Prüfungsvermerke usw. blaue Tinte oder blauen Tintenstift. Die Zahlenangaben sind anzuhaken.

(2) Auf dem Titelblatt der Rechnungslegungsbücher haben die Prüfungsbeamten mit ihrer Unterschrift unter Angabe ihrer Dienstbezeichnung, des Ortes und des Tages zu bescheinigen, daß die Bücher samt zugehörigen Belegen und anderen Unterlagen vorgeprüft sind. Wenn stichprobenweise geprüft ist, sind Art und Umfang der Stichproben anzugeben. Vollständig geprüfte Teile oder Abschnitte sind hierbei zu bezeichnen.

§ 24

Abstandnahme von der Einziehung oder Auszahlung

Von der Forderung, Beträge einzuziehen oder auszuzahlen, die bei öffentlichen Kassen zuwenig oder zuviel gezahlt sind, darf die Vorprüfungsstelle absehen, wenn es sich um geringfügige Beträge i. S. von Abschnitt I der Ausführungsbestimmungen zu § 105 RHO (Anlage 2)[1]) handelt. Anlage 2
Bei größeren Beträgen ist nach Abschnitt II der Ausführungsbestimmungen zu verfahren.

§ 25

Verfahren bei Zweifelsfragen und Meinungsverschiedenheiten

Ergeben sich bei der Vorprüfung Zweifelsfragen oder sind Meinungsverschiedenheiten zwischen der Vorprüfungsstelle und der geprüften Stelle oder der Kasse entstanden, die im Verhandlungswege nicht behoben werden können, so hat die Vorprüfungsstelle die abschließende Beantwortung der Stelle herbeizuführen, die der geprüften Stelle übergeordnet

---

[1]) Abgedruckt auf S. 169.

ist. Der zuständige Minister kann die Stellungnahme des Bundesrechnungshofs herbeiführen. In diesem Falle ist dem Schreiben an den Bundesrechnungshof der Schriftsatz beizufügen, in dem der Leiter der Vorprüfungsstelle seine Ansicht begründet hat.

§ 26

Vorlage der vorgeprüften Rechnungen an den Bundesrechnungshof

(1) Nach Abschluß der Vorprüfung jeder Rechnung hat die Vorprüfungsstelle dem Bundesrechnungshof einen Vor-
Muster 5 lagebericht nach Muster 5 einzureichen; dieser muß enthalten:

a) die Angabe, ob die Rechnung ganz oder zum Teil und ggf. welche Teile oder Abschnitte vorgeprüft sind (vgl. § 23);

b) die Angabe, daß die in der beiliegenden Rechnungsnachweisung aufgeführten Beträge in Einnahme und Ausgabe mit denjenigen übereinstimmen, die in den Rechnungslegungsbüchern oder der Kassenrechnung in Einnahme und Ausgabe nachgewiesen sind;

c) die Angabe, daß Abweichungen vom Haushaltsplan und seinen Unterlagen nicht vorgekommen sind;

d) alle Beanstandungen von grundsätzlicher oder sonst erheblicher Bedeutung;

e) Beanstandungen, zu denen die Ermittlungen oder ein Verfahren nach § 25 noch nicht abgeschlossen sind. Der Schriftwechsel ist beizufügen oder nachzureichen;

f) diejenigen Fälle, in denen die Vorprüfungsstelle im Hinblick auf die Schwierigkeiten oder Bedeutung einer Einzelfrage von einer Stellungnahme absieht;

g) einen Hinweis, ob und welche Fehlbestände an öffentlichem Vermögen bekanntgeworden sind.

Zu d) und e) ist zur Verminderung des Schreibwerks auf die Vorprüfungsniederschrift oder auf die Beanstandungen zu verweisen.

(2) Dem Vorlagebericht sind beizufügen:

a) die Rechnungsnachweisung mit Anlagen,

b) die Vorprüfungsniederschrift und die Beanstandungsschreiben,

c) die Nachweisung der Buchungen an unrichtiger Stelle,

d) die Nachweisung der Buchungen im falschen Rechnungsjahr,

e) das Verzeichnis über Abstandnahme von Einziehungen und Auszahlungen,

f) das Verzeichnis der geldlichen Ergebnisse.

(3) Rechnungslegungsbücher und Belege sind dem Bundesrechnungshof nur auf Anfordern zu übersenden.

Teil III

Prüfung der überlassenen Rechnungen

§ 27

Durchführung der Prüfung

(1) Auf die Prüfung der nach § 93 Abs. 1 RHO überlassenen Rechnungen sind die §§ 96 bis 99, 103, 105 und 106 RHO sowie Teil I und II dieser Vorprüfungsordnung sinngemäß anzuwenden.

(2) Die Vorprüfungsstelle hat auf Grund der Antworten und des weiteren Schriftwechsels oder der mündlichen Erörterungen mit den geprüften Stellen ihre Entscheidung zu treffen und diese in die Prüfungsniederschrift aufzunehmen. Die geprüften Rechnungslegungsbücher sowie die Belege und besonderen Prüfungsunterlagen sind nach Erledigung aller Beanstandungen der rechnungslegenden Stelle zurückzusenden. Der übrige Prüfungsstoff ist bei der Vorprüfungsstelle aufzubewahren.

(3) Die dem Bundesrechnungshof nach § 93 Abs. 3 RHO vorzulegenden Bescheinigungen und Mitteilungen hat die Vorprüfungsstelle unverzüglich nach Abschluß der Prü-
Muster 6 fungen nach Muster 6 einzureichen.

Zu §§ 27 bis 29

Überläßt der BRH die Prüfung von Rechnungen nach § 93 RHO den Verwaltungsbehörden, so führt die VPSt nicht eine Vorprüfung, sondern im Auftrag des BRH und nach seinen Weisungen (§ 93 Abs. 2 RHO) die Rechnungsprüfung durch. Das dabei zu beachtende Verfahren ist in den §§ 27 bis 29 in der Weise geregelt, daß die für die Vorprüfung geltenden Bestimmungen sinngemäß anzuwenden sind.

§ 28

Verfahren bei Meinungsverschiedenheiten

Bei Meinungsverschiedenheiten mit der geprüften Stelle oder Kasse oder der diesen übergeordneten Stelle, die im Verhandlungswege nicht ausgeräumt werden können, hat die Vorprüfungsstelle unter Darlegung des Sachverhalts die Stellungnahme des zuständigen Ministers einzuholen und, wenn die Meinungsverschiedenheiten nicht behoben werden, die Angelegenheit dem Bundesrechnungshof vorzulegen, der in diesen Fällen gemäß § 93 (2) RHO verfährt.

§ 29

Beschränkung der Prüfung

Die Vorprüfungsstelle darf die Prüfung überlassener Rechnungen, unbeschadet der §§ 17 Abs. 2 und 18 Abs. 2 und 3, nur auf Grund einer vom Bundesrechnungshof nach § 93 Abs. 1 Satz 2 RHO erteilten Ermächtigung beschränken.

Teil IV

Schlußbestimmungen

§ 30

Vorprüfung von Rechnungen der Länder über Einnahmen und Ausgaben des Bundes

Inwieweit bei der Ordnung der Vorprüfung von Rechnungen, die von Ländern über Einnahmen und Ausgaben des

Bundes gelegt werden, der zuständige Bundesminister neben oder an Stelle des zuständigen Landesministers mitwirkt, bleibt Sonderregelungen der beteiligten Verwaltungen überlassen.

Soweit Behörden der Länder über Einnahmen und Ausgaben des Bundes Rechnung zu legen haben, obliegt die Vorprüfung regelmäßig den VPSt der Länder. Da der zuständige Bundesminister für die in Betracht kommenden Teile des Bundeshaushalts die Verantwortung trägt, muß er auch in der Lage sein, neben dem zuständigen Landesminister oder an dessen Stelle an der Ordnung der Vorprüfung mitzuwirken. In welchen Beziehungen und in welcher Weise das zweckmäßig zu geschehen hat, entzieht sich bei der Verschiedenheit der Tatbestände einer allgemeinen Lösung und ist deshalb Sonderregelungen von Fall zu Fall vorbehalten.

§ 31

Inkrafttreten

Die Vorprüfungsordnung tritt am 1. April 1953 in Kraft.

Muster 3

(§ 21 Abs. 1 VPOB)

....

(Bezeichnung der Vorprüfungsstelle)

...., den .... 19......

Vorprüfungsniederschrift

U. R. mit .... Anlagen

an ....

(Bezeichnung der Verwaltungsbehörde)

in ....

Die umstehenden Beanstandungen der Vorprüfungsstelle gegen die Rechnung

....

(Bezeichnung der Rechnung)

der ....

(Bezeichnung der rechnungslegenden Stelle)

werden mit der Bitte um Erledigung und Beantwortung unter Rückgabe der Anlagen übersandt.

Frist bis zum .... 19......

....

(Bezeichnung der Verwaltungsbehörde)

Vorbemerkungen:

1. Die Vorprüfungsniederschrift ist in doppelter Ausfertigung im Durchschreibeverfahren herzustellen. Eine Ausfertigung ist für die Verwaltungsbehörde bestimmt.
2. Wenn sich aus der Antwort der Verwaltungsbehörde die Notwendigkeit eines weiteren Schriftwechsels ergibt, so ist dabei ebenfalls Muster 3 zu verwenden. In diesem Falle ist in Spalte 3 zunächst das Datum der ersten Vorprüfungsniederschrift und die laufende Nummer der ursprünglichen Beanstandung anzugeben.

...., den .... 19......

(Leiter der Vorprüfungsstelle)

.... U. mit .... Anlagen nach Erledigung zurückgesandt.

....

Seite 2

Lfd. Nr.	Buchungsabschnitt u. Nr. des Belegs	Beanstandung
1	2	3

Seite 3

Antwort	Stellungnahme der Vorprüfungsstelle
4	5

Muster 5

(§ 26 VPOB)

....

(Bezeichnung der Vorprüfungsstelle)

...., den .... 19......

An den

Bundesrechnungshof

Frankfurt/Main

Als Anlagen werden beigefügt:

a) Rechnungsnachweisung mit .... Anlagen,

Die Rechnung Einzelplan ....

Kapitel ....

....

b) Vorprüfungsniederschrift und Beanstandungsschreiben,

c) Nachweisung der Buchungen an unrichtiger Stelle,

d) Nachweisung der Buchungen im falschen Rechnungsjahr,

e) Verzeichnis über Abstandnahme von Einziehungen oder Auszahlungen,

f) Verzeichnis der geldlichen Ergebnisse.

für das Rechnungsjahr 195.. ist nach den Bestimmungen der Verprüfungsordnung vorgeprüft worden.
Auf Grund von § 26 Abs. 1 VPOB wird mitgeteilt:

1. Die Rechnung ist ganz vorgeprüft; die Vorprüfung ist auf Stichproben — Abschnitte — beschränkt. (Erlaß des Rechnungshofs vom ....).
2. Die in der beiliegenden Rechnungsnachweisung aufgeführten Beträge stimmen in Einnahme und Ausgabe mit denjenigen überein, die in den Rechnungslegungsbüchern oder der Kassenrechnung in Einnahme und Ausgabe nachgewiesen sind. Sie sind ordnungsmäßig belegt.
3. Abweichungen vom Haushaltsplan und seinen Unterlagen (§ 107 Abs. 1 Nr. 2 RHO) sind — nicht — vorgekommen. Eine Zusammenstellung ist als Anlage beigefügt.

4. ....

(Hinweis auf die Beanstandungen von grundsätzlicher oder sonst erheblicher Bedeutung oder zu denen die Ermittlungen noch nicht abgeschlossen sind oder über die nach § 25 VPOB noch nicht entschieden ist, unter Beifügung des Schriftwechsels.)

5. ....

(Angabe derjenigen Fälle, in denen die Vorprüfungsstelle im Hinblick auf die Schwierigkeiten oder Bedeutung einer Einzelfrage von einer Stellungnahme abgesehen hat.)

6. ....

(Hinweis, ob und welche Fehlbestände an öffentlichem Vermögen bekanntgeworden sind.)

....
(Leiter der Behörde — der Vorprüfungsstelle)

Anm.: Nichtzutreffendes streichen.

Muster 6
(zu § 27 Abs. 3 VPOB)

....
(Bezeichnung der Vorprüfungsstelle)

...., den.......................................19......

An den

Bundesrechnungshof

Frankfurt/Main

Anlagen:

....

Die Rechnung Einzelplan ....Kapitel ....

....

für das Rechnungsjahr 195.. ist nach den Vorschriften der §§ 96 bis 99 und 103, 105 und 106 der Reichshaushaltsordnung sowie den Bestimmungen der Vorprüfungsordnung geprüft worden.

Auf Grund von § 27 Abs. 3 VPOB wird mitgeteilt:

1. Die in der beiliegenden Rechnungsnachweisung aufgeführten Beträge stimmen in Einnahme und Ausgabe mit denjenigen überein, die in den Rechnungslegungsbüchern oder der Kassenrechnung in Einnahme und Ausgabe nachgewiesen sind. Sie sind ordnungsmäßig belegt.

2. Abweichungen vom Haushaltsplan und seinen Unterlagen (§ 107 Abs. 1 Nr. 2 RHO) sind — nicht — vorgekommen.

   — Eine Zusammenstellung ist als Anlage beigefügt —

3. Das Prüfungsverfahren ist nach § 106 RHO der rechnungslegenden Stelle gegenüber — noch nicht — für abgeschlossen erklärt worden.

4. Das Titelbuch, die Belege und sonstigen Prüfungsunterlagen sind zurückbehalten und liegen zur Einforderung durch den Rechnungshof bereit (§ 93 Abs. 2 RHO).

....
(Leiter der Behörde — der Vorprüfungsstelle)

Anm.: Nichtzutreffendes streichen.

Anlage 1
(§ 7 Abs. 3 VPOB)

Richtlinien

A. für den Nachweis der Buchungen an unrichtiger Stelle

B. für den Nachweis der Buchungen im falschen Rechnungsjahr

A. Buchungen an unrichtiger Stelle

1. Über die bei der Vorprüfung festgestellten Buchungen an unrichtiger Stelle haben die Prüfungsbeamten — für jede Rechnung besonders — eine Nachweisung nach Muster A zu fertigen. In diese **Muster A** Nachweisung sind sowohl die ausgleichbaren wie die nicht ausgleichbaren Verwechslungen, die im einzelnen 50 DM übersteigen, aufzunehmen. Fälle von grundsätzlicher oder sonst erheblicher Bedeutung sind ohne Rücksicht auf den Betrag zu verzeichnen; über solche Fälle sowie über Buchungen, die im einzelnen mehr als 5000 DM betragen, hat die Vorprüfungsstelle in einer besonderen Anlage unter Darlegung des Sachverhalts Stellung zu nehmen.

2. In der Nachweisung sind die Beträge in den Spalten 4 und 5 nach den Haushaltsstellen, bei denen sie gebucht worden sind, und in den Spalten 6 und 7 nach den Haushaltsstellen, bei denen sie hätten gebucht werden sollen, dergestalt zu ordnen, daß bei jedem Betrag nur eine geschädigte und eine begünstigte Haushaltsstelle angegeben wird. Kommt ein übertragbarer Titel in Frage, so ist er mit einem + zu versehen.

3. Aus den Nachweisungen muß sich, um Unklarheiten zu vermeiden, zweifelsfrei ergeben, ob es sich um einen Einnahme- oder Ausgabebetrag, einen Einnahme- oder Ausgabetitel handelt. Wenn ein Betrag bei richtiger Buchung über- oder außerplanmäßig nachzuweisen gewesen wäre, so ist bei ihm in Spalte 9 der Nachweisung anzugeben, ob die Vorprüfungsstelle das Vorliegen eines unabweisbaren Bedürfnisses nach § 33 der Reichshaushaltsordnung anerkennt oder nicht. Ferner ist in den Fällen, in denen nach § 67 a. a. O. ein Ausgleich vorzunehmen war, aber nicht vorgenommen worden ist, zu begründen, warum dies nicht geschehen ist.

4. Die Nachweisung ist dem Vorlagebericht beizufügen (§ 26 Abs. 2 der Vorprüfungsordnung). Wenn die Aufstellung einer Nachweisung nicht erforderlich war, so ist eine Fehlanzeige als Anlage zu dem Vorlagebericht zu nehmen.

B. Buchungen im falschen Rechnungsjahr

Über die Buchungen im falschen Rechnungsjahr haben die Prüfungsbeamten — für jede Rechnung besonders — eine Nachweisung nach Muster B aufzustellen. Für diese Nachweisungen gelten die **Muster B** Richtlinien zu Abschnitt A entsprechend.

Muster A
(Anlage 1 zur VPOB)

....
(Bezeichnung der Vorprüfungsstelle)

Nachweisung
der Buchungen an unrichtiger Stelle

Rechnung: ....

....

Rechnungsjahr ....

Geführt von: .... vom ....19...... bis ....19......

.... vom ....19...... bis ....19......

....
(Name und Dienstbezeichnung des Prüfungsbeamten)

Lfd. Nr.	Nr. der Beanstandung in der Vorprüfungsniederschrift[1])	Betrag		Gebucht				Ist Ausgleich[3]) a) vorgenommen? b) angeordnet?	Vermerke
				bei		statt bei			
		DM	Dpf.	Kap.	Tit.[2])	Kap.	Tit.[2])		
1	2	3		4	5	6	7	8	9

[1]) Ist die Buchung nach § 22 der VPOB beanstandet, so ist hier das Datum des Beanstandungsschreibens und gegebenenfalls die laufende Nummer innerhalb des Beanstandungsschreibens anzugeben.
[2]) Gegebenenfalls sind hier auch die Unterteile eines Titels anzuführen.
[3]) Die Frage b) ist nur dann zu beantworten, wenn die Frage a) verneint ist.

Muster B
(Anlage 1 zur VPOB)

....
(Bezeichnung der Vorprüfungsstelle)

Nachweisung
der Buchungen im falschen Rechnungsjahr

Rechnung: ....

....

Rechnungsjahr..........................

Geführt von: .... vom ....19....... bis ....19......

.... vom ....19....... bis ....19......

....

(Name und Dienstbezeichnung des Prüfungsbeamten)

Lfd. Nr.	Beleg Nr.	Betrag		Kurze Erläuterung der Ausgabe/ Einnahme	Gebucht						Vermerke
					bei			statt bei			
		DM	Dpf.		Kap.	Tit.	im RJ	Kap.	Tit.	im RJ	
1	2	3		4	5	6	7	8	9	10	11

Anlage 2

(§ 24 VPOB)

Ausführungsbestimmungen

Zu §§ 67 und 105 der Reichshaushaltsordnung

Zur Ausführung der §§ 67 und 105 der Reichshaushaltsordnung (RHO) vom 31. Dezember 1922 (RGBl. 1923 II S. 17) werden .... folgende Bestimmungen erlassen:...

A. Titelverwechslungen § 67 Reichshaushaltsordnung

pp...[1])

B. Abstandnahme von Einziehungen oder Auszahlungen

§ 105 lautet: „Von der Herbeiführung der Einziehung von Beträgen, die an öffentliche Kassen zuwenig ein- oder von ihnen zuviel ausgezahlt worden sind, und der Auszahlung von Beträgen, die von öffentlichen Kassen zuwenig aus- oder an sie zuviel eingezahlt worden sind, darf der Rechnungshof absehen, wenn es sich um geringfügige Beträge handelt, oder wenn die Einziehung oder die Zurückzahlung mit Weiterungen oder Kosten verbunden wäre, die nicht im angemessenen Verhältnis zu der Höhe des Betrags ständen."

[1]) Abgedruckt im MinBlFin 1953 S. 601.

Die Bestimmung enthält etwas Selbstverständliches. Sie gleichwohl in das Reichskontrollgesetz vom 21. März 1910 und nun in die Reichshaushaltsordnung aufzunehmen, empfahl sich, um sie als Grundsatz gesetzlich festzulegen und dadurch Bedenken zu beseitigen, die sich aus anderweitigen Vorschriften ergeben könnten.

Soll der Grundsatz durchgeführt werden, so ist er nicht erst bei der Rechnungsvorprüfung und -prüfung, sondern durchweg auch schon im Verwaltungsverfahren anzuwenden. Während in letzterer Hinsicht die nähere Bestimmung den obersten Verwaltungsbehörden im Einvernehmen mit dem Herrn Reichsminister der Finanzen vorbehalten bleibt, ergeht in Nachstehendem Anordnung für Vorprüfung und die Prüfung.

I. Geringfügige Beträge

1. Soweit nicht Einzelvorschriften anderes bestimmen oder nach folgenden Ziffern 2 und 3 zu verfahren ist, sind Beträge bis 1 DM überhaupt nicht und Beträge von mehr als 1 DM bis 3 DM im allgemeinen nur dann einzuziehen oder zu zahlen, wenn es sich bei Zahlung laufender Bezüge oder Begleichung späterer Forderungen bewirken läßt.

2. In Fällen, in denen geflissentliche Schädigung der Reichskasse anzunehmen ist oder es sich um Geldstrafen handelt, können derartige geringfügige Beträge eingezogen werden, sofern die Möglichkeit hierzu gegeben erscheint und nicht unverhältnismäßig Weiterungen entstehen.

3. Beansprucht der Berechtigte die Auszahlung, so darf sie nicht verweigert werden. Es sind ihm jedoch, sofern er das Versehen herbeigeführt hatte, etwaige Kosten der Auszahlung, insbesondere die Postgebühr, anzurechnen. Dies ist ihm tunlichst bei Stellung des Antrags bekanntzugeben.

Die Auszahlung kann auch dann stattfinden, wenn für den Empfangsberechtigten angesichts seiner wirtschaftlichen Lage der Betrag nicht als unerheblich zu erachten ist.

4. Wären von derselben Person mehrere Beträge einzuziehen oder an dieselbe Person mehrere Beträge auszuzahlen, oder hätte dieselbe Person solche Beträge sowohl zu zahlen als auch zu empfangen, so ist für die Frage, ob die Einziehung oder Auszahlung stattfinden soll, die Summe der Einzelbeträge oder das Ergebnis der Abgleichung maßgebend.

5. In Fällen, in denen infolge unrichtiger Berechnung oder unrichtiger Anwendung von Vorschriften usw. eine größere Anzahl von Empfängern begünstigt oder benachteiligt worden ist und die Summe der zuviel oder zuwenig gezahlten Beträge zwar nicht unerheblich ist, auf den einzelnen jedoch nur ein geringfügiger Betrag entfällt, wird nur insoweit eine Rück- oder nicht beanspruchte Aus-

zahlung anzuordnen sein, als sie ohne unverhältnismäßige Weiterungen, also insbesondere gelegentlich der Zahlung laufender Bezüge oder der Begleichung späterer Forderungen erfolgen kann.

6. Wahrgenommene geringfügige Unrichtigkeiten sind auf den Belegen kurz zu vermerken (z. B. wäre, wenn 49 DM statt 50 DM angesetzt sind, beizusetzen: richtig 50 DM). Vorprüfungs- und Prüfungsbemerkungen über geringfügige Unrichtigkeiten sind nur zu erheben, wenn solche in größerer Zahl vorgekommen sind, oder wenn es sich um grundsätzliche Fragen oder um die Festsetzung laufender Bezüge handelt. Im ersten Falle wird in der Regel zu einer Rechnung eine auf die verschiedenen Unrichtigkeiten verweisende kurze Bemerkung*) genügen, in den übrigen Fällen werden gleichartige Unrichtigkeiten ebenfalls tunlichst in einer Bemerkung*) zusammenzufassen sein. Auch bei Erhebung einer Bemerkung*) hat nur unter den in 1 bis 5 bezeichneten Voraussetzungen Einziehung oder Auszahlung stattzufinden.

---

*) Unter Bemerkung ist hier die Beanstandung der Vorprüfungsstelle zu verstehen.

II. Abstandnahme bei nicht geringfügigen Beträgen

1. Handelt es sich um Beträge von mehr als 3 DM, so können bei Beurteilung der Frage, ob Einziehung oder Auszahlung mit Weiterungen oder Kosten verbunden wäre, die nicht im angemessenen Verhältnis zur Höhe des Betrages ständen, beispielsweise in Betracht gezogen werden:

der Zeitaufwand, der im weiteren Verlauf mutmaßlich bei der zuständigen Behörde selbst, bei anderen amtlichen Stellen und bei den beteiligten Personen entstehen könnte, der auf den Zeitaufwand annähernd entfallende Teil der Besoldung usw. der Beamten usw., die mit der Sache hauptsächlich befaßt würden, die sächlichen Kosten (Papier, Umschläge usw.);

ferner

die wirtschaftliche Lage des Schuldners,

die Möglichkeit ratenweiser Zahlung und die Aussichten und Kosten eines etwaigen Rechtsstreites.

Bestehen Zweifel über die Rechtslage, so wird auch der Abschluß eines Vergleichs in Erwägung zu ziehen sein.

Daß ein Empfangsberechtigter einen Antrag nicht gestellt hat, bildet für sich keinen Grund zur Unterlassung der Auszahlung eines nicht geringfügigen Betrages. Der zweite Satz von B I 3 Abs. 1 gilt auch hier.

Sofern Einziehung bei Zahlung laufender Bezüge oder Begleichung späterer Forderungen möglich ist, werden Weiterungen oder

Kosten, die nicht im angemessenen Verhältnis zur Höhe des Betrages stehen, im allgemeinen nicht als vorliegend anzusehen sein.

2. Soweit nicht nach folgender Ziffer 3 zu verfahren war, haben die Verwaltungsbehörden bei Beträgen über 3 DM bis 50 DM zunächst selbständig zu beschließen, ob die Voraussetzungen für die Abstandnahme von Einziehung oder Auszahlung gegeben sind. Im Falle der Verneinung dieser Frage ist alsbald das Nötige zu veranlassen, im Falle der Bejahung aber von einem Vorgehen abzusehen und der Fall in ein Verzeichnis nach dem nachstehenden Muster aufzunehmen, das unter Beigabe der einschlägigen Belege und Schriftstücke mit der Vorprüfungsverhandlung*) oder mit den im § 93 Abs. 3 RHO erwähnten Unterlagen an den Rechnungshof einzusenden ist.

3. In Fällen, in denen es sich um höhere Beträge als im vorigen Absatz handelt, sowie in Fällen, in denen eine baldige endgültige Entscheidung über eine Auszahlung oder der Versuch der Einziehung geboten erscheint oder bei der Verwaltungsbehörde Zweifel bestehen, ist unter Beifügung der Belege und sonstiger Schriftstücke besonderer Antrag an den Rechnungshof zu stellen.

*) Unter Vorprüfungsverhandlung ist hier der Vorlagebericht (§ 26 der VPOB) zu verstehen.

Muster

....
(Bezeichnung der Vorprüfungsstelle)

Verzeichnis
über Abstandnahme von Einziehungen
oder Auszahlungen

zur .... Rechnung ....

für 19.............

Lfd. Nr.	Angabe des Buchungsabschnitts und der Beleg-Nr.	Betrag DM	Kurze Darstellung des Sachverhalts	Gründe für die Abstandnahme	Vermerke
1	2	3	4	5	6

Anmerkung: Für die Eintragung kommen Beträge über 3 bis 50 DM in Frage (Abschnitt B II 2).

24. Richtlinien des Bundesministers der Finanzen für die Abrechnung mit der Bundeshauptkasse über die Haushaltseinnahmen und -ausgaben des Bundes vom Rechnungsjahr 1953 ab, vom 7. April 1953

— II A/6 — A 2040 — 5/53 (MinBlFin 1953 S. 282)[1])

Infolge Neugliederung des Bundeshaushaltsplans vom Rechnungsjahr 1953 ab wird auch die Änderung der Einteilung in der monatlichen Abschlußnachweisung erforderlich. Aus diesem Grunde und zur besseren Übersicht über die von mir in zahlreichen Einzelerlassen für die Abrechnung gegebenen Bestimmungen sind in den nachstehenden Richtlinien die bisherigen Abrechnungsbestimmungen zusammengefaßt und — soweit erforderlich — geändert worden.

Ich bitte, bei der Abrechnung mit der Bundeshauptkasse über die Haushaltseinnahmen und -ausgaben des Bundes mit Wirkung vom Rechnungsjahr 1953 ab nach den folgenden Richtlinien zu verfahren:

1. Nach § 81 (1) RKO haben die Amtskassen und Oberkassen (1. und 2. Stufe)*) ihre Bücher für jeden Kalendermonat und für jedes Rechnungsjahr abzuschließen und gleichzeitig mit der Oberkasse oder bei unmittelbarem Abrechnungsverkehr mit der Bundeshauptkasse mit dieser abzurechnen. Die Abrechnung muß sämtliche zu dem abgelaufenen Abrechnungszeitraum gehörenden Haushaltseinnahmen und -ausgaben sowie Kassenbestandsverstärkungen und Ablieferungen — einschl. der in dem Abrechnungszeitraum bewirkten Buchausgleiche — umfassen. Nach § 81 (3) RKO ist von den Amtskassen und Oberkassen über jeden Abschluß eine Abschlußnachweisung aufzustellen.

*) Anmerkung: 1. Stufe: z. B. Oberfinanz- und Regierungshauptkassen, 2. Stufe: z. B. Landeshaupt- und Staatshauptkassen, soweit diese mit der Bundeshauptkasse im Abrechnungsverkehr stehen.

2. Für die Aufstellung der Abschlußnachweisung ist das anliegende neue Muster 1 zu verwenden[2]). Muster 1

[1]) Ergänzt durch Erlaß vom 1. Oktober 1953 betr. Titelweise Aufgliederung von Ausgaben (MinBlFin. S. 818).

[2]) Vom Abdruck der Muster ist abgesehen worden.

3. Die Einzelpläne sind in der Abschlußnachweisung grundsätzlich kapitelweise nach der durch die Neugestaltung des Bundeshaushaltsplans gegebenen Gliederung unter Verwendung des vierstelligen Kennzahlensystems abzurechnen. Die Haushaltseinnahmen und -ausgaben sind — wie bisher — nach dem Bruttoprinzip getrennt nachzuweisen.

4. Die Einnahmen und Ausgaben des außerordentlichen Haushalts sind in der Abschlußnachweisung im Anschluß an den ordentlichen Haushalt — sinngemäß nach dem für diesen gegebenen Muster — unter einem besonderen Abschnitt „2. Außerordentlicher Haushalt“ für sich ebenfalls kapitelweise abzurechnen. Die Summen der Einnahmen und der Ausgaben des außerordentlichen Haushalts sind in der Zusammenstellung der Haushaltseinnahmen des ordentlichen Haushalts bzw. in der Zusammenstellung der Haushaltsausgaben des ordentlichen Haushalts den dort errechneten Summen hinzuzusetzen und mit aufzurechnen. Dann sind die Gesamtsummen der Einnahmen bzw. Ausgaben zu bilden.

5. Für die vom Beginn des Rechnungsjahres bis einschließlich Abrechnungsmonat abgerechneten Einnahmen und Ausgaben (bisher Spalte 8) ist in dem neuen Muster der Abschlußnachweisung keine besondere Spalte vorgesehen. Diese Einnahmen und Ausgaben sind vielmehr unmittelbar unter die Monatsbeträge (a-Beträge), durch einen waagerechten Strich getrennt, als b-Beträge einzutragen.

   Die sonstigen Änderungen gegenüber der bisherigen Abschlußnachweisung ergeben sich aus dem neuen Muster; Änderung oder Ergänzung ist nur mit meinem Einverständnis statthaft.

6. Die für den abgelaufenen Monat erhobenen Kassenbestandsverstärkungen (also auch die Kassenbestandsverstärkungen, die für den Abrechnungsmonat mittels andersfarbiger — nicht grüner — Schecks bei den Landes- und Staatshauptkassen — Oberkassen

2. Stufe — erhoben und von diesen mittels grüner Schecks auf das Konto 10/119 der Bundeshauptkasse in den ersten Tagen des folgenden Monats gezogen wurden) und die vorgenommenen Ablieferungen sind auf der letzten Seite der Abschlußnachweisung mit den Einzelbeträgen der Zeitfolge nach einzutragen.

7. Soweit Einzelpläne oder Teile derselben nach Titeln aufzugliedern und abzurechnen sind (das sind die aus Spalte „Vermerke" des Musters 2 ersichtlichen), sind die in der Abschlußnachweisung abgerechneten Kapitelbeträge des ordentlichen und außerordentlichen Haushalts in einer — nach Einzelplänen getrennten — Titelübersicht nach anliegendem Muster 2[1]) titelweise aufzugliedern. Die Titelübersichten sind in einfacher Ausfertigung der Abschlußnachweisung beizufügen. Muster 2

8. Auf die nach Abschnitt II Ziff. 3 meines Rundschreibens vom 11. Juli 1950 II A/6 — H 2000 — 56/50[1]) der Abschlußnachweisung beizufügenden Übersichten über die noch nicht abgerechneten Kassenbestandsverstärkungen und die noch nicht abgewickelten Verwahrungen und Vorschüsse will ich vom Rechnungsjahr 1953 ab — auch aus Gründen der Geschäftsvereinfachung — versuchsweise verzichten. Ich behalte mir jedoch vor, erneut um die Vorlage der Übersichten zu bitten, falls nach dem Ergebnis der Abschlußnachweisungen die nicht abgerechneten Beträge wieder eine nicht vertretbare Höhe erreichen sollten.

9. Die Richtigkeit der Abschlußnachweisung ist von dem Kassenaufsichtsbeamten zu bescheinigen.

10. Für die Einnahmen und Ausgaben, die nach dem 31. März jedes Jahres bis zum Buchabschluß noch für Rechnung des abgelaufenen Rechnungsjahres geleistet werden, ist eine weitere, für die Auslaufzeit bestimmte Abschlußnachweisung aufzustellen und der Bundeshauptkasse zu den jeweils von mir bestimmten Zeitpunkten (für 1952 vgl. MinBlFin 1953 S. 157) einzureichen. Die für den Monat April einzureichende Abschlußnachwei-

[1]) Vom Abdruck der Muster ist abgesehen worden.

sung darf nur Einnahmen und Ausgaben enthalten, die das neue Rechnungsjahr betreffen (also Ausgaben im März für April und Ausgaben im April).

11. Für den Zeitpunkt der Vorlage der monatlichen Abschlußnachweisung an die Bundeshauptkasse gelten folgende Fristen:
    a) durch die bundeseigenen Kassen sowie die Kassen der Länder, die nicht als Oberkassen tätig sind: bis zum 8. jeden Monats,
    b) durch die Oberkassen 1. Stufe (z. B. Oberfinanz-, Regierungshauptkassen): bis zum 10. jeden Monats,
    c) durch die Oberkassen 2. Stufe (z. B. Landeshaupt- bzw. Staatshauptkassen) und die Hauptkasse der Bundesanstalt für Arbeitsvermittlung und Arbeitslosenversicherung: bis zum 15. jeden Monats.

    Zu a) bis c):
    Die Abschlußnachweisungen sind — soweit vorgeschrieben, mit den Titelübersichten nach Ziff. 7 — in einfacher Ausfertigung an die Bundeshauptkasse in Bonn, Husarenstr. 3, zu senden.
    Sofern Kassen nur über wenige Einzelpläne abzurechnen haben, wird für die Abschlußnachweisung Größe DIN A 4 , andernfalls DIN A 3 empfohlen.
    Die zusammengestellte Abschlußnachweisung ist mir von der Bundeshauptkasse bis zum 25. jeden Monats vorzulegen.

12. Die Oberfinanzkassen übermitteln der Bundeshauptkasse — wie bisher — die Vorausmeldungen über das voraussichtliche Aufkommen an bundeseigenen Steuern (Einzelplan 60) spätestens bis zum 8. jeden Monats.

13. Soweit in den nachstehenden Erlassen hinsichtlich der Abrechnung Bestimmungen getroffen wurden, werden diese hiermit aufgehoben:
    Erlaß der ehemaligen Verwaltung für Finanzen des Vereinigten Wirtschaftsgebiets
    vom 11. 2. 1949 II a H 2005 — 14/49,

Erlasse des Bundesministers der Finanzen:

vom 5. 4. 1950 — II A/5 — H 2000 — 28/50 —,
vom 11. 7. 1950 — II A/6 — H 2000 — 56/50 —,
vom 6. 10. 1950 — II A/6 — H 2000 — 76/50 —,
vom 1. 12. 1950 — II A/6 — Lä 1020 — 457/50 —,
vom 6. 7. 1951 — II A/6 — Lä 1020 Allg. — 11/51 —,
vom 8. 8. 1951 — II A/6 — Lä 1020 Allg. — 20/51 —,
vom 5. 1. 1952 — II A/6 — H 2000 — 121/51 —,
vom 31. 3. 1952 — II A/6 — Bln 1020 — 4/52 —,
vom 13. 5. 1952 — II A/6 — Lä 1020 Ar — 11/52 —,
vom 30. 8. 1952 — II A/6 — Lä 1020 Allg. — 19/52.

14. Für die Abrechnung der Zollkassen mit den Oberfinanzkassen gelten weiterhin die Bestimmungen in den §§ 101 ff. AKO mit der Maßgabe, daß der Abschluß der Bücher und die Abrechnung mit der Oberfinanzkasse nicht vierteljährlich, sondern monatlich vorzunehmen sind.

25. Erlaß des Bundesministers der Finanzen betr. Aufhebung von Erlassen des ehemaligen Reichsfinanzministers auf dem Gebiete des Haushalts-, Kassen- und Rechnungswesens (Kriegsvorschriften) vom 8. April 1953

— II A/1 — A 0100 — 5/53 —
(MinBlFin 1953 S. 317)

I. Der frühere Reichsminister der Finanzen hat während des Krieges durch eine Reihe von Runderlassen Vereinfachungen auf dem Gebiet des Haushaltswesens (RHO und RWB), des Kassenwesens (RKO) und der Rechnungslegung (RRO) zugelassen, die lediglich kriegsbedingt waren. Um Zweifel über die Gültigkeit dieser Erlasse zu beseitigen, hebe ich die folgenden Runderlasse des ehemaligen Reichsministers der Finanzen auf:

A 2000 — 104 Gen B vom 16. 2. 1941 (RBB S. 91) betr. Vorübergehende Beschäftigung von Angestellten im Reichskassendienst (§ 10 Abs. 2 RKO),

A 2100 — 434 Gen B vom 24. 4. 1941 (RBB S. 149) betr. Lebens- und Reichsangehörigkeitsbescheinigungen (§ 45 RKO, § 74 RRO),

A 1300 — 29 I vom 16. 3. 1942 (RBB S. 55) betr. Weitere Vereinfachungsmaßnahmen auf dem Gebiet des Reichshaushaltswesens — Bescheinigungen und Erklärungen über persönliche Verhältnisse — (§§ 74, 75 RRO),

A 2013 — 331 Gen B vom 31. 3. 1942 (RBB S. 86) betr. Kassenbestandsverstärkungen gegen Hingabe eines grünen Schecks (Anlage 8 zur RKO),

A 1300 C — 37 I vom 25. 4. 1942 (RBB S. 91) betr. Weitere Vereinfachungsmaßnahmen auf dem Gebiet des Reichshaushaltswesens,

A 2100 — 539 Gen B vom 20. 1. 1943 (RBB S. 15) betr. Lebens- und Reichsangehörigkeitsbescheinigungen und Erklärungen über die persönlichen Verhältnisse (§§ 74 und 75 RHO),

A 1100 a — 568 I vom 13. 7. 1943 (RBB S. 162) betr. Ausgleich von Schäden zwischen Reichsverwaltungen,

A 1301 (44) — 14 I vom 25. 10. 1943 (RBB S. 201) betr. Aufstellung des Reichshaushaltsplans für das Rechnungsjahr 1944,

A 1000 — 481 I vom 25. 10. 1943 (RBB S. 210) betr. Weitere Maßnahmen auf dem Gebiet des Haushaltswesens, Kassenwesens usw.,

A 1300 C — 167 I vom 9. 6. 1944 (RBB S. 107) betr. Vereinfachungen auf dem Gebiet des Reichshaushaltswesens,

A 1300 C — 228 I vom 25. 8. 1944 (RBB S. 131) betr. Vereinfachungen auf dem Gebiet des Reichshaushaltswesens im totalen Kriegseinsatz,

A 1301 — 45 — 5 I vom 2. 1. 1945 (RBB S. 1) betr. Haushaltsführung im Reich im Rechnungsjahr 1945,

A 1300 C — 315 I vom 24. 1. 1945 (RBB S. 15) betr. Weitere Vereinfachungen auf dem Gebiet des Reichshaushaltswesens im totalen Kriegseinsatz.

Es gelten künftig die Reichshaushaltsordnung und die zu ihrer Ergänzung und Durchführung erlassenen Bestimmungen in der Fassung des Gesetzes über die Aufstellung und Ausführung des Bundeshaushaltsplans für das Rechnungsjahr 1949 sowie über die Haushaltsführung und die vorläufige Rechnungsprüfung im Bereich der Bundesverwaltung (Haushaltsgesetz 1949 und Vorläufige Haushaltsordnung) vom 7. 6. 1950 (RGBl. S. 199)[1]) unter Anwendung dieses Rundschreibens. Demgemäß sind die Fußnoten in den Neudrucken der RWB von 1942, 1951 und 1952 zu streichen,

[1]) Siehe Nr. 2 der Sammlung.

soweit sie nicht nach dem Folgenden weiterhin Gültigkeit haben. Als aufgehoben gelten daher auch — abgesehen von den oben einzeln aufgeführten Erlassen des ehemaligen Reichsfinanzministers — solche Erlasse des Reichsfinanzministers und von Zonenbehörden, die nicht allgemein bekanntgemacht worden sind und Vereinfachungen gegenüber den Vorschriften der RHO, der RWB, der RKO und der RRO enthalten. Unberührt bleiben die steuerrechtlichen Vorschriften über Stundung, Erlaß und Niederschlagung.

II. Soweit einzelne Maßnahmen aus den aufgehobenen Erlassen im Interesse der Vereinfachung der Verwaltung auch künftig Gültigkeit haben sollen, werden sie in den nachfolgenden Absätzen zusammen mit besonderen Hinweisen bekanntgegeben.

Der Bundesrechnungshof hat den Maßnahmen, soweit erforderlich, zugestimmt.

Im einzelnen bemerke ich folgendes:

A. Reichshaushaltsordnung

1. § 12 RHO Einnahmen der Beamten und beamteten Hilfskräfte aus Nebentätigkeit.

Die Form der Aufnahme der Nebenbezüge in die Erläuterungen des Haushalts wird gesondert geregelt[1]).

Ferner werden in Kürze durch ein besonderes Rundschreiben Durchführungsbestimmungen zu der Verordnung über Nebentätigkeit der Beamten vom 6. Juli 1937 in der Bundesfassung (RGBl. I 1951 S. 94) erlassen werden. Es wird darauf hingewiesen, daß die VO über Nebentätigkeit der Beamten auch für Personen im Angestelltenverhältnis gilt[2]).

2. § 31 RHO Gegenseitige Deckungsfähigkeit

Die gegenseitige Deckungsfähigkeit von Ausgabebewilligungen richtet sich grundsätzlich nach § 31 RHO; dabei ist

---

[1]) Siehe Ziff. B 3 der „Bemerkungen 1954" (Nr. 22 der Sammlung).

[2]) Siehe Erlaß des Bundesministers der Finanzen vom 20. Februar 1953 — I B — B A 1150 — 15/52 (MinBlFin. S. 244, hier nicht abgedruckt).

nach den in § 6 Abs. 3 RWB gegebenen Richtlinien zu verfahren. In die gegenseitige Deckungsfähigkeit dürfen diejenigen Ausgabebewilligungen nicht einbezogen werden, deren Zahlenangaben bindend sind („es entfallen auf“, § 6 Abs. 13 RWB). Etwaige Ausnahmen werden jeweils durch das Haushaltsgesetz vorgesehen.

3. § 33 RHO Vieteljährliche Übersicht über die über- und außerplanmäßigen Ausgaben im Betrage von 10 000 DM und darüber.

Zur Vorbereitung der Übersichten über die über- und außerplanmäßigen Ausgaben im Betrage von 10 000 DM und darüber, die an den Bundestag zu leiten sind, teilen die obersten Bundesbehörden zum 25. Juli, 25. Oktober, 25. Januar und 30. Juni eines jeden Jahres jeweils für das abgelaufene Vierteljahr die zugewiesenen über- und außerplanmäßigen Ausgabemittel dem Bundesminister der Finanzen in 2 Ausfertigungen mit. Fehlanzeige ist erforderlich. Dem Bundesrechnungshof ist eine Ausfertigung unmittelbar zuzuleiten.

Es wird gebeten, folgendes Muster zu verwenden:

Einzelplan .... Kap. Tit.	Bezeichnung	Haushaltsbetrag DM	An über- und außerplanmäßigen Ausgabemitteln sind zugewiesen DM	Begründung
1	2	3	4	5

4. § 45 b RHO Verträge, durch die der Bund zur Auszahlung über ein Rechnungsjahr hinaus verpflichtet wird.

Auf die Einholung der in beiden Bestimmungen vorbehaltenen Zustimmungen kann ich nicht verzichten (vgl. im übrigen mein Rundschreiben vom 19. 7. 1951 II A — H 1010 — 278/50, MinBlFin S. 287)[1]).

5. § 47 (6) RHO Nachweis von Tauschgeschäften.

Für Tauschgeschäfte gilt § 47 (6) RHO. Bei der Buchung und bei dem rechnerischen Nachweis von Tauschgeschäften

---

[1]) Siehe Nr. 15 der Sammlung.

ist nach dem abschriftlich beigefügten Erlaß des ehemaligen Reichsminister der Finanzen A 1000 — 147 I C vom 9. 11. 1936[1]) zu verfahren. Anlage 1

6. **§ 64 a RHO Nachweis über die Verwendung von Bundesmitteln.**

Ich weise auf den erforderlichen Nachweis besonders hin. Richtlinien hierfür werden demnächst bekanntgegeben werden[2]).

7. **§ 65 (2) RHO Überlassung von Gegenständen an andere Bundesverwaltungen oder für Zwecke einer anderen Haushaltsbewilligung ohne Erstattung des Gegenwertes oder ohne Erhebung von Mieten oder Pachten.**
Bedeutung des Verzichts auf Werterstattung zwischen Bundesbehörden.

Auf die bei Werten über 3000 DM im Einzelfall mir vorbehaltene Zustimmung kann ich nicht verzichten.

Die Ermächtigung von § 65 Abs. 2 Satz 2 RHO beschränkt sich nach dem Wortlaut des § 65 Abs. 2 RHO auf die unentgeltliche Abgabe von Gegenständen, die zum Vermögen des Bundes gehören und die für Zwecke einer anderen Haushaltsbewilligung als derjenigen, aus der sie beschafft sind, abgegeben werden, sowie auf den Verzicht auf die Erhebung von Mieten und Pachten.

Ich weise besonders darauf hin, daß die Ermächtigung nicht gilt für Fälle, in denen auf der einen Seite eine Behörde der Deutschen Bundespost, der Deutschen Bundesbahn oder Bundesbetriebe nach § 15 RHO oder betriebswirtschaftliche Unternehmen oder Einrichtungen einer Bundesbehörde beteiligt sind. In diesen Fällen ist stets der Wert des Gegenstandes zur Zeit seiner Abgabe zu erstatten.

§ 65 Abs. 2 RHO ist sinngemäß auch in den Fällen anzuwenden, in denen der Gegenstand nicht zu Lasten einer Haushaltsbewilligung beschafft, sondern aus anderen Rechtsgründen (z. B. Einziehung) dem Vermögen des Bundes zu-

---

[1]) Abgedruckt S. 192.
[2]) Siehe Nr. 26 der Sammlung.

gewachsen ist. Der Erlös ist buchungsmäßig wie ein Verkaufserlös zu behandeln.

Sonstige Leistungen, die eine Bundesbehörde für eine andere Bundesverwaltung übernimmt, sind nicht nach § 65 Abs. 2 RHO, sondern nach § 58 Abs. 2 RWB zu behandeln (vgl. Ziff. 19).

8. § 79 (1) Nr. 1 RHO Nachweisung über den Gesamtbetrag der niedergeschlagenen Forderungen.

Auf den Nachweis kann nicht verzichtet werden (vgl. Ziff. 29).

B. Reichswirtschaftsbestimmungen

9. § 8 RWB Besondere Übersichten zu den Voranschlägen

Die Anforderung dieser Übersichten behalte ich mir vor. Ich werde die Übersichten, soweit ich auf die Angaben als unentbehrliche Unterlagen für die sachgemäße Aufstellung des Haushaltsplans und für die Beratung mit den gesetzgebenden Körperschaften nicht verzichten kann, jeweils mit dem Rundschreiben über die Haushaltsvorarbeiten des betreffenden Haushaltsplans anfordern.

10. § 17 (3) RWB Ausgabereste.

Der Plan über die Verwendung der Ausgabereste nach Muster 7 ist in 4-facher Ausfertigung vorzulegen.

11. § 27 RWB Anordnungsbefugnis für Angestellte.

Grundsätzlich ist die Anordnungsbefugnis von Beamten wahrzunehmen. Soweit es bei einzelnen Behörden erforderlich ist, die Anordnungsbefugnis Angestellten zu übertragen, ist nach folgenden Grundsätzen zu verfahren:

Ist ein Angestellter Behördenvertreter, dann übt er auch die Anordnungsbefugnis aus. Ist die Bewirtschaftung von Haushaltsmitteln Angestellten übertragen, so kann ihnen die Anordnungsbefugnis in entsprechender Anwendung der Bestimmungen des § 27 Abs. 2 Satz 2 und Abs. 4 und § 30 RWB übertragen werden.

12. § 29 (4) RWB Auszahlungsanordnungen über Darlehen.

Auf die mir vorbehaltene Zustimmung kann ich nicht verzichten.

13. § 41 RWB Anschreibungslisten.

Die Anschreibungslisten sind nach Muster 10 RWB zu führen. Vgl. hierzu auch § 33 (1) RWB.

14. § 42 RWB Führung von Haushaltsüberwachungslisten.

Von der in § 42 Abs. 1 Satz 2 RWB zugelassenen Möglichkeit ist nur unter Anwendung eines strengen Maßstabes Gebrauch zu machen.

15. § 43 RWB Übersicht über die verfügten Ausgabemittel.
§ 44 RWB Übersicht über das voraussichtliche Ergebnis der Wirtschaftsführung.

Die Übersichten sind wieder zu den angegebenen Zeitpunkten vorzulegen (15. 10., 15. 1., 15. 2., 15. 3. gemäß § 43 RWB und 1. 11. und 1. 2. gemäß § 44 RWB).

16. § 45 (2) RWB Zustimmung zu einer Haushaltsüberschreitung.
§ 46 RWB Zustimmung zu einer außerplanmäßigen Haushaltsausgabe.

Die Anträge nach Muster 14 sind wieder in 5-facher Ausfertigung vorzulegen.

17. § 49 RWB Übersicht über den Betriebsmittelumlauf für einen längeren Zeitraum.

Auf die Vorlage nach Muster 16 verzichte ich bis auf weiteres.

18. § 57 RWB Anlage 3 Grundsätze über die Abgabe usw. bundeseigener Grundstücke.

Die zu § 1 (1), § 3 (1) und § 6 (5) der Grundsätze gewährten Erleichterungen fallen fort. Es ist nach dem Wortlaut der Grundsätze zu verfahren.

19. § 58 (2) RWB Übernahme von Leistungen durch eine Bundesbehörde für eine andere.

Soweit die Aufwendungen 500 DM übersteigen, sind sie zu erstatten. Im übrigen nehme ich Bezug auf meine vorstehenden Ausführungen zu § 65 (2) RHO (obige Ziffer 7) und mein Rundschreiben II A/1 — H 1010 — 56/50 vom 13. 6. 1950 nebst beigefügtem Erlaß des ehemaligen Reichs- **Anlage 2** ministers der Finanzen A 1100 a — 363 I vom 21. Oktober 1937 (RBB S. 302)[1]).

Die Ermächtigung des § 58 (2) RWB gilt nicht für Fälle, in denen auf der einen Seite eine Behörde der Deutschen Bundespost, der Deutschen Bundesbahn, Bundesbetriebe nach § 15 RHO oder betriebswirtschaftliche Unternehmen oder Einrichtungen einer Bundesbehörde beteiligt sind. In diesen Fällen ist stets das volle Entgelt zu gewähren oder es sind die vollen Aufwendungen zu erstatten (vgl. § 58 [3] RWB).

20. **§ 61 (5) RWB Nachweisung der neu abgeschlossenen geänderten und weggefallenen Bürgschafts-, Gewähr- und ähnlichen Verträge.**

Es genügt die Mitteilung der genannten Verträge zum 1. 2. jeden Jahres.

21. **§ 62 (2) RWB Änderung von Verträgen ohne Nachteil für den Bund.**

Fälle von geringerer geldlicher Tragweite können allgemein als vorliegend angesehen werden, wenn die durch die Änderung oder Aufhebung des Vertrages für den Bund im Rahmen der Haushaltsmittel übernommenen Verpflichtungen oder die dabei vereinbarte Ermäßigung von Ansprüchen einmalig oder jährlich 1000 DM nicht übersteigen.

22. **§ 63 RWB Änderung von Verträgen zum Nachteil des Bundes.**

Es gilt der Wortlaut der RWB ohne die gewährten Erleichterungen. Im Rahmen des Abs. 3 ermächtige ich die zuständigen Bundesminister, die Befugnis, in den Fällen des § 63 Abs. 1 RWB Verträge freiwillig zu ändern oder aufzuheben, auf die höheren Bundesbehörden zu übertragen, soweit der dem Bund entstehende Nachteil 1000 DM einmalig oder jährlich nicht übersteigt.

23. **§ 64 (3) RWB Stundung.**

Auf Einholung der mir in Abs. 3 Satz 2 vorbehaltenen Zustimmung kann ich nicht verzichten. Ich ermächtige jedoch

---

[1]) Abgedruckt S. 194.

die Herren Bundesminister, die Stundungsbefugnis bis zur Höchstgrenze von 3000 DM auf längstens 6 Monate nach dem Jahresabschluß auf die höheren Bundesbehörden zu übertragen.

24. § 65 (3) RWB Erlaß von Vertragsstrafen.

Auf die mir vorbehaltene Zustimmung kann ich nicht verzichten.

25. § 66 (2) RWB Niederschlagung.

Die mir in § 54 RHO in der Fassung des Gesetzes vom 30. 4. 1938 (RGBl. II S. 145) vorbehaltene Zustimmung gilt den Herren Bundesministern gegenüber für alle Niederschlagungsfälle bis zu 500 DM als erteilt. In allen Fällen, in denen der Anspruch des Bundes durch eine vorsätzliche strafbare Handlung des Schuldners entstanden ist, bleibt jedoch meine Mitwirkung erforderlich. Im übrigen verbleibt es bei § 66 Abs. 2 Satz 2 RWB. Die Vorschrift des § 104 RHO bleibt unberührt (vgl. meinen Erlaß II A — A 1163 — 11/51 vom 6. Juni 1951, MinBlFin S. 182)[1]). Bezüglich überhobener Dienst- und Versorgungsbezüge wird auf Nr. 116 a Bes. Vorschrift verwiesen.

26. § 67 (2) RWB Vorübergehende Einstellung des Einziehungsverfahrens.

Es verbleibt bei der Wertgrenze von 3000 DM bzw. 300 DM.

27. § 68 (2) RWB Anlage 4. Einbeziehung und Auszahlung kleinerer Beträge im Verkehr mit Behörden der Länder und Gemeinden (Gemeindeverbänden).

Es ist nach der zwischen dem Bund und den Ländern getroffenen Vereinbarung (vgl. mein Rundschreiben vom 29. 6. 1950 — II A H 2000 — 42/50, MinBlFin 1950 S. 460)[2]) zu verfahren. Es gilt die Wertgrenze von 3 DM.

---

[1]) Siehe Nr. 14 der Sammlung.
[2]) Siehe Nr. 12 der Sammlung.

28. **§ 68 (3) RWB Einziehung und Auszahlung kleinerer Beträge im Verkehr der Bundesbehörden mit Privatpersonen.**

Gegenüber Privatpersonen darf von der Einziehung und Auszahlung von Beiträgen von unter 1 DM im einzelnen Falle abgesehen werden, wenn die Einziehung oder Auszahlung mit unverhältnismäßigen Kosten oder Weiterungen verbunden sein würde; verlangt der Empfangsberechtigte aber die Zahlung, so ist sie zu leisten.

Bei mehreren von einer Person einzuziehenden oder an sie auszuzahlenden Beträgen ist die Summe der einzelnen Beträge maßgebend.

Diese Regelung findet keine Anwendung auf die Einziehung allgemeiner Verwaltungsgebühren, auf Geldstrafen und auf Zahlungen, die auf Grund allgemeiner Tarife oder besonderer gesetzlicher Vorschriften bewirkt werden.

29. **§ 70 (4), § 71 (1), § 71 (2) und (3) RWB Beiträge zur Bundeshaushaltsrechnung.**

Es ist nach diesen Bestimmungen zu verfahren.

C. Reichsrechnungslegungsordnung

30. **§§ 58—59 RRO Verzicht auf Gebührenzettel über Ferngespräche als Unterlagen zur Auszahlungsanordnung.**

Der Bundesrechnungshof hat sich zur Erleichterung der Rechnungslegung bis auf weiteres damit einverstanden erklärt, daß die Gebührenzettel über Ferngespräche bei der Anweisung von Fernsprechrechnungen der Auszahlungsanordnung nicht mehr als Unterlagen beigefügt zu werden brauchen. Die nicht angeschlossenen Unterlagen müssen jedoch bei der anweisenden Dienststelle so aufbewahrt werden, daß sie jederzeit zur Prüfung abgerufen werden können.

31. **§ 68 RRO Erweiterte Zulassung von allgemein erteilten Annahme- und Auszahlungsanordnungen; vereinfachte Feststellung der Belege.**

Der Bundesrechnungshof hat auf Grund des § 68 Abs. 1 d RRO über die in § 68 Abs. 1 RRO unter a—c bezeichneten

Fälle hinaus allgemein erteilte Annahme- oder Auszahlungsanordnungen zugelassen.

1. Allgemeine Annahmeanordnungen für:

a) Die Annahme von Zinsen nach Maßgabe der vom ehemaligen Reichsminister der Finanzen herausgegebenen Anweisung für die Berechnung, Erhebung und Verbuchung von Zinsen vom 29. 1. 1938,

b) die Annahme gefundener Zahlungsmittel,

c) die Annahme von Kassenüberschüssen im Falle des § 80 Abs. 3 letzter Halbsatz RKO,

d) die Annahme von Gebühren und Auslagen im Zwangsvollstreckungsverfahren.

2. Allgemeine Auszahlungsanordnungen für:

e) die Erstattung von Vorauszahlungen an Steuern oder Gebühren, soweit sie den endgültig festgesetzten Sollbetrag übersteigen,

f) Post- und Postscheckgebühren, Fracht- und Rollgeld für dienstliche Sendungen,

g) Gebühren, die durch den Anschluß der Kasse an Geldanstalten entstehen,

h) Auszahlung von Zinsen nach Maßgabe der vom ehemaligen Reichsminister der Finanzen herausgegebenen Anweisung für die Berechnung, Erhebung und Verbuchung von Zinsen vom 29. Januar 1938,

i) Bezugsgebühren für Zeitungen und Zeitschriften,

k) Rundfunkgebühren,

l) sonstige sächliche Verwaltungsausgaben und für allgemeine Haushaltsausgaben, in beiden Fällen bis zum Betrage von 5 DM (vgl. § 42 Abs. 4 RKO).

Weitergehende Regelungen, die in den Vollzugsbestimmungen zur RRO getroffen worden sind oder denen der Bundesrechnungshof in Einzelfällen zugestimmt hat, bleiben unberührt.

Der Bundesrechnungshof ist ferner damit einverstanden, daß bei allgemein erteilten Annahme- und Auszahlungsanordnungen die Belege vereinfacht festgestellt werden, d. h. daß auf die sachliche Feststellung verzichtet wird. Die rechnerische Feststellung kann bei Kassen, die mit mehreren Personen besetzt sind, dem Buchhalter (nicht dem Kassier) übertragen werden. Die allgemeinen Annahme- und Auszahlungsanordnungen sind, wenn sie nur für das laufende Rechnungsjahr gelten, als Sammelbeleg, andernfalls als Dauerbeleg zu behandeln.

32. §§ 74, 75 RRO Einforderung von Lebensbescheinigungen, Bescheinigungen über die deutsche Staatsangehörigkeit sowie von Erklärungen über Kinderzuschläge und über die persönlichen Verhältnisse der Empfänger von Versorgungsbezügen.

Die Bescheinigungen und Erklärungen sind künftig wieder regelmäßig einzufordern.

33. §§ 80 und 86 RRO Kreis der Arbeitskräfte, die zur Bescheinigung der sachlichen und rechnerischen Feststellung befugt sind.

Es ist wieder nach den Vorschriften der §§ 80 und 86 RRO und den Vollzugsbestimmungen zur RRO zu verfahren. Der zuständige Bundesminister kann im Einvernehmen mit dem Bundesrechnungshof abweichende Bestimmungen treffen.

34. § 88 RRO Zusammenfassung von Bescheinigungen bei förmlichen Kassenanweisungen.

Die sachliche, „fachtechnische“ und rechnerische Feststellung von Belegen, etwa weiter erforderliche Bescheinigungen (über Eintragung in eine Sachrechnung usw.) und die Bezeichnung der Verbuchungsstelle — bei den Belegen zu allgemein erteilten Kassenanweisungen — sind möglichst derselben Arbeitskraft zu übertragen. Wegen der Zusammenfassung der Feststellungsbescheinigungen und ihrer Verbindung mit der förmlichen Kassenanweisung verweise ich auf § 88 RRO.

35. §§ 78—88 RRO Gegenseitige Anerkennung der sachlichen, „fachtechnischen" und der rechnerischen Feststellung zwischen Behörden.

Es sind auf Grund gesetzlicher Bestimmungen in nicht unerheblichem Umfang Anteile an Versorgungsbezügen und an Gehältern, außerdem auf Grund von Verträgen usw. vielfach Kosten, Zinsen usw. zwischen dem Bund, den Ländern und den Gemeinden (Gemeindeverbänden) zu erstatten. Es ist erwünscht, daß im Verkehr zwischen diesen Behörden die Dienststelle, die den Betrag anfordert, in der Anforderung oder in der Kostenrechnung zum Ausdruck bringt, daß die Forderung sachlich, „fachtechnisch" und rechnerisch festgestellt worden ist. Diese Feststellung muß die anfordernde Behörde bei der Aufstellung der Forderung und im Hinblick auf die zu erteilende Annahmeanordnung ohnehin vornehmen. Die so gekennzeichnete Anforderung (Kostenrechnung usw.) ist dem Ausgabebeleg beizufügen, wenn sie nicht selbst als Ausgabebeleg verwendet wird. Der Bundesrechnungshof verzichtet in diesen Fällen in Erweiterung des § 84 Abs. 1 Satz 2 RRO auf eine nochmalige sachliche, „fachtechnische" und rechnerische Feststellung bei der zahlungspflichtigen Behörde. Auf die erneute Feststellung kann daher verzichtet werden, sofern im Einzelfall keine Bedenken bestehen.

Die Bescheinigung der sachlichen, „fachtechnischen" und rechnerischen Feststellung ist für die Gemeinden weder nach Form noch nach Inhalt einheitlich vorgeschrieben. Der Bundesrechnungshof ist damit einverstanden, daß die von den Gemeinden abgegebenen Feststellungs- oder Richtigkeitsbescheinigungen als ausreichend anerkannt werden, wenn die zahlungspflichtigen Bundesbehörden mit hinlänglicher Sicherheit annehmen können, daß die Bescheinigungen den Erfordernissen der §§ 78 bis 88 RRO genügen.

D. Reichskassenordnung

36. §§ 10—11 RKO Angestellte als Buchhalter und Kassiere.

Angestellte dürfen als Buchhalter und Kassiere nur verwendet werden, wenn geeignete Beamte nicht zur Verfügung stehen. (Hinweis auf § 11 RKO, wonach in der Kasse nur zuverlässige Arbeitskräfte verwendet werden dürfen, deren wirtschaftliche Lage geordnet ist.)

Die Verwendung von Angestellten in diesen Stellen bedarf der Genehmigung des zuständigen Bundesministers oder des von ihm ermächtigten Leiters einer oberen Bundesbehörde.

37. § 62 (3) RKO Form der Eintragung in das Titelbuch.

Im Titelbuch ist eine Spalte vorgesehen, in der der Grund der Haushaltseinnahme oder Haushaltsausgabe anzugeben ist. Für die zu erhebende Haushaltseinnahme oder für die zu leistende Haushaltsausgabe ist in jedem Falle ein Beleg (Dauerbeleg) zu fertigen; aus diesem muß der Grund der Haushaltseinnahme oder der Haushaltsausgabe in dem zur Rechnungsprüfung erforderlichen Umfange zu ersehen sein. Es genügt deshalb, wenn in diesen Fällen der Grund der Haushaltseinnahme oder der Haushaltsausgabe im Titelbuch nur stichwortartig angegeben wird. Die Angabe muß aber so sein, daß sie ohne Einsichtnahme in den Beleg über den der Zahlung zugrunde liegenden Anlaß Auskunft gibt. Der Angabe des Grundes der Haushaltseinnahme oder Haushaltsausgabe bedarf es weiterhin nicht, wenn damit die Überschrift des Abschnitts wörtlich wiederholt würde (§ 62 Abs. 3 Satz 2 RKO).

38. § 67 RKO Postscheckkontogegenbuch.

Die Führung des Postscheckkontogegenbuchs ist nicht zwingend vorgeschrieben. Die Führung des Hilfsbuchs (§ 58 Abs. 1 Nr. 3 RKO) wird stets dann notwendig sein, wenn die Geldbewegung der Kasse auf dem Postscheckkonto, insbesondere dessen Benutzung zu Auszahlungen, erheblicheren Umfang hat. Die Entscheidung, ob auf die Führung des Postscheckkontogegenbuchs unter Berücksichtigung des Umfangs des Zahlungsverkehrs der Kasse auf dem Postscheckkonto verzichtet werden kann, hat der Kassenleiter nach eigenem Ermessen zu treffen.

39. § 68 RKO Girokontogegenbuch.

Im Gegensatz zum Postscheckkontogegenbuch ist die Führung des Girokontogegenbuches zum Nachweis des Guthabens der Kasse bei einer Geldanstalt zwingend vorgeschrieben.

40. § 72 RKO Absatz 1 Vereinigung von Zeit- und Sachbüchern.

Einzelhaushaltseinnahmen und -ausgaben sollen statt im Titelbuch im Hauptbuch oder in den Vorbüchern zum Hauptbuch nachgewiesen werden, wenn dadurch die Geschäftsführung der Kasse oder die Rechnungslegung nicht erschwert wird (§ 72 Abs. 1 RKO). Diese Vereinigung von Zeit- und Sachbüchern erleichert unter bestimmten Voraussetzungen das Buchungsgeschäft.

41. § 87 RKO Abs. 3 Angestellte als Hilfsbeamte des Kassenaufsichtsbeamten.

Ich bin damit einverstanden, daß bis auf weiteres auch Angestellte den mit der Durchführung der Kassenprüfung beauftragten Beamten als Hilfskräfte beigegeben werden können. Es sind aber nur solche Angestellte als Hilfskräfte des Kassenaufsichtsbeamten zu bestellen, die die notwendige Ausbildung, Erfahrung und charakterlichen Eigenschaften hierzu besitzen.

42. Sichtvermerke bei Kassenbestandsverstärkungen.

Nach § 51 Abs. 2 Satz 2 RKO, § 3 Abs. 3 Satz 1 der Anlage 7 zur RKO und nach § 3 Abs. 2 Satz 2 Anlage 8 zur RKO *sollen* die Quittungen über Kassenbestandsverstärkungen bzw. die grünen Schecks den Sichtvermerk des Kassenaufsichtsbeamten tragen (Hinweis auf § 26 (1) RHO). In Zukunft sind die Sichtvermerke in *allen* Fällen erforderlich.

E. Vollzugsbestimmungen zu den Wirtschaftsbestimmungen für die Reichsbehörden für den Geschäftsbereich der Reichsfinanzverwaltung (VB. RWB).

43. Die Vollzugsbestimmungen zu den Wirtschaftsbestimmungen für Reichsbehörden für den Geschäftsbereich der

Reichsfinanzverwaltung in der Fassung von 1937 haben unverändert Gültigkeit für den Bereich der Bundesfinanzverwaltung[1]).

Als nachgeordnete Behörden im Sinne der Bestimmungen zu § 67 (2) RWB gelten auch die Hauptzollämter und die Außenstellen der Bundesvermögens- und Bundesbauabteilungen.

Anlage 1 zu Ziffer 5

Erlaß des Reichsministers der Finanzen betr. Nachweis von Tauschgeschäften (§ 47 Abs. 6 RHO) vom 9. November 1936 — A 1000 — 147 I C.

Einige Reichsverwaltungen haben ihren infolge neuer Aufgabenstellung besonders gesteigerten Grundstücksbedarf in letzter Zeit häufiger als früher im Wege des Tausches nach § 47 Abs. 6 RHO. befriedigt. Mit der Zunahme solcher Tauschgeschäfte gewinnt die Frage des Begriffs der Tauschgeschäfte und des rechnungsmäßigen Nachweises dieser Geschäfte erhöhte Bedeutung. Positive Vorschriften über die Art, wie der rechnungsmäßige Nachweis von Tauschgeschäften zu führen ist, bestehen im Reich nicht.

Nur bei der Hingabe von Gegenständen gegen Rechtsvorteile anderer Art ist bisher in der Regel so verfahren worden, daß das Geschäft rechnungsmäßig als Doppelgeschäft (Verkauf und Kauf) behandelt und in Einnahme und Ausgabe an den vorgesehenen Verbuchungsstellen nachgewiesen worden ist (vgl. Schulze-Wagner, Reichshaushaltsordnung, 3. Auflage, zu § 47 Anm. 12 Abs. 4 S. 557).

Wollte man dieses Verfahren auch für den rechnungsmäßigen Nachweis von Tauschgeschäften fordern, bei denen Gegenstand gegen Gegenstand, insbesondere Grundstück gegen Grundstück, hingegeben wird, so hätte das bei den vielfach sehr hohen Beträgen, die in Einnahme und Ausgabe gebucht werden müßten, eine unnötige und unerwünschte Aufblähung der Reichshaushaltsrechnung zur Folge.

---

[1]) Vgl. jedoch Erlaß des Bundesmin. d. Fin. vom 10. Oktober 1953 betr. Veräußerung von entbehrlichen Geräten usw. (MinBlFin. S. 818).

Zur Vermeidung dieser übermäßigen Erhöhung der Einnahme- und Ausgabeseite der Rechnung einerseits, zur Sicherstellung einer rechnungsmäßigen Kontrolle andererseits, bitte ich daher, vom Rechnungsjahr 1936 ab folgendes zu beachten:

Als Tauschgeschäfte im Sinne des § 47 Abs. 6 RHO sind grundsätzlich Rechtsgeschäfte anzusehen, die die Hingabe von dem Reich gehörenden Gegenständen gegen den Empfang anderer Gegenstände bezwecken. Solche Rechtsgeschäfte sind dann nicht als Tauschgeschäfte anzusehen, wenn

a) aus dem Vertrage ohne weiteres zu erkennen ist, daß es sich um ein Doppelgeschäft (Kauf und Verkauf) handelt,

b) aus der Geringwertigkeit des einen Gegenstandes zu schließen ist, daß es sich nicht um einen Tausch handeln kann,

c) Gegenstände gegen Rechtsvorteile anderer Art hingegeben oder übernommen werden,

d) der hinzugebende Gegenstand erst zum Zwecke des Tausches erworben wird.

Bei der Buchung und beim rechnungsmäßigen Nachweis von Tauschgeschäften ist künftig einheitlich nach folgenden Grundsätzen zu verfahren:

1. Deckt sich der Wert des hingegebenen Gegenstandes mit dem des empfangenen Gegenstandes, dann ist eine Buchung des Wertes in Einnahme und Ausgabe entbehrlich. Zur rechnungsmäßigen Kontrolle ist der Tausch jedoch in einer besonderen Nachweisung zur Reichshaushaltsrechnung nach dem unten angegebenen Muster[1]) aufzuführen.

2. Verbleiben bei einem Tauschgeschäft in bar auszugleichende Spitzenbeträge, so sind diese an der vorgesehenen Verbuchungsstelle in Einnahme oder in Ausgabe nachzuweisen. Der Tausch als solcher ist ebenfalls in der vorgenannten Nachweisung aufzuführen. Hierbei ist ebenfalls in der Spalte „Bemerkungen" ein Hinweis auf die

Verbuchungsstelle, bei der der in bar ausgeglichene Spitzenbetrag in Einnahme oder in Ausgabe erscheint, und umgekehrt bei der Verbuchungsstelle ein Hinweis auf die laufende Nummer der Nachweisung aufzunehmen.

Wegen der rechtzeitigen Aufstellung der der Haushaltsrechnung beizufügenden Nachweisung bitte ich, das Erforderliche zu veranlassen.

---

[1]) Vom Abdruck des Musters ist abgesehen.

Anlage 2 zu Ziffer 19

1. Erlaß des Bundesministers der Finanzen betr. Ausgleich von Schäden zwischen Bundesverwaltungen vom 13. Juni 1950

— II A/I H 1010 — 56/50 —

Mehrere Bundesministerien haben um Entscheidung gebeten, ob der ErlRFM vom 13. Juli 1943 — A 1100 a — 568 I (RBB S. 162) über den Ausgleich von Schäden zwischen Reichsverwaltungen noch als gültig anzusehen ist.

Dieser Erlaß steht im Zusammenhang mit dem ErlRFM vom 21. Oktober 1937 — A 1100 a — 363 I (RBB S. 302)[1]). Wenn auch beide Erlasse der Verwaltungsvereinfachung dienen sollten, so handelt es sich bei dem Erlaß vom 13. 7. 1943 jedoch um kriegsbedingte Erleichterungen, die im Interesse der Haushaltsklarheit nicht beibehalten werden können.

Ich bitte, den ErlRFM vom 13. 7. 1943 nicht mehr anzuwenden. Bis zu der in absehbarer Zeit beabsichtigten Neufassung der RHO und RWB ist sinngemäß nach dem ErlRFM vom 21. Oktober 1937 zu verfahren, wobei diese Regelung nicht gilt, wenn Bundesbetriebe (§ 15 RHO) oder betriebswirtschaftliche Unternehmen oder Einrichtungen einer Bundesbehörde beteiligt sind (vgl. § 58 (3) RWB) oder der Ausgleich wegen der Beitragsleistung eines Dritten geboten ist. Der Abschnitt IV des ErlRFM vom 21. Oktober 1937 wird demnach aufgehoben.

---

[1]) Nachstehend abgedruckt.

2. Erlaß des Reichsministers der Finanzen vom 21. Oktober 1937 — A 1100 a — 363 I (RBB S. 302).

Um die Regelung von Schadensersatzansprüchen bei Unfällen zwischen Kraftfahrzeugen der Reichsverwaltungen weiter zu vereinfachen, treten an die Stelle der Richtlinien des Rundschreibens vom 14. 9. 1936 — A 1100 a — 308 I C — die nachstehenden Richtlinien:

I. Schadenstragung

Jede Reichsverwaltung trägt grundsätzlich — ohne Rücksicht auf die Haftungsvorschriften des Kraftfahrzeuggesetzes, des BGB und anderer gesetzlicher Bestimmungen — den bei Unfällen mit Kraftfahrzeugen einer anderen Reichsbehörde entstandenen eigenen Sachschaden selbst.

Steht dritten Personen ein Schadensersatzanspruch gegen eine oder mehrere der beteiligten Reichsverwaltungen zu, so ersetzt jede Reichsverwaltung den Schaden, der den Insassen des von ihr betriebenen Kraftfahrzeuges oder der durch die Beschädigung darin beförderter Gegenstände entstanden ist.

Körper- oder Sachschaden sonstiger dritter Personen fällt der Reichsverwaltung zur Last, deren Kraftfahrzeug den Schaden unmittelbar herbeigeführt hat.

Die Verhandlungen mit Dritten führt die nach Absatz 2 oder Absatz 3 ersatzpflichtige Verwaltung, gegebenenfalls im Benehmen mit der anderen beteiligten Behörde.

Aufwendungen, die einer Reichsverwaltung nach der vorstehenden Regelung entstehen, gelten nicht als Leistungen „für eine andere Reichsbehörde“ im Sinne des § 58 RWB.

II. Rückgriff gegen ersatzpflichtige Bedienstete

Inwieweit Reichsbedienstete wegen des durch den Unfall verursachten Schadens ersatzpflichtig sind, prüft jede Verwaltung, der Aufwendungen nach Abschnitt I entstanden sind. Hält sie den Bediensteten einer anderen Verwaltung ganz oder teilweise für ersatzpflichtig, so ersucht sie seine vorgesetzte Behörde um die Rückgriffnahme. Ist diese oder die Aufsichtsbehörde anderer Ansicht, so entscheidet die oberste Reichsbehörde, der der Bedienstete untersteht.

Für die Durchführung des Rückgriffs ist in jedem Falle die Verwaltung zuständig, der der Bedienstete angehört oder zuletzt angehört hat.

III. Buchung der Rückgriffbeträge

Werden Reichsbedienstete zur Erstattung der Aufwendungen herangezogen, so hat die Verwaltung, der der Bedienstete zur Zeit der Entstehung des Schadens angehört hat, die Zahlungen als Haushaltseinnahmen zu buchen. Sie sind

durch Absetzen von der Ausgabe

(vorausgesetzt, daß der Verwaltung ein Schaden entstanden ist und nur bis zur Höhe der tatsächlichen Aufwendungen) **entweder** bei der Ausgabebewilligung, die den Schaden getragen hat, sofern eine Rückeinnahmeermächtigung im Haushaltsplan vorgesehen ist, **oder** wenn die Einnahmen aus dem Rückgriff noch in demselben Haushaltsjahr, in dem der Schaden als Ausgabe zu buchen ist, vor dem Abschluß der Bücher oder bei übertragbaren Mitteln aufkommen (§ 70 Abs. 2 Satz 2 RHO),

sonst bei den „vermischten Verwaltungseinnahmen" zu buchen.

IV. (nicht mehr anzuwenden)

V.

Für die Regelung von Schadenersatzansprüchen bei Unfällen zwischen Kraftfahrzeugen von Landesbehörden gelten im Verhältnis der einzelnen Verwaltungen eines Landes zueinander die gleichen Grundsätze.

26. Richtlinien der Bundesregierung für Zuwendungen des Bundes an außerhalb der Bundesverwaltung stehende Stellen und für den Nachweis der Verwendung der Mittel nach § 64 a Abs. 1 RHO vom 1. April 1953 nebst Rundschreiben des Bundesministers der Finanzen vom 29. April 1953 — II A/1 — A 0105 — 2/53 (MinBlFin S. 369).

Vorbemerkung:

Werden Haushaltsmittel des Bundes einer außerhalb der Bundesverwaltung stehenden Stelle zur Erfüllung bestimmter Zwecke zur Verfügung gestellt, z. B. Förderungsbeihilfen, Zuschüsse, Darlehen, so hat nach § 64 a RHO der zuständige Bundesminister nach Benehmen mit dem BRH sicherzustellen, daß über die Verwendung der Mittel ein ausreichender Nachweis erbracht wird. Der Verwendungsnachweis muß dem Bundesminister und dem BRH die Nachprüfung ermöglichen, ob die Mittel dem Zweck entsprechend und wirtschaftlich verwendet und ob die vom Empfänger bewirkten Ausgaben ordnungsmäßig belegt sind. Die 2. DVHL (§ 33) — s. Fundstellenhinweis Nr. 1 — hatte für die Anwendung des § 64 a in den Ländern weiterhin bestimmt, daß die vorherige Zustimmung des Rechnungshofes und in Fällen von grundsätzlicher Bedeutung die Beteiligung des Reichsministers der Finanzen erforderlich war (zu letzterem vgl. Nr. 9 d. Richtl.).

Die praktische Bedeutung der Vorschrift ist in dem Maße gestiegen, in dem die staatlichen Hilfs- und Förderungsmaßnahmen an Umfang und Bedeutung zugenommen haben. Daraus hat sich die Notwendigkeit für Richtlinien ergeben, die das Bewilligungsverfahren vereinheitlichen, den Ministerien die Aufstellung sachgemäßer Bewilligungsbedingungen erleichtern und die Beteiligung des Rechnungshofes im Bewilligungsstadium in großem Umfange entbehrlich machen. Durch die Anwendung der Richtlinien soll ferner eine bessere Ausgestaltung der Verwendungsnachweise erreicht werden, auf die besonders der BRH im Interesse einer wirksamen und beschleunigten Durchführung seiner Prüfung Wert legen muß.

Den vom Bundeskabinett beschlossenen und damit für alle Bundesverwaltungen verbindlichen Richtlinien vom 1. April 1953 liegt der von einem Arbeitskreis der Rechnungshöfe aufgestellte Entwurf zugrunde, dessen Einführung der BRH der Bundesregierung vorgeschlagen hat. Von den früheren Richtlinien, die der RHdDR im Jahre 1941 für die damaligen Länderverwaltungen erlassen hatte und die in der Folgezeit auch in den Bundesländern und in den Verwaltungen des Vereinigten Wirtschaftsgebiets entsprechend angewandt wurden, unterscheiden sich die Bundesrichtlinien, abgesehen von zahlreichen Kürzungen und anderen Verbesserungen, besonders durch die Vereinfachungsbestimmung (Nr. 3 Satz 2), daß eine Beteiligung des BRH bei der Bestimmung des Verwendungsnachweises entbehrlich ist, wenn nach den Richtlinien verfahren wird. Dieser Grundsatz ist durch die sachlich gebotenen Ausnahmen eingeschränkt. Eine andere wichtige Neuerung ist die Einführung von Vordruckmustern für die Anträge auf Zuweisung von Bundesmitteln, für die allgemeinen Bewilligungsbedingungen, für den Bewilligungsbescheid, der nach Bedarf für besondere Bedingungen zu vervollständigen ist (Nr. 13), sowie für die Aufstellung und Gliederung der Verwendungsnachweise. Bei der Verschiedenheit der Zuwendungsfälle ist es nicht möglich, Muster aufzustellen, die in jedem Falle unverändert verwendbar sind. Die Muster versuchen dieser Schwierigkeit zu begegnen, indem sie möglichst alle Punkte berücksichtigen, die im allgemeinen einer Regelung bedürfen. Die Notwendigkeit von ergänzenden Zusätzen oder von Streichungen ist jeweils zu prüfen. Hervorzuheben sind schließlich die der Arbeitsvereinfachung und der Zuständigkeitsabgrenzung dienenden Bestimmungen (Nr. 20) für die Fälle, in denen ein Zuwendungsempfänger für denselben Zweck auch Landesmittel oder, was nur ausnahmsweise vorkommen dürfte (43 RHO), Mittel aus verschiedenen Einzelplänen des Bundeshaushalts erhält.

Die Richtlinien gelten nur für die Fälle des § 64 a Abs. 1. Die Fälle des Abs. 2 sind für allgemeine Richtlinien weniger geeignet. Werden Bundesmittel durch außerhalb der Bundesverwaltung stehende Stellen verwaltet, z. B. auf dem Gebiet der Abgabenverwaltung durch die Länder, so werden durchweg besondere Regelungen von Fall zu Fall erforderlich sein (s. auch Präambel Abs. 2).

A. Rundschreiben

Die Bundesregierung hat die als Anlage beigefügten Richtlinien für Zuwendungen des Bundes an außerhalb der Bundesverwaltung stehende Stellen und für den Nachweis der Verwendung der Mittel nach § 64 a Abs. 1 RHO beschlossen.

Ich bitte, die Richtlinien mit Wirkung vom 1. April 1953 anzuwenden, und führe dazu folgendes aus:

1. Zu Textziffer 2 der Richtlinien

   Auch in den Fällen von geringerer Bedeutung ist grundsätzlich ein der Sachlage angepaßter vereinfachter Nachweis der Verwendung der Bundesmittel beizubringen.

2. Zu Textziffer 20

Wenn für denselben Zweck Zuwendungen sowohl vom Bund als auch von einem Land oder mehreren Ländern gewährt werden, soll durch eine Verwaltungsvereinbarung bestimmt werden, welcher Stelle gegenüber der Verwendungsnachweis geführt wird.

Der Bundesrechnungshof hat gebeten, darauf hinzuweisen, daß — unbeschadet der Bestimmung in Textziffer 20 Abs. 1 letzter Satz — eine Anhörung des Bundesrechnungshofs vor dem Abschluß solcher Verwaltungsvereinbarungen erwünscht ist, da die Vereinbarung der Verwaltungen für die Frage von entscheidender Bedeutung sein kann, welcher Rechnungshof die Prüfung des Verwendungsnachweises durchführt. Die Zuständigkeit der obersten Rechnungsprüfungsbehörden richtet sich nach den für den Bundesrechnungshof und die Rechnungshöfe der Länder maßgebenden Gesetzen des Bundes und der Länder. Die obersten Rechnungsprüfungsbehörden beabsichtigen, zur Vermeidung von Doppelprüfungen entsprechende Vereinbarungen untereinander zu treffen.

3. Die Richtlinien gelten für die Sonderverwaltungen Deutsche Bundesbahn und Deutsche Bundespost nicht unmittelbar. Der Bundesrechnungshof empfiehlt jedoch, daß diese Verwaltungen in ihren Geschäftsbereichen die Richtlinien — gegebenenfalls mit den sich aus den besonderen Verhältnissen ergebenden Abweichungen — sinngemäß anwenden. Ich bitte den Herrn Bundesminister für Verkehr und den Herrn Bundesminister für das Post- und Fernmeldewesen, das Erforderliche zu veranlassen.

B. Richtlinien

(abgekürzt: „Bundesrichtlinien 1953 zu § 64 a RHO“)

Die Bewilligung und Zahlung von Zuwendungen des Bundes an außerhalb der Bundesverwaltung stehende Stellen (§ 64 a Abs. 1 RHO) sowie der Nachweis der Verwendung der Mittel und die Prüfung der Verwendung regeln sich nach den bestehenden haushaltsrechtlichen Bestimmungen und nach diesen im Einvernehmen mit dem Bundesrechnungshof aufgestellten Richtlinien.

Wenn Bundesmittel von außerhalb der Bundesverwaltung stehenden Stellen verwaltet werden (§ 64 a Abs. 2 RHO), hat der zuständige Bundesminister hinsichtlich des Nachweises über die Verwaltung der Mittel im Benehmen mit dem Bundesrechnungshof Bestimmung zu treffen. Dabei wird im allgemeinen eine auf die Verhältnisse des Einzelfalles abgestellte Regelung erforderlich sein. Ein unmittelbares Recht des Bundesrechnungshofs zur Prüfung bei der verwaltenden Stelle ist auch in diesen Fällen sicherzustellen.

I. Allgemeines

1. Zuwendungen im Sinne dieser Richtlinien sind Bundesmittel, die außerhalb der Bundesverwaltung stehenden Stellen zur Erfüllung bestimmter Zwecke nach Maßgabe des Haushaltsplanes oder außerplanmäßig einmalig oder laufend zur Verfügung gestellt werden. Zu den Zuwendungen gehören auch Darlehen, Kredite und alle sonstigen unbedingt oder bedingt rückzahlbaren Leistungen. Die Richtlinien gelten auch bei Zuwendungen aus Sondervermögen.

2. In Fällen von geringerer Bedeutung kann von der Anwendung der Richtlinien Abstand genommen werden. Ein Fall von geringerer Bedeutung im Sinne des § 64 a Abs. 1 RHO ist nur anzunehmen, wenn die Zuwendung nicht mehr als 4000 DM beträgt und es sich um die Förderung einzelner Maßnahmen handelt.

3. Nach § 64 a Abs. 1 RHO ist der Bundesrechnungshof, außer in Fällen von geringerer Bedeutung (Nr. 2), bei der Bestimmung hinsichtlich des Nachweises der Verwendung von Zuwendungsmitteln zu beteiligen. Der Beteiligung bedarf es im Einzelfall nicht, wenn nach diesen Richtlinien verfahren wird. Der Rechnungshof ist jedoch vor-

her zu beteiligen, wenn von diesen Richtlinien abgewichen werden soll oder wenn es sich um Fälle von besonderer Bedeutung handelt oder wenn der Rechnungshof sich seine Beteiligung aus besonderen Gründen vorbehalten hat.

II. Gewährung von Zuwendungen

A. Grundsätze

4. (1) Zuwendungen sollen außerhalb der Bundesverwaltung stehenden Stellen grundsätzlich nur für solche Aufgaben gewährt werden, an deren Durchführung ein erhebliches Bundesinteresse besteht, und nur dann, wenn die Durchführung dieser Aufgaben ohne sie nicht, oder nicht in dem notwendigen Umfang möglich sein würde.

(2) Bei Gewährung von Zuwendungen sind die Grundsätze der Wirtschaftlichkeit und Sparsamkeit (§ 26 RHO) zu beachten. Für einen und denselben Zweck dürfen Mittel nicht an verschiedenen Stellen des Haushaltsplans verausgabt werden (§ 43 RHO).

(3) Soweit Zuwendungen zur Erreichung eigener Zwecke des Empfängers gewährt werden, soll die Gewährung von dem Einsatz angemessener eigener Mittel des Empfängers abhängig gemacht werden.

5. Beihilfen und verlorene Zuschüsse sollen nur dann gewährt werden, wenn der Zweck nicht durch Gewährung eines Darlehens oder durch Übernahme einer Bürgschaft erreicht werden kann.

6. Zuschüsse zur Deckung der laufenden Kosten einer Einrichtung, Anstalt usw. sollen nur ausnahmsweise gewährt werden. Die Voraussetzungen hierfür werden in der Regel nur bei Stellen gegeben sein, die auf Veranlassung oder mit Zustimmung des Bundes tätig sind.

7. Zuwendungen dürfen nur solchen Antragstellern gewährt werden, deren ordnungsmäßige Geschäftsführung außer Zweifel steht und die in der Lage sind, die Verwendung der Mittel nachzuweisen.

8. Zuwendungen dürfen jeweils nur für die Zeit bis zum Schluß des Rechnungsjahres bewilligt werden. Verpflichtungen über ein Rechnungsjahr hinaus sind nur im Rahmen des § 8 Abs. 2 und des § 45 b RHO zulässig. Eine für das laufende Rechnungsjahr ausgesprochene Bewilligung wird gegenstandslos, wenn die Voraussetzungen für die Auszahlung nicht bis zum Schluß des Rechnungsjahres vorliegen.

9. In Fällen von grundsätzlicher oder sonst erheblicher Bedeutung ist bei der Gewährung von Zuwendungen der Bundesminister der Finanzen zu beteiligen.

B. Inhalt und Prüfung des Antrages

10. (1) Zuwendungen werden nur auf begründeten und mit Unterlagen versehenen schriftlichen Antrag gewährt. Der Antrag ist in doppelter Ausfertigung einzureichen.

(2) Zur Erleichterung der Prüfung der Anträge soll die Verwaltung von dem Antragsteller die Ausfüllung eines Formblattes verlangen, das die für die Beurteilung der Notwendigkeit und Angemessenheit der Zuwendung wesentlichen Angaben enthält. Dabei ist in der Regel das Muster Anlage 1 oder 1 a[1]) zu verwenden. Anlagen 1 u. 1 a

(3) Bei Zuwendungen, die von einer Bundesbehörde zur Durchführung eines von ihr erteilten Auftrags gewährt werden, kann von den Erfordernissen der Absätze 1 und 2 abgesehen werden; die Notwendigkeit und Angemessenheit der Zuwendung ist in diesem Falle von der auftraggebenden Stelle zu begründen.

11. (1) Die Verwaltung, die über den Antrag entscheidet, hat zu prüfen, ob in ihm alle Umstände dargelegt sind, die für die Bewilligung der Zuwendung von Bedeutung sein können. Dabei ist auch der Frage nachzugehen, ob und warum der Antragsteller sein Vorhaben nicht ganz oder zum Teil mit eigenen Mitteln durchzuführen vermag (Nr. 4 Abs. 3), sowie ob und in welcher Höhe andere Stellen dazu beitragen werden.

[1]) Abgedruckt S. 209 u. 211.

(2) Die Prüfung hat sich vor allem darauf zu erstrecken, ob der Aufwand (insbesondere Investitionen) für die Erreichung des unter Umständen zeitlich begrenzten Zwecks nach Art und Umfang erforderlich ist. Für die Prüfung in technischer Hinsicht bedient sich die Verwaltung, gegebenenfalls im Wege der Verwaltungshilfe, technischer Dienststellen.

(3) Das Ergebnis der Prüfung ist aktenkundig zu machen (vgl. das Muster Anlage 3, Abschnitt I)[1]). **Anlage 3**

C. Bewilligungsbedingungen, Bewilligungsbescheid

12. (1) Der Gewährung von Zuwendungen sind stets die allgemeinen Bewilligungsbedingungen (Anlage 2) zugrunde zu legen. Darin ist insbesondere Bestimmung getroffen über die Prüfungsrechte der Verwaltung und des Bundesrechnungshofs, über den Verwendungsnachweis sowie über das Rückforderungsrecht der Verwaltung im Falle der Nichteinhaltung der Bewilligungsbedingungen.

(2) Die Prüfungsrechte der Verwaltung und des Bundesrechnungshofs sind auch in den Fällen der Nr. 2 vorsorglich auszubedingen.

13. (1) Je nach Art, Zweck und Höhe der Zuwendung sind weitere Bedingungen festzulegen (besondere Bewilligungsbedingungen).

(2) Nach Lage des einzelnen Falles sind insbesondere zu regeln:

a) die Leistungen, mit denen der Empfänger und andere Stellen sich an den Aufwendungen beteiligen;

b) die Sicherung des Eigentumsrechtes des Bundes an Grundstücken, Gebäuden oder beweglichen Gegenständen, die aus nicht rückzahlbaren Zuwendungen erworben werden. Bei Gegenständen, die zum Verbrauch bestimmt sind oder einer raschen Abnutzung unterliegen oder im Einzelfalle keinen höheren Wert als 200 DM haben, bedarf es einer solchen Sicherung im allgemeinen nicht;

[1]) Abgedruckt S. 216.

c) bei bedingt oder unbedingt rückzahlbaren Zuwendungen die Verzinsung und Rückzahlung sowie die Sicherung des Rückzahlungsanspruchs;

d) in welchem Umfang persönliche Vergütungen aus der Zuwendung bestritten werden dürfen und inwieweit sich die Verwaltung ein Mitwirkungsrecht bei der Festsetzung derartiger Vergütungen vorbehält;

e) Besonderheiten des Verwendungsnachweises (vgl. Nr. 18 ff.).

(3) Bei Zuwendungen für Bauvorhaben soll wegen der Planung und der Vergabe der Bauten sowie wegen der Überwachung der Bauausführung und der Bauabrechnung in der Regel die Bundes- oder Staatliche Bauverwaltung beteiligt werden.

(4) Wenn wertvolle Einrichtungen überwiegend aus nicht rückzahlbaren Zuwendungen des Bundes beschafft werden sollen, ist sicherzustellen, daß bei Wegfall oder wesentlicher Änderung des Zuwendungszwecks der Bund einen angemessenen Ausgleich erhält. Der Anspruch ist in geeigneter Weise zu sichern.

(5) Bei Zuwendungen für Forschungs- und sonstige wissenschaftliche Arbeiten ist grundsätzlich auszubedingen, daß die Ergebnisse der Arbeiten für die Allgemeinheit nutzbar gemacht werden, z. B. durch Veröffentlichung. Wenn die Arbeiten zum Erwerb gewerblicher Schutzrechte führen, ist tunlichst eine Beteiligung des Bundes an den Erträgen der Schutzrechte auszubedingen.

(6) Bei Zuwendungen zur Herausgabe von Veröffentlichungen ist die Lieferung einer angemessenen Zahl von Freistücken auszubedingen.

14. Die Gewährung einer Zuwendung ist dem Empfänger schriftlich, in der Regel durch Bescheid nach Muster
Anlage 3 — Anlage 3[1]) mitzuteilen. Der Bescheid muß, auch wenn

[1]) Abgedruckt S. 216.

das Muster 3 ausnahmsweise nicht verwendet wird, Art, Höhe und Zweck der Zuwendung, die ausdrückliche Bezugnahme auf die allgemeinen Bewilligungsbedingungen und etwaige besondere Bewilligungsbedingungen, sowie den Hinweis enthalten, daß der Bescheid erst wirksam wird, wenn der Empfänger sich schriftlich mit seinem Inhalt einverstanden erklärt hat. Eine Durchschrift des Bescheides ist mit der Zweitschrift des Antrages (Nr. 10) dem Bundesrechnungshof zuzuleiten, soweit dieser nicht darauf verzichtet.

D. Auszahlung der Zuwendungen

15. (1) Die bewilligten Mittel sollen nur insoweit und nicht eher zur Auszahlung angewiesen werden, als sie zur Bewirkung fälliger Zahlungen im Rahmen des Verwendungszwecks benötigt werden.

(2) Bei laufenden Zuwendungen sollen die einzelnen Zahlungen in der Regel den Bedarf eines Monats nicht übersteigen.

(3) Einmalige Zuwendungen, deren Verwendung sich auf einen längeren Zeitraum erstreckt, sollen bei größeren Bewilligungen nur in Teilbeträgen und mit der Maßgabe angewiesen werden, daß ein weiterer Teilbetrag erst dann ausgezahlt wird, wenn der Nachweis der Verwendung der bereits gezahlten Teilbeträge in vereinfachter Form (Nr. 18 Abs. 2) erbracht worden ist.

16. Zuwendungen können in geeigneten Fällen, z. B. bei größeren Bauvorhaben, dergestalt zur Auszahlung angewiesen werden, daß der Empfänger ermächtigt wird, den angewiesenen Gesamtbetrag oder Teilbetrag je nach Bedarf bei der zuständigen Kasse abzurufen. Bei höheren Zuwendungen dürfen die Teilabhebungen den Bedarf der nächsten beiden Tage regelmäßig nicht übersteigen; der Zuwendungsempfänger hat der Kasse bei der Abhebung eine Bedarfsaufstellung in einfacher Form vorzulegen, die den Rechnungsbelegen beizufügen ist.

III. Überwachung und Nachweis der Verwendung

A. Überwachung der Verwendung

17. Die Verwaltung hat die zweckentsprechende Verwendung der Zuwendung zu überwachen. Bei jedem Sachbearbeiter, der Zuwendungsmittel bewirtschaftet (§ 19 RWB) ist für jedes Rechnungsjahr besonders eine nach Verbuchungsstellen gegliederte Liste zu führen, aus der der Empfänger, Art, Höhe und Zweck der Zuwendung, die zur Zahlung angewiesenen Beträge, ferner der Zeitpunkt für die Vorlegung des Verwendungsnachweises, sein Eingang und seine Abgabe an die rechnungslegende Kasse zu ersehen sind.

B. Nachweis der Verwendung

18. (1) Der Empfänger einer Zuwendung hat den Nachweis ihrer Verwendung nach Maßgabe der allgemeinen Bewilligungsbedingungen (Anlage 2 Nr. 6)[1]) durch Vorlegung eines Verwendungsnachweises (sachlicher Bericht und zahlenmäßige Nachweisung) nach Muster Anlage 4 in doppelter Ausfertigung zu erbringen. Der zahlenmäßigen Nachweisung sind die Belege beizufügen, soweit in den besonderen Bewilligungsbedingungen nichts anderes bestimmt wird.

Anlage 2

(2) Ist eine Zuwendung in Teilbeträgen gewährt worden, so soll in den besonderen Bewilligungsbedingungen vorgesehen werden, daß ein vereinfachter Nachweis alsbald nach Ablauf des Zeitabschnitts, für den der Teilbetrag berechnet ist, geführt wird. Er ist auf summarische Zahlenangaben zu beschränken, jedoch nach Ausgabearbeiten aufzugliedern. Belege sind nicht beizufügen.

19. (1) Dient die Zuwendung zur Deckung der gesamten Ausgaben oder eines nicht abgegrenzten Teiles der Ausgaben des Empfängers, so kann zugelassen werden, daß der Empfänger an Stelle der zahlenmäßigen Nachweisung eine vereinfachte Übersicht vorlegt, sofern er die

[1]) Abgedruckt S. 213.

Bücher und Belege in sinngemäßer Anwendung der Bestimmungen der RKO und RRO oder nach den für Gemeinden geltenden entsprechenden Vorschriften oder nach den Grundsätzen der kaufmännischen doppelten Buchführung eingerichtet hat. Der Einzelnachweis wird in diesen Fällen durch die Bücher und Belege geführt.

(2) Die vereinfachte Übersicht hat die gesamten Einnahmen und Ausgaben des abgelaufenen Rechnungsjahres (Geschäftsjahres), also auch die Einnahmen von dritter Seite und deren Verwendung in summarischer Gliederung nebst Angaben über das Vermögen und die Verbindlichkeiten zu Beginn und am Schluß des Rechnungsjahres (Geschäftsjahres) zu enthalten. Die Übereinstimmung mit den Büchern ist auf der Übersicht zu bescheinigen. Unterhält der Empfänger der Zuwendung eine eigene Prüfungseinrichtung (z. B. Rechnungsprüfungsamt einer Gemeinde), so ist die Bescheinigung von dieser zu erteilen. Von Stellen mit kaufmännischer Buchführung werden die Angaben über das Vermögen und die Verbindlichkeiten durch Vorlegung der Bilanzen und der Gewinn- und Verlustrechnungen nebst Erläuterungen erbracht.

20. (1) Werden für denselben Zweck Zuwendungen sowohl von dem Bund als auch von einem Land oder mehreren Ländern gewährt, so soll nach näherer Vereinbarung der beteiligten Verwaltungen der Verwendungsnachweis nur gegenüber einer von ihnen geführt werden. Im allgemeinen wird die Verwaltung in Betracht kommen, in deren Gebiet der Empfänger der Zuwendung seinen Sitz hat, oder die mit der größten Zuwendung beteiligt ist. Den übrigen Verwaltungen ist eine Abschrift des Sachberichtes (Teil A des Verwendungsnachweises) in doppelter Ausfertigung zuzuleiten. Jede beteiligte Verwaltung hat dem für sie zuständigen Rechnungshof von den hiernach zu regelnden Fällen Kenntnis zu geben.

(2) Für die Fälle, in denen die Gewährung von Zuwendungen aus verschiedenen Einzelplänen des Bundes-

haushalts wegen der Verschiedenheit der Zweckbestimmungen nicht vermeidbar ist, ist dem Empfänger im Bewilligungsbescheid aufzuerlegen, daß der Verwendungsnachweis über den Gesamtbetrag gegenüber derjenigen Verwaltung zu erbringen ist, welche die größte Zuwendung gibt.

IV. Prüfung des Verwendungsnachweises durch die Verwaltung

21. Der Verwendungsnachweis ist von der Verwaltung alsbald zu prüfen. Erforderlichenfalls ist seine Ergänzung zu veranlassen. Ergibt die Prüfung, daß die Zuwendung nicht ihrem Zweck entsprechend oder unwirtschaftlich verwendet worden ist, so sind unverzüglich die erforderlichen Maßnahmen zu treffen.

22. Die Verwaltung hat auf beiden Ausfertigungen des Verwendungsnachweises die Prüfung unter Angabe ihres Ergebnisses zu bescheinigen. Eine Ausfertigung ist zu den Bewilligungsakten zu nehmen, die andere der rechnungslegenden Kasse zuzuleiten. Auf jedem Verwendungsnachweis sind die zur Einordnung in die Belegsammlung erforderlichen Angaben (§§ 89 ff. RRO) zu vermerken. Der Verwendungsnachweis mit Belegen, soweit diese einzureichen waren, ist von der Kasse dem Ausgabebeleg über die Zuwendung beizufügen und im Rahmen der Rechnungslegung mit der Rechnung zur Prüfung vorzulegen. Falls der Nachweis im Zeitpunkt der Rechnungslegung noch nicht eingegangen ist, ist er nach Eingang und Prüfung durch die Verwaltung der Rechnung nachträglich beizufügen.

V. Schlußbestimmungen

23. Grundsätzliche Zweifelsfragen, die sich bei der Anwendung der Richtlinien ergeben, sind von dem Bundesminister der Finanzen im Einvernehmen mit dem Bundesrechnungshof zu klären.

Muster für den Antrag
— Anlage 1 —
(Nr. 10 d. Richtl.)

....
(Anschrift, Bankkonto, Fernruf des Antragstellers) ...., den......... 195....

An

....

....

....

Betr.: Gewährung einer Zuwendung
Anlagen:

Ich/Wir beantrage(n) die Gewährung einer Zuwendung von

.... DM,

zahlbar in — monatlichen — Teilbeträgen von .... DM.

Die Zuwendung soll folgendem Zweck dienen[1]):

Die Zuwendung soll wie folgt zurückgezahlt werden:

Ich/Wir beantrage(n) von der Rückzahlung aus folgenden Gründen abzusehen:

Ergänzende Angaben:

1. Höhe der eigenen Mittel, mit denen der Antragsteller sich an der Durchführung der Arbeiten oder Aufgaben beteiligt, für die die Zuwendung beantragt wird[2]).

2. Höhe der Mittel, die der Antragsteller für den gleichen Zweck bei anderen Stellen beantragt hat oder beantragen will oder die ihm von dritter Seite bereits bewilligt oder in Aussicht gestellt sind[2]).

3. Aus welchen Gründen ist die Bewilligung von Mitteln nicht bei anderen Stellen (z. B. Banken) beantragt worden?

4. Höhe der Zuwendungen, die dem Antragsteller für den gleichen Zweck früher gewährt worden sind, mit Angabe des Zeitpunktes der Bewilligung und der bewilligenden Stelle. Wenn Anträge abgelehnt wurden, ist die Begründung anzugeben.

5. Höhe des Betrages, bis zu dem die beantragten Mittel der Personalvermehrung, dem Ausbau oder der organisatorischen Vervollkommnung der Einrichtung, der Anstalt usw. dienen sollen.

6. Voraussichtliche Höhe der Verwaltungsausgaben [3]) und — gesondert hiervon — der sonstigen Ausgaben in dem für die Zuwendung in Betracht kommenden Rechnungszeitraum.

7. Beginn und Dauer der Arbeiten, die durch die Zuwendung gefördert werden sollen.

8. Zeitpunkt, zu dem die Mittel spätestens benötigt werden.

9. Bei rückzahlbarer Zuwendung: Welche Sicherheiten werden geboten (z. B. Bürgschaften, Abtretung von Forderungen, Grundpfandrechte, Sicherungsübereignungen)?

10. Angaben darüber, in welcher Weise die Mittel beim Antragsteller verwaltet werden, insbesondere, wie die Verantwortlichkeiten geregelt sind und ob eine ausreichende Kassen- und Buchführung (welches Buchführungssystem?) vorhanden ist.

Ich/Wir versicher(e, n) die Richtigkeit und Vollständigkeit der vorstehenden Angaben und bestätige(n) den Empfang eines Abdrucks der allgemeinen Bewilligungsbedingungen.

....

(Rechtsverbindliche Unterschrift des Antragstellers)

---

[1]) Der Zweck muß ausführlich bezeichnet werden. Allgemeine Ausdrücke wie „Forschungszwecke", „Förderung von wissenschaftlichen Arbeiten" usw. genügen nicht. Auch ist anzugeben, ob und weshalb die Durchführung der Aufgaben ohne die Zuwendung nicht möglich oder gefährdet sein würde. Es muß ersichtlich sein, ob mit den beantragten Mitteln Geschäfts- oder Betriebseinrichtungen oder sonstige Vermögenswerte erworben oder hergestellt werden sollen.

[2]) Dem Antrag ist eine Übersicht über die Gesamtfinanzierung des geplanten Vorhabens, der Einrichtung, der Anstalt usw. mit Angaben über das Vermögen und etwaige Verbindlichkeiten beizufügen. Wenn die Zuwendung zur Deckung des allgemeinen Finanzbedarfs des Empfängers bestimmt ist, sind der Haushalts- (Wirtschafts-) Plan und gegebenenfalls der Stellenplan sowie bei Investierungen ein aufgegliederter Kostenanschlag über Art und Umfang der geplanten Anlage vorzulegen. Er ist gegebenenfalls in persönliche und sächliche Verwaltungsausgaben und sonstige Ausgaben aufzugliedern. Baukosten sind nach der DIN-Norm 276/7 aufzugliedern.

Anlagen sind möglichst auch der Zweitschrift des Antrags beizufügen.

[3]) Die voraussichtliche Höhe der Verwaltungsausgaben ist auch dann anzugeben, wenn sie nicht aus der beantragten Zuwendung, sondern aus eigenen Mitteln oder aus Zuwendungen anderer Stellen bestritten werden, und zwar getrennt nach persönlichen und sächlichen Ausgaben.

Muster für den Antrag wirtschaftlicher Unternehmen,
insbesondere bei Zuwendungen für Investitionen, zur Versorgung mit Betriebsmitteln und zur Deckung von Verlusten

— Anlage 1 a —

(Nr. 10 d. Richtl.)

...., den ....195......

....

An

....

....

Betr.: Gewährung einer Zuwendung

Anlagen:

Wir beantragen die Gewährung einer Zuwendung von

.... DM,

zahlbar in — monatlichen — Teilbeträgen von .... DM.
Die Zuwendung soll folgendem Zweck dienen[1]):

Die Zuwendung soll wie folgt zurückgezahlt werden:

Wir beantragen von der Rückzahlung aus folgenden Gründen abzusehen:

Ergänzende Angaben:

1. Bezeichnung, Sitz, Rechtsform. Gegenstand und Gründungsjahr des Unternehmens.
2. Handelsregister, Genossenschaftsregister u. dgl. (Amtsgericht, Register-Nummer).
   Registerauszug ist beizufügen.
3. Inhaber, Gesellschafter oder Beteiligte.
   Eigenkapital und Höhe der Kapitalanteile:
   a) Zusammensetzung nach Inhabern oder Beteiligten,
   b) stammen die Einlagen aus Darlehen (Verwandtendarlehen, Darlehen von Beteiligten usw.)?
   Sonstiges Vermögen des Inhabers (Privatvermögen).
   Vermögen der Ehefrau des Inhabers.
   Güterstand des Inhabers.
4. Leiter (Vorstand, Geschäftsführer) des Unternehmens.

5. Unterliegt das Unternehmen oder eine der in Ziffer 3 bezeichneten Personen Beschränkungen in der Verfügung über das Vermögen?
6. Höhe der Mittel, die der Antragsteller für den gleichen Zweck bei anderen Stellen beantragt hat oder beantragen will oder die ihm von dritter Seite bereits bewilligt oder in Aussicht gestellt sind.
7. Aus welchen Gründen ist die Bewilligung von Mitteln nicht bei anderen Stellen (z. B. Banken) beantragt worden?
8. Höhe der Zuwendungen, die dem Antragsteller für den gleichen Zweck in früheren Jahren gewährt worden sind, mit Angabe des Zeitpunktes der Bewilligung und der bewilligenden Stelle. Wenn Anträge abgelehnt wurden, ist die Begründung der Ablehnung anzugeben.
9. Höhe des Betrages, bis zu dem die beantragten Mittel der Personalvermehrung, dem Ausbau oder der organisatorischen Vervollkommnung des Unternehmens dienen sollen.
10. Beginn und Dauer der Arbeiten, die durch die Zuwendung gefördert werden sollen.
11. Zeitpunkt, zu dem die Mittel benötigt werden.
12. Bei rückzahlbaren Zuwendungen: Welche Sicherheiten werden geboten (z. B. Bürgschaften, Abtretung von Forderungen, Grundpfandrechte, Sicherungsübereignungen usw.)?
13. Sind oder waren gegen das Unternehmen oder gegen die in Ziffer 3 bezeichneten Personen Zwangsvollstreckungs-, Offenbarungseids-, Konkurs- oder Vergleichsverfahren anhängig?
14. Höhe der laufenden Wechselverpflichtungen.
Sind Wechsel zu Protest gegangen?
15. Art der Buchführung (kameralistische, kaufmännische einfache oder doppelte Buchführung).
16. Werden kurzfristige Erfolgsrechnungen (Monatsübersichten, Betriebsabrechnungen, Kostenrechnungen usw.) aufgestellt?
17. Werden Haushalts-, Erfolgs- oder Finanzpläne aufgestellt[2])?
18. Werden die Abschlüsse regelmäßig geprüft und von wem? (Prüfungsberichte seit der Währungsumstellung sind beizufügen.)
19. Sonstiges: Angaben über die derzeitige Geschäftslage und den Beschäftigungsgrad, Geschäftsaussichten, laufende Verträge von wesentlicher Bedeutung, aus den Unterlagen nicht ersichtliche Forderungen (z. B. Kriegsschäden) und Verpflichtungen (z. B. Garantien, Bürgschaften).

Beigefügt sind:

ferner der Kontenplan, die letzte Jahresschlußbilanz nebst Gewinn- und Verlustrechnung, die letzte Steuerbilanz und ein neuester Liquiditätsstatus sowie Befürwortungen des Vorhabens.

Wir versichern die Richtigkeit und Vollständigkeit der vorstehenden Angaben und bestätigen den Empfang eines Abdrucks der allgemeinen Bewilligungsbedingungen.

....
(Rechtsverbindliche Unterschrift des Antragstellers)

---

[1]) Der Zweck muß ausführlich bezeichnet werden. Allgemeine Ausdrücke wie „Investitionen", „Forschungszwecke" usw. genügen nicht. Auch ist anzugeben, ob und weshalb die Durchführung der Aufgaben ohne die Zuwendung nicht möglich oder gefährdet sein würde. Es muß ersichtlich sein, ob mit den beantragten Mitteln Geschäfts- oder Betriebseinrichtungen oder sonstige Vermögenswerte erworben oder hergestellt werden sollen.

[2]) Sollen die beantragten Mittel für Investitionen verwendet werden, so ist ein aufgegliederter Kostenanschlag über Art und Umfang der geplanten Anlage vorzulegen. Er ist gegebenenfalls in persönliche und sächliche Verwaltungsausgaben und sonstige Ausgaben aufzugliedern. Baukosten sind nach der DIN-Norm 276/7 aufzugliedern. Die vorgesehene Deckung der Investitionskosten durch eigene und fremde Mittel (einschließlich der beantragten Zuwendung) muß aus beizufügenden Finanzplänen ersichtlich sein. Es ist darzulegen, daß die Investitionen wirtschaftlich sind. Gewinn- und Verlustrechnungen für naheliegende Zeitabschnitte sowie Erfolgspläne sind beizufügen.

Sollen die beantragten Mittel zur Deckung von Verlusten abgelaufener oder künftiger Zeitabschnitte des Unternehmens verwendet werden, so sind Gewinn- und Verlustrechnung und Erfolgspläne beizulegen. Soll der Verlust eines bestimmten Geschäftszweiges des Unternehmens gedeckt werden, so sind neben Gewinn- und Verlustrechnungen und Erfolgsplänen des Unternehmens für die in Betracht kommenden Zeitabschnitte Kostenträgerzeitrechnungen und entsprechende Teilerfolgspläne beizufügen. Die Gründe für die Entstehung der Verluste sind anzugeben. Es ist außerdem darzulegen, warum das Unternehmen oder der Geschäftszweig trotz der Verluste fortgeführt wird.

Allgemeine Bewilligungsbedingungen
— Anlage 2 —
(Nr. 12 der Richtl.)

Allgemeine Bewilligungsbedingungen für die Gewährung von Zuwendungen des Bundes nach § 64 a RHO

1. (1) Die Zuwendungsmittel sind so wirtschaftlich und sparsam wie möglich zu verwenden. Sie dürfen nur soweit und nicht eher angefordert werden, als sie zur Bewirkung fälliger Zahlungen im Rahmen des Zuwendungszwecks benötigt werden.

(2) Die für das laufende Rechnungsjahr ausgesprochene Bewilligung einer Zuwendung wird gegenstandslos, wenn die Voraussetzungen für die Auszahlung nicht bis zum Schluß des Rechnungsjahres vorliegen.

(3) Die Zuwendungsmittel sind entsprechend dem vorgelegten aufgegliederten Kostenanschlag zu verwenden. Ersparnisse bei einer Position dürfen nur mit Zustimmung der Behörde für Zwecke einer anderen Position verwendet werden. Bauvorhaben sind nach der Verdingungsordnung für Bauleistungen (VOB) zu vergeben und durchzuführen.

2. Werden Zuwendungsmittel nicht ihrem Zweck entsprechend verwendet, so sind sie in voller Höhe zurückzuzahlen und mit 2 v. H. über dem für Kassenkredite des Bundes geltenden Zinsfuß der Bank deutscher Länder zu verzinsen; etwa aufgelaufene Habenzinsen sind in jedem Falle abzuführen.
3. Stellen, die ihre eigenen Mittel nach einem Haushaltsplan bewirtschaften, haben die Zuwendungen in ihren Haushaltsplan aufzunehmen oder außerplanmäßig in ihrer Haushaltsrechnung nachzuweisen und den rechnungsmäßigen Nachweis so zu gestalten, daß die Mittelverwendung an Hand der Bücher und Belege geprüft werden kann.
4. Der Empfänger der Zuwendung hat seine Kassen- und Buchführung und die Ausgestaltung der Belege in sinngemäßer Anwendung der Bestimmungen der RKO und der RRO einzurichten, sofern er nicht seine Bücher nach den für Gemeinden geltenden entsprechenden Vorschriften oder nach den Grundsätzen der kaufmännischen doppelten Buchführung führt oder soweit nicht in besonderen Bewilligungsbedingungen Abweichendes bestimmt wird. Auch bei kaufmännischer Buchführung hat der Empfänger die Ausgabebelege sachlich und rechnerisch festzustellen. Mit der Bescheinigung „Sachlich richtig und festgestellt" bestätigt er die im Beleg enthaltenen tatsächlichen Angaben und die Angaben, die sich auf eine Berechnung gründen. Auch wird damit bescheinigt, daß die Ausgabe notwendig war.
5. Wenn Gegenstände, die mit Zuwendungsmitteln erworben werden, nach besonderen Bewilligungsbedingungen in das Eigentum des Bundes übergehen, hat der Zuwendungsempfänger sie treuhänderisch für den Bund zu verwalten und ist für ihre pflegliche Behandlung verantwortlich. Er hat sie in eine Bestandsliste aufzunehmen und in diese alle Zu- und Abgänge einzutragen. Bei Zugängen sind in der Liste und auf den Belegen gegenseitige Hinweise anzubringen. Abgänge sind in der Liste zu begründen. Ein Doppelstück der Liste ist mit dem Verwendungsnachweis (Nr. 6) der Verwaltung vorzulegen. Bei Gegenständen, die ganz oder überwiegend aus nicht rückzahlbaren Zuwendungen des Bundes beschafft sind, aber nicht in das Eigentum des Bundes übergehen, gelten die Sätze 2 bis 5 entsprechend.
6. (1) Die Verwendung der Zuwendungsmittel ist, wenn im Einzelfall nichts anderes bestimmt wird, innerhalb von zwei Monaten nach Abschluß der Arbeiten oder Aufgaben, für die die Zuwendung gewährt worden ist, nachzuweisen. Sind die Arbeiten oder Aufgaben nicht bis zum Ende des Rechnungsjahres abgeschlossen, so ist binnen zwei Monaten nach Ablauf des Rechnungsjahres über die in diesem Rechnungsjahr erhaltenen Mittel ein Zwischennachweis zu führen.

(2) Der Verwendungsnachweis besteht aus einem sachlichen Bericht und einer zahlenmäßigen Nachweisung.

(3) In dem sachlichen Bericht sind die Verwendung der Mittel und der erzielte Erfolg eingehend darzustellen. War die Zuwendung zur teilweisen Deckung der Ausgaben des Empfängers bestimmt, so haben sich die Darlegungen unter Aufgliederung der Gesamteinnahmen und der Gesamtausgaben auch auf die Höhe des Gesamtaufwandes sowie auf die Aufbringung der übrigen Mittel zu erstrecken.

(4) Die zahlenmäßige Nachweisung über die Verwendung der Mittel ist getrennt nach Einnahmen und Ausgaben aufzustellen; die Ausgaben sind in persönliche Verwaltungsausgaben, sächliche Verwaltungsausgaben und sonstige Ausgaben in gleicher Weise wie im Kostenanschlag zu gliedern. In dieser Nachweisung muß ersichtlich gemacht werden, wann, an wen, zu welchem Zweck, für welchen Zeitraum und in welchen Einzelbeträgen die Mittel verausgabt worden sind. Bei Zuwendungen an Empfänger mit kaufmännischer Buchführung ist die zahlenmäßige Nachweisung möglichst dem Kontenplan des Empfängers anzupassen. Im Regelfalle sind Bilanzen und Gewinn- und Verlustrechnungen nebst Erläuterungen beizufügen. Zur Nachweisung gehören die Belege über die Einzelzahlungen. Wird ausnahmsweise auf die Vorlegung der Belege verzichtet, so bleibt vorbehalten, sie jederzeit zur Prüfung anzufordern.

(5) Hat der Empfänger für den gleichen Verwendungszweck auch eigene Mittel eingesetzt, oder von dritter Seite Mittel erhalten, so hat sich die zahlenmäßige Nachweisung auf alle mit dem Verwendungszweck zusammenhängenden Einnahmen und Ausgaben des Empfängers zu erstrecken. Dient die Zuwendung aus Bundesmitteln zur Deckung der gesamten Ausgaben des Empfängers oder eines nicht abgegrenzten Teiles seiner Ausgaben, so hat sich die zahlenmäßige Nachweisung auf alle Einnahmen und Ausgaben des Empfängers zu erstrecken.

(6) Bei einem Zwischennachweis (Abs. 1 Satz 2) genügt an Stelle der zahlenmäßigen Nachweisung eine nach Einnahme- und Ausgabearten gegliederte summarische Zusammenstellung ohne Belege.

(7) Ist der Empfänger der Zuwendung ermächtigt, Mittel an dritte Stellen zur Erfüllung des Verwendungszwecks weiterzugeben, so hat er die Weitergabe davon abhängig zu machen, daß diese Stellen ihm einen Verwendungsnachweis nach Abs. 1 bis 5 erbringen. Diesen Nachweis hat er seinem Gesamtnachweis beizufügen.

(8) Wird der Verwendungsnachweis nicht ordnungsmäßig geführt oder nicht rechtzeitig vorgelegt, so ist die Verwaltung, unbeschadet etwaiger weitergehender Ansprüche nach Nr. 2, be-

rechtigt, die weitere Verwendung ausgezahlter Mittel zu untersagen und von der Auszahlung neuer Mittel abzusehen.

7. Die Verwaltung ist berechtigt, die Verwendung der Mittel durch Einsicht in die Bücher und Belege sowie durch örtliche Besichtigungen selbst zu prüfen oder durch einen Beauftragten prüfen zu lassen. Der Empfänger der Zuwendung ist verpflichtet, die erforderlichen Auskünfte zu erteilen. Die Kosten für die Heranziehung des Beauftragten trägt der Empfänger, soweit nichts anderes bestimmt wird.

8. Der Bundesrechnungshof ist berechtigt, die bestimmungsgemäße Verwendung der Mittel an Ort und Stelle oder an seinem Sitz nachzuprüfen. Soweit er es für die Erfüllung des Prüfungszwecks für erforderlich hält, kann er die Prüfung auch auf die sonstige Haushalts- und Wirtschaftsführung des Empfängers der Zuwendung erstrecken.

9. In den Fällen der Nr. 6 Abs. 7 hat der Empfänger bei der Weitergabe von Mitteln die Prüfungsrechte nach Nr. 7 und 8 für die Verwaltung und den Bundesrechnungshof auszubedingen.

Muster für den Bewilligungsbescheid
— Anlage 3 —
(Nr. 11, 14 d. Richtl.)

....
(Bezeichnung der Behörde)

.... 195......

....
(Geschäftszeichen)

Betrifft: Zuwendung aus den Mitteln für ....
(Zweckbestimmung
.... Kap. .... Tit. ....Rechnungsjahr...... 195—.
der Haushaltsstelle)

Vorgang: Antrag des ....
(Bezeichnung des Antragstellers)

vom ....195......

I. Ergebnis der Prüfung des Antrags (Nr. 11 d. Richtl.[1]]; beachte insbesondere §§ 26, 30, 32, 42, 43, 45 b RHO):

....

Es wird daher eine Zuwendung von .... DM **aus** ....

.... für das Rechnungsjahr 195.. bewilligt.
(Angabe der Haushaltsstelle)

II. **Bewilligungsbescheid** (mit 1 Durchschlag):

An

....

....

....

Betrifft: w. o.

Anlagen: 2 Vordrucke für den Verwendungsnachweis

Auf Ihren Antrag vom ....195......
Ich bewillige Ihnen unter Zugrundelegung der Ihnen bekannten allgemeinen Bewilligungsbedingungen — und der nachstehend aufgeführten besonderen Bewilligungsbedingungen — für das Rechnungsjahr 195.. — für den Zeitraum vom .... bis zum 31. März 195.. — in — monatlichen — Teilbeträgen von

.... DM ein ....[2]) von — insgesamt —

.... DM,

i. W. .... Deutsche Mark.

Die Mittel sind zweckgebunden und bestimmt zu .... /für[3])[4])

....

Wegen des von Ihnen in zwei Ausfertigungen vorzulegenden Verwendungsnachweises wird auf Nr. 6 der allgemeinen Bewilligungsbedingungen Bezug genommen. Vordruckmuster für den Verwendungsnachweis sind beigefügt. — An Stelle der Nr. 6 Abs. 4 der allgemeinen Bewilligungsbedingungen gilt folgendes[5])[6]):

....

Dieser Bescheid wird erst wirksam, wenn Sie sich schriftlich mit seinem Inhalt einverstanden erklärt haben. Geht Ihre Erklärung nicht bis zum ....195....... bei mir ein, so behalte ich mir vor, Ihren Antrag als gegenstandslos zu betrachten.

III. Wv. .... (Einverständniserklärung)

....
(Geschäftszeichen)

1. An den
Bundesrechnungshof

Frankfurt/Main

Auf Durchschlag des Bewilligungsbescheides schreiben:
Abschrift nebst Zweitschrift des Antrags (Nr. 10 d. Richtl.) — und Anlagen — mit der Bitte um Kenntnisnahme.
Die Einverständniserklärung ist eingegangen.

2. ....

[1]) In den Fällen, in denen der Fachminister sich seine Mitwirkung vorbehalten hat, sowie in den Fällen der Nummern 3, 9 der Richtlinien ist vor Erteilung des Bewilligungsbescheides das Erforderliche zu veranlassen.

[2]) Die Art der Zuwendung (z. B. Beihilfe, Darlehen) ist einzusetzen.

[3]) Der Zweck muß genau bezeichnet werden. Allgemeine Ausdrücke wie „Forschungszwecke", „Förderung von wissenschaftlichen Arbeiten" usw. genügen nicht.

[4]) Bei rückzahlbaren und bedingt rückzahlbaren Zuwendungen sind an dieser Stelle die erforderlichen Bestimmungen über die Rückzahlungspflicht, die Sicherheiten, die Verzinsung und die Tilgung einzufügen, gegebenenfalls unter Beifügung der Vertragsentwürfe.

[5]) Auszufüllen in den Fällen der Nr. 19 Richtlinien.

[6]) Nach Bedarf sind hier weitere Bedingungen einzufügen (vgl. insbesondere Nummern 13, 15, 16, 18 der Richtlinien).

Muster für den Verwendungsnachweis
— Anlage 4 —
(Nr. 18 ff d. Richtl.)

Verwendungsnachweis
zum

Bewilligungsbescheid des ....

vom .... Nr. ....

Empfänger der Zuwendung: ....
Betrag und Art der Zuwendung (rückzahlbar, nicht rückzahlbar):
....

Zweck der Zuwendung:

....

A. Sachlicher Bericht

1. Gesamtaufwand und Finanzierung der Arbeiten oder Aufgaben, für die die Zuwendung gewährt ist (Zuwendungsbetrag, Eigenmittel, Beiträge Dritter, sonstige Fremdmittel):

2. Eingehende Darstellung der Durchführung der Arbeiten oder Aufgaben, ihres Erfolgs und ihrer Auswirkungen, Angaben über die Verwendung der Zuwendung im Rahmen der Gesamtausgaben sowie über die Höhe der — aufgegliederten — Gesamteinnahmen und -ausgaben[1]).

B. Zahlenmäßige Nachweisung[2])

Lfd. Nr.	Nr. der Belege[3])	Tag der Zahlung	Leistungspflichtiger oder Empfänger sowie Grund der Zahlung	Einnahme		Ausgabe	
				DM	Dpf.	DM	Dpf.
			Summe				

Aufteilung der Aufgabe auf								Vermerke
Personalkosten		Geschäftsbedürfnisse		Materialkosten		Sonstiges		
DM	Dpf.	DM	Dpf.	DM	Dpf.	DM	Dpf.	

Abschluß am ....

Summe der Einnahmen .... DM

ab Summe der Ausgaben .... DM

Bestand
Mehrausgabe .... DM

Die Richtigkeit der Eintragungen und des Abschlusses wird hiermit bescheinigt.

.... , den ....195......

....
(Rechtsverbindliche Unterschrift des Zuwendungsempfängers)

[1]) Tätigkeits- oder Geschäftsberichte, etwaige Veröffentlichungen und dgl. sind beiden Ausfertigungen des Verwendungsnachweises beizufügen.

[2]) Bei Zuwendungen an Empfänger mit kaufmännischer Buchführung ist die Nachweisung möglichst dem Kostenplan des Empfängers anzupassen. Bilanzen und Gewinn- und Verlustrechnungen — unter Umständen auch Kostenträgerzeitrechnungen — und ergänzende Unterlagen sind beiden Ausfertigungen des Verwendungsnachweises beizufügen.

[3]) Die Belege sind, wenn nichts anderes bestimmt ist, dem Verwendungsnachweis (1. Ausfertigung) beizufügen.

27. Richtlinien des Bundesministers der Finanzen für die Gewährung einer Entschädigung für die beim baren Zahlungsverkehr entstehenden Verluste (Kassenverlustentschädigung) vom 28. April 1953

— II A/6 — A 2022 — 1/53 — (MinBlFin 1953 S. 367)

I. Allgemein

(1) Bundesbediensteten, die mit der Annahme von Einzahlungen und mit der Leistung von Auszahlungen im baren Zahlungsverkehr oder mit der Abholung oder Beitreibung von Zahlungsmitteln bei Zahlungspflichtigen für Bundeskassen beauftragt sind, kann für entstehende Verluste eine laufende Kassenverlustentschädigung gewährt werden. Bundesbedienstete, die nur unbaren Zahlungsverkehr erledigen, können eine Kassenverlustentschädigung nicht erhalten. Die für Bundeskassen gegebenen Richtlinien gelten sinngemäß auch für Zahlstellen des Bundes.

(2) Ein Rechtsanspruch auf die Kassenverlustentschädigung besteht nicht.

II. Barer Zahlungsverkehr

(1) Nach § 22 RKO ist bar der Zahlungsverkehr, in dem der Kasse oder von der Kasse Bargeld übergeben oder übersandt wird. Hiernach gehören zum baren Zahlungsverkehr:

die baren Einzahlungen und die baren Auszahlungen,

die Annahme von Bargeld, das von Bundesbediensteten, die mit der Beitreibung, der Abholung bei Zahlungspflichtigen, der Umwechselung oder der Annahme von Zahlungsmitteln beauftragt sind, an die Kasse abgeführt wird,

die Heranziehung von Kassenbestandsverstärkungen in Bargeld,

die Ablieferung von Bargeld an andere Kassen sowie Einzahlungen von Bargeld auf das eigene Postscheck- oder Bankkonto oder bare Abhebungen von diesen Konten.

(2) Es gehören nicht zum baren Zahlungsverkehr:

Einzahlungen und Auszahlungen, die beim Buchausgleich, bei Anrechnungen, bei Aufrechnungen, bei anderen Ausgleichungen oder die als Umbuchungen gebucht werden,

die Annahme von Schecken, Postschecken und Postschecküberweisungsaufträgen und

die Weiterleitung von Zahlungsmitteln innerhalb der Kasse von einem Bundesbediensteten an einen anderen.

III. Höhe der Kassenverlustentschädigung

(1) Die Höhe der Kassenverlustentschädigung richtet sich nach der Verlustgefahr, der die Bundesbediensteten bei der Erledigung des baren Zahlungsverkehrs oder bei der Abholung oder Beitreibung von Zahlungsmitteln ausgesetzt sind. Bei der Verlustgefahr sind die Höhe der im baren Zahlungsverkehr angenommenen und ausgezahlten Zahlungsmittel, die Anzahl der vorgenommenen Barzahlungen und die Umstände, unter denen sich der Zahlungsverkehr abwickelt, zu berücksichtigen. Die Kassenverlustentschädigung wird nach Gefahrenklassen in folgender Höhe gewährt:

Gefahrenklasse	I	jährlich	360 DM
Gefahrenklasse	II	jährlich	180 DM
Gefahrenklasse	III	jährlich	120 DM
Gefahrenklasse	IV	jährlich	60 DM

(2) Für die Einreihung in die Gefahrenklassen gilt folgendes:

a) Die Kassenverlustentschädigung nach der Gefahrenklasse I kann nur in besonders begründeten Ausnahmefällen zugestanden werden. Diese sind gegeben bei besonders starkem baren Zahlungsverkehr und wenn außergewöhnliche, die Verlustgefahr besonders erhöhende Umstände, im übrigen aber die für die Zuweisung in die Gefahrenklasse II vorgesehenen Bedingungen vorliegen und die Summe der baren Einund Auszahlung den Betrag von 900 000 DM im Vierteljahr übersteigt. Die Einreihung in die Gefahrenklasse I bedarf in jedem Falle meiner Zustimmung.

b) Die Zahlung der Kassenverlustentschädigung nach der Gefahrenklasse II ist nur bei Kassen mit lebhaftem Publikumsverkehr vertretbar, wo der während der Kassenstunden anhaltende Verkehr mit den fortgesetzt wechselnden Ein zahlungen in besonderem Maße die Gefahr von Kassenfehlbeträgen in sich birgt, sei es durch die Annahme gefälschter oder außer Kurs gesetzter Zahlungsmittel, sei es beim Wechseln des vom Einzahler hingegebenen Bargeldes. Außerdem muß der bare Zahlungsverkehr 450 000 DM im Vierteljahr übersteigen.

c) In Kassen mit durchschnittlich geringem Publikumsverkehr, bei denen vorwiegend Bar aus zahlungen vorkommen, ist die Kassenverlustentschädigung nach der Gefahrenklasse III zu zahlen, wenn der bare Zahlungsverkehr im Vierteljahr 150 000 DM übersteigt. Hier können die Auszahlungen in der Regel vorbereitet werden. Die Möglichkeit zur Annahme von Falschgeld ist nur in geringem Ausmaß gegeben.

d) In Kassen mit geringem baren Zahlungsverkehr, sofern dieser 9000 DM im Vierteljahr übersteigt, ist die Kassenverlustentschädigung nach Gefahrenklasse IV zu gewähren.

Bundesbedienstete, die mit der Annahme und Auszahlung von Zahlungsmitteln außerhalb der Kasse oder mit der Abholung (hierunter fallen auch Abholungen durch ständig beauftragte Bundesbedienstete) und Beitreibung von Zahlungsmitteln betraut sind, erhalten die Kassenverlustentschädigung nach der Gefahrenklasse IV unter der Voraussetzung, daß die Beträge 1500 DM im Vierteljahr überschreiten.

e) In Kassen mit einem baren Zahlungsverkehr unter 9000 DM im Vierteljahr ist eine Kassenverlustentschädigung nicht zu zahlen.

IV. Bestimmung der Gefahrenklasse und Kreis der Empfangsberechtigten

(1) Die Empfangsberechtigten werden durch die obersten Bundesbehörden, im Bereich der Bundesfinanzverwaltung durch die Oberfinanzdirektionen, in die zuständige Gefahrenklasse eingereiht. Hinsichtlich der Gefahrenklasse I vgl. jedoch III (2) zu a) am Schluß. Maßgebend für die Bestimmung der Gefahrenklasse sind die Verhältnisse im abgelaufenen Rechnungsjahr. Im Laufe eines Rechnungsjahres sollen hinsichtlich der Festsetzung der Gefahrenklasse möglichst keine Änderungen eintreten. Soweit bei Beginn eines Rechnungsjahres kein Anlaß besteht, eine neue Gefahrenklasse für den einzelnen Bundesbediensteten zu bestimmen, verbleibt es auch im neuen Rechnungsjahr bei der Gefahrenklasse, nach der die Kassenverlustentschädigung im abgelaufenen Rechnungsjahr gezahlt worden ist.

(2) Für neu errichtete Kassen muß bei der Bestimmung der Gefahrenklasse der Umfang des baren Zahlungsverkehrs mindestens von zwei Vierteljahren berücksichtigt und nach diesem die Gefahrenklasse für das laufende Rechnungsjahr festgesetzt werden.

(3) Die Kassenverlustentschädigung steht nur solchen Bundesbediensteten zu, denen laut Geschäftsverteilungsplan der Dienststelle die Erledigung des baren Zahlungsverkehrs übertragen ist. Dies werden in der Regel die Kassiere der Kassen sein.

(4) Sind bei einer Kasse mehrere Bundesbedienstete dauernd mit der Erledigung des baren Zahlungsverkehrs beauftragt, so kann jeder von ihnen eine Kassenverlustentschädigung erhalten, wenn die Voraussetzungen des Abschnitts III für die Einzelperson erfüllt sind.

(5) Kassenleiter erhalten die Kassenverlustentschädigung nur dann, wenn sie gleichzeitig die Kassiergeschäfte miterledigen.

(6) Bundesbedienstete, die gleichzeitig mehrere Dienstposten verwalten, von denen jeder für sich zum Bezuge einer Kassenverlustentschädigung berechtigen würde, können nur eine Kassenverlustentschädigung erhalten. Die Gefahrenklasse ist nach dem Dienstposten mit der größten Verlustgefahr festzusetzen. Sofern für jeden der Dienstposten eine Kassenverlustentschädigung nach Gefahrenklasse IV zu zahlen wäre und die Zusammenrechnung des baren Geldverkehrs im Vierteljahr einen Betrag von mehr als 150 000 DM ergibt, kann die Entschädigung nach Gefahrenklasse III gezahlt werden.

(7) Bundesbedienstete, die Zahlungsmittel befördern, sind nicht mit der Annahme von baren Einzahlungen oder Leistung von baren Auszahlungen betraut. Diesen steht daher eine Kassenverlustentschädigung nicht zu.

(8) Bei Erkrankung, Beurlaubung oder Abordnung der Bundesbediensteten, die baren Zahlungsverkehr erledigen und denen eine Kassenverlustentschädigung gewährt werden kann, erhalten die Vertreter einen Anteil aus der Kassenverlustentschädigung des Behinderten, welcher der Dauer der Vertretung entspricht.

V. Kassenverlustentschädigung bei den Oberfinanzkassen

Die Oberfinanzkassen erledigen Kassengeschäfte sowohl für den Bund als auch für die Länder. Ich erkläre mich damit einverstanden, daß die nach der Gefahrenklasse unter Berücksichtigung des gesamten baren Zahlungsverkehrs (Bund und Land) zustehende Kassenverlustentschädigung für den Kassier zur Hälfte aus Bundesmitteln gezahlt wird. Mit der Feststellung, Zahlung und Buchung des aus Bundesmitteln (Kap. 08 05—299) zu zahlenden anteiligen Betrages beauftragte ich die Oberfinanzpräsidenten. Die Zahlung ist nicht davon abhängig zu machen, daß der Kassier Bundesbeamter ist. Über diese Regelung hinausgehende Bewilligungen an weitere Beamte oder Angestellte der Oberfinanzkassen zu Lasten des Bundes bedürfen meiner Zustimmung.

VI. Auszahlung der Kassenverlustentschädigung

(1) Die Kassenverlustentschädigung wird in Vierteljahresbeträgen nachträglich am Schluß eines jeden Kalendervierteljahres ausgezahlt. Zur Festsetzung der Kassenverlustentschädigung ist eine Nachweisung nach dem anliegenden Muster aufzustellen. Die Nachweisung ist vom Kassenaufsichtsbeamten zu prüfen und festzustellen. Die Auszahlungsanordnung erteilt der Leiter der Behörde, der die Kasse angehört; vgl. hierzu § 27 (2) RWB. Die Kassenverlustentschädigung ist bei den Vermischten Verwaltungsausgaben — Tit. 299 — zu buchen.

(2) Die Zahlung der Kassenverlustentschädigung ist einzustellen, wenn die Voraussetzungen für ihren Bezug — Erledigung des baren Zahlungsverkehrs — wegfallen.

VII. Schlußbestimmung

Nach den vorstehenden Richtlinien ist ab 1. April 1953 zu verfahren.

Der Erlaß der ehem. Verwaltung für Finanzen des Vereinigten Wirtschaftsgebiets vom 11. Februar 1949 — II a H 2005 — 9/49 — sowie sämtliche vom früheren Reichsfinanzministerium über die Gewährung von Kassenverlustentschädigungen herausgegebenen Richtlinien und Einzelerlasse treten mit dem 31. März 1953 außer Kraft.

Muster

Verbuchungsstelle Kap. .... Tit. 299 der fortdauernden Ausgaben des ordentlichen Haushalts für das Rechnungsjahr 195....

...., den .... 195...
(Dienststelle)

Nachweisung

über die für das .... Viertel des Rechnungsjahres 195...
auszuzahlende Kassenverlustentschädigung

Lfd. Nr.	Bezeichnung der Kasse	Name der Empfangs-berechtigten	Amts-bezeichnung	Ge-fahren-klasse	Betrag	Quit-tung
1	2	3	4	5	6	7

Sachlich richtig und festgestellt:

....
(Kassenaufsichtsbeamter)

Auszahlungsanordnung

Die .... Kasse wird hiermit angewiesen, den Betrag von .... DM (i. W. ....)
auszuzahlen und wie oben angegeben zu buchen.

....
(Dienststelle) (Unterschrift)

Hinweis auf die Fundstellen hier nicht abgedruckter Gesetze, Verordnungen und Erlasse

1. Durchführungsverordnungen zum Gesetz über die Haushaltsführung, Rechnungslegung und Rechnungsprüfung der Länder und über die vierte Änderung der Reichshaushaltsordnung vom 17. Juni 1936 (**1. bis 3. DVHL**) nebst Vollzugsanweisung hierzu (**1. VAHL**), und zwar

   1. DVHL vom 16. Oktober 1936 (RGBl. II S. 325),
   2. DVHL vom 30. Juni 1937 (RGBl. II S. 195),
   3. DVHL vom 17. November 1939 (RGBl. II S. 1003);
   1. VAHL vom 5. Mai 1939 (Reichshaushalts- u. Besoldungsblatt S. 135).

2. Gesetze über die **Finanzverwaltung:**
   Erstes Gesetz vom 6. September 1950 (BGBl. S. 448), dazu Verwaltungsanordnungen zur Durchführung des Gesetzes (1. bis 3. DAFVG), und zwar
   1. DAFVG vom 23. November 1950 (MinBlFin. S. 642).
   2. DAFVG vom 21. Mai 1952 (MinBlFin. S. 212),
   3. DAFVG vom 4. Dezember 1952 (MinBlFin. S. 655).

   Zweites Gesetz vom 15. Mai 1952 (BGBl. I S. 293); dazu
   a) Gesetz über die Inanspruchnahme eines Teils der Einkommensteuer und der Körperschaftsteuer durch den Bund im Rechnungsjahr 1952 vom 25. Juli 1952 (BGBl. I S. 389),

   b) Verordnung über die Mitwirkung des Bundes bei der Verwaltung der Einkommensteuer und der Körperschaftsteuer vom 12. August 1952 (BGBl. I S. 420),

   c) Bestimmungen für das Verfahren der Kürzung des Bundesanteils an der Einkommen- und Körperschaftsteuer im Rechnungsjahr 1952 vom 4. Oktober 1952 (Bundesanzeiger Nr. 197 S. 1).

3. Gesetze zur Überleitung von Lasten und Deckungsmitteln auf den Bund (**Überleitungsgesetze**):
   Erstes Überleitungsgesetz in den Fassungen vom 21. August 1951 (BGBl. I S. 779) und vom 4. September 1953 (BGBl. I S. 1320),
   Zweites Überleitungsgesetz vom 21. August 1951 (BGBl. I S. 774),
   Drittes Überleitungsgesetz vom 4. Januar 1952 in den Fassungen vom 31. Januar und 20. Dezember 1952 (BGBl. I S. 1, 115 u. 821) sowie vom 28. März 1953 (BGBl. I S. 88).

4 a. Gesetz über den **Finanzausgleich unter den Ländern** in den Rechnungsjahren 1951 und 1952 vom 8. Oktober 1952 (BGBl. I S. 665), dazu:

1. Durchführungsverordnung vom 11. März 1953 (BGBl. I S. 54).

b. Gesetz über den **Finanzausgleich unter den Ländern** in den Rechnungsjahren 1953 und 1954 vom 26. Juni 1953 (BGBl. I S. 446).

5. Gesetz zur vorläufigen Regelung der Rechtsverhältnisse des **Reichsvermögens** und der **preußischen Beteiligungen** vom 21. Juli 1951 (BGBl. I S. 467) — **Vorschaltgesetz** —, dazu:

Verordnung zur Durchführung des § 6 des Gesetzes vom 26. Juli 1951 (BGBl. I S. 471).

6. Richtlinien zur **Vermögensrechnung** des Bundes (Richtl. VR I bis V):

Teil I — Unbewegliche Sachen — vom 8. November 1952 (MinBlFin. S. 607),

Teil II — Bewegliche Sachen — vom 8. Dezember 1952 (MinBlFin. S. 659),

Teil III — Wirtschaftsbetriebe — vom 23. Januar 1953 (MinBlFin. S. 58),

Teil IV — Geldwerte Rechte — vom 26. Januar 1953 (MinBlFin. S. 81),

Teil V — Schulden — vom 3. März 1953 (MinBlFin. S. 151).

7. Entwurf der **Buchführungs- und Rechnungslegungsordnung** für das Vermögen des Bundes (VBRO) nebst Erlaß des Bundesministers der Finanzen vom 16. März 1953 (MinBlFin. S. 166).

8. Verordnung über die **Bundesschuldenverwaltung** vom 13. Dezember 1949 (BGBl. 1950 S. 1).

9. Erlaß des Bundesministers der Finanzen betr. **Teilung des Titelbuchs** gemäß § 10 (3) RRO für die Rechnungslegung über Haushaltseinnahmen und Haushaltsausgaben des Einzelplans XXIII (Allgemeine Finanzverwaltung) vom 5. März 1952 — II A — F 2070 — 12/52 — (MinBlFin. S. 99).

10. Gemeinsames Rundschreiben des Bundesministers der Finanzen und des Bundesrechnungshofes betr. **Rechnungslegung** über die **Haushaltseinnahmen und -ausgaben** des Bundes (einschl. der Haushaltseinnahmen und -ausgaben auf dem Gebiet der **Verteidigungslasten** einschließlich Besatzungskosten und Auftrags-

ausgaben) und Vorprüfung der Rechnungen sowie Aufstellung der Bundeshaushaltsrechnung für das Rechnungsjahr 1952 vom 25. März 1953 (MinBlFin. S. 337).

11a. Rundschreiben des Bundesministers der Finanzen betr. **Vorschußzahlungen** vom 14. April 1953 — II A/1 — A 0100 — 7/53 — (MinBlFin. S. 322).

b. Rundschreiben des Bundesministers der Finanzen betr. Zustimmung zu **über- und außerplanmäßigen** Ausgaben einschl. Vorgriffen vom 28. Juli 1953 — II A/1 — A 0213 — 7/53 — nebst Nachgang vom 17. September 1953 (MinBlFin. S. 641, 789),

c. Rundschreiben des Bundesministers der Finanzen betr. Buchung der Einnahmen und Ausgaben aus Anlaß von **Titelverwechslungen** und aus Anlaß der Rechnungsprüfung vom 7. Juli 1953 — II A/6 — A 0100 — 11/53 — nebst Vorschriften des ehem. Rechnungshofs des Dt. Reichs vom 21. September 1925 (MinBlFin. S. 600),

d. Rundschreiben des Bundesministers der Finanzen betr. Vollzug der RKO und der RRO; hier: **Zahlung in Teilbeträgen, Hinweise** in den Titelbüchern und Rechnungsbelege für **mehrere Verbuchungsstellen** vom 13. August 1953 — II A/6 — A 1140 — 35/53 — (MinBlFin. S. 697).

12. Gesetz über das Verfahren für die Erstattung von Fehlbeständen an öffentlichem Vermögen **(Erstattungsgesetz)** vom 18. April 1937 in der am 24. Januar 1952 bekanntgemachten Bundesfassung (BGBl. I S. 109) nebst Durchführungsverordnung vom 29. Juni 1937 in der am 24. Januar 1952 bekanntgemachten Bundesfassung (BGBl. I S. 111).

13. Erlaß des Bundesministers der Finanzen betr. Bestimmungen über die **Aufbewahrung und Aussonderung von Akten,** Listen und sonstigem Schriftgut im Bereich der Finanzverwaltung vom 13. Mai 1953 — I A — O 1715 — 12/53 —.

14. Gesetz über die **Verkündung von Rechtsverordnungen** vom 30. Januar 1950 (BGBl. S. 23).

15. Gesetz über **Bekanntmachungen** vom 17. Mai 1950 (BGBl. S. 183).

16. **Verwaltungszustellungsgesetz** (VwZG) vom 3. Juli 1952 (BGBl. I S. 379).

17. **Verwaltungsvollstreckungsgesetz** (VwVG) vom 27. April 1953 (BGBl. I S. 157).

18. **Rechnungshofgesetze der Länder:**

Baden-Württemberg:

Gesetz über die vorläufige Ausübung der Staatsgewalt im südwestdeutschen Bundesland — Überleitungsgesetz — vom 15. Mai 1952 (BWGBl. S. 3, SaBl. S. 663), Art. 1 u. 30.

Bayern:

Gesetz über die staatliche Rechnungs-, Verwaltungs- und Wirtschaftsprüfung vom 6. Oktober 1951 (GuVOBl. S. 189).

Berlin:

Gesetz über den Rechnungshof von Berlin vom 25. Oktober 1951 (GuVOBl. S. 983).

Bremen:

Gesetz betreffend den Rechnungshof der Freien Hansestadt Bremen vom 15. November 1949 (GesBl. S. 229).

Hamburg:

Gesetz über die Errichtung eines Rechnungshofs der Hansestadt Hamburg vom 16. Dezember 1948 (GVBl. S. 147).

Hessen:

Hessische Staatshaushaltsordnung vom 4. Juli 1949 (GVBl. S. 91).

Niedersachsen:

Gesetz über die Errichtung eines Rechnungshofs und die Rechnungsprüfung für das Land Niedersachsen vom 25. Juni 1948 (GVBl. S. 65).

Nordrhein-Westfalen:

Gesetz über die Errichtung eines Landesrechnungshofes und die Rechnungsprüfung im Lande Nordrhein-Westfalen vom 6. April 1948 (GVBl. S. 129).

Rheinland-Pfalz:

Landesverordnung der Landesregierung Rheinland-Pfalz über die Errichtung eines Rechnungshofes vom 30. April 1947 (VOBl. S. 232).

Schleswig-Holstein:

Gesetz über die Errichtung einer Landesrechnungskammer für das Land Schleswig-Holstein vom 1. Dezember 1947 (GVBl. 1948 S. 19).

Sachverzeichnis

(Die **fetten** Zahlen beziehen sich auf die laufenden Nummern der abgedruckten Gesetze, Verordnungen und Erlasse, die mageren Zahlen auf die Paragraphen, Abschnitte und dergleichen. — FH = Fundstellenhinweis Nr.)

FSC
www.fsc.org
MIX
Papier | Fördert
gute Waldnutzung
FSC® C083411

Kolibri 360 GmbH
Ferdinand-Jühlke-Straße 7
99095 Erfurt, Deutschland
produktsicherheit@kolibri360.de